U0109864

中國大陸流行文化與黨國意識

■ 張裕亮　著

自序

　　本書集結了近年來筆者觀察中國大陸流行文化與黨國意識間辯證發展的 5 篇論文，文章都曾在國內外學術期刊中國大陸研究（TSSCI）、香港社會科學學報、中國傳媒報告與學術研討會等發表過。作者審度時空變化，再加以修改增併而成。

　　本書的完成，要感謝的人不可勝數。居功厥偉的首推這些論文的匿名評審們，透過這些評審們提出精闢、深入的意見，筆者得以反思、沉澱，進而據以修改、增補，最終使得文章更上層樓。同時，這也讓筆者在看似寂寞的學術旅途上，一路走來不覺孤單，因為透過這些沉默的對話，極大地鼓舞、提升了筆者窺探新知的熱忱與智慧。

　　其次，本所研究生唐萱榕、鄧立英、廖志杰、吳可名、陳致嘉，本所畢業生、目前為政大新聞所博士班候選人，並於美和科技大學文化事業發展系任教的鄧宗聖，適時提供了豐富的資料。再如，中國時報大陸新聞中心副主任白德華，數次協助安排訪談大陸新聞從業員，使得筆者在中國大陸的訪談成果豐碩。他們提供源源不絕的「糧草」，堪稱是這本專書的最佳後備軍。而在這學術勞動緊張的數年間，筆者主持系務，通過了大專校院系所評鑑，系助理簡婉惠、溫舒維襄贊事宜、分憂解勞，確是行政上重要助手。我的兩位多年好友趙莒玲、杜聖聰多年來不辭千里前來兼課，提升了本系師資陣容。另外，與昔日中國時報老長官黃定亞夫婦的話舊憶往，則往往滋潤了筆者疲憊的心靈。

　　南華大學優質的研究空間，提供了筆者思考、寫作的最佳場域。有時，寒夜時分，學海堂萬籟俱寂、淒風瑟瑟，但斗室之間，熱茶的煙氳在暈黃的燈光下緩緩騰空，滿室流洩的柔美音樂輕聲細訴，此時運筆寫作，文思泉湧，愜意之至。或者，仲夏之夜，突有晶瑩剔透的綠色小金龜從窗縫翩然而至，在桌面上蹣跚爬行，笨拙的模樣似乎隱喻了學海無涯，唯有奮力前行。再者，盛夏午後，滿天的烏雲遮蔽長空，雷聲自遠而近隆隆作響，突有一道白色閃電劃破天際，傾盆大雨滂沱而降，雷電交加，彷彿千軍萬馬奔騰而來，一閃念間，苦思多時的難題瞬間迎刃而解。

　　當然，家人們的精神鼓舞，則更彌足珍貴。長年來，父親的照片靜靜的佇立在客廳的一隅，慈祥的容顏中流露出無盡的關愛，化做筆者莫大的鼓勵。母親張陳雲娥女士、兄姐張裕年醫師、張麗君、張麗珍的時時垂詢，都讓筆者感激在心。特別是與內人朱培英結縭，近二十年彈指間逝。從初識到了解，從陌生到依賴，從「三十而立」到後中年期，婚姻的可貴就在於分享。因此，這本專書的完成對我們來說，最大的意義也在於分享，分享這幾年來的心路歷程。

張裕亮

於南華大學學海堂

2010 年 10 月

目　次

第一章　導論

一、問題意識

　　2009 年，代表中國黨國主流文化的央視春晚邀請台灣偶像歌手周杰倫與中國大陸著名美聲歌后宋祖英，合唱了一首由大陸網友製作的《本草綱目 MIX 辣妹子》，獲得大陸廣大歌迷的熱烈迴響。這首歌原本是由周杰倫譜曲、方文山作詞，洋溢濃濃中國曲風的《本草綱目》，在先天上就與當前中國官方主流意識高舉的凝聚中國國族認同高度吻合。

　　央視春晚特意選擇了由青少年次文化的即興創作《本草綱目 MIX 辣妹子》，再由周杰倫與宋祖英攜手演出，說明了中國官方已開始收編一些流行歌手及廣大歌迷熱愛的歌曲，透過央視春晚這個黨國控管的演出場域，適時地將《本草綱目》文本轉喻成對中國國族的認同。

　　2010 年，一部由唐山廣播電視傳媒公司、中國電影集團公司出品，投資 1.5 億元，由中國大陸著名賀歲片導演馮小剛執導的《唐山大地震》，以再現天崩地裂、驚悚駭人的地震特效畫面，深刻刻畫在地震巨變的當下，劫後餘生者的徬徨無助，解放軍奮不顧身搶險救災的真情流露，以及探索震後長期的傷痛裡，倖存者如何展現情感、家庭、人性的巨大力量與堅持，讓觀影者引發強烈共鳴，同聲悲泣。影片自 7 月 22 日公映以來，迄 9 月 9 日，全中國大陸總

票房達 6.6 億元[1]，創下中國大陸國產片最高票房紀錄，更一舉超越《建國大業》、《十月圍城》票房。《唐山大地震》也於 9 月 10 日登陸全球最大的網絡電視平台 PPS，再為該劇掀起新高潮。同時，在港、台上映票房均極可觀，迄 9 月 9 日，分別創下 1500 萬港元和 1800 萬台幣。在台灣地區，是 2010 年暑假檔華語片最佳票房[2]。

值得觀注的是，在《唐山大地震》裡開始的天崩地裂及結束前的汶川大地震，影片以長鏡頭拉出解放軍馳援搶險救災、扶持災民，展現有效率、守紀律的狀盛軍容，充分體現軍民一體，展示人民解放軍是人民軍隊的典型模範。這對於經歷 89 天安門事件血腥屠城、形象大損的解放軍而言，《唐山大地震》極其自然地塑造了解放軍的正面形象。同時，《唐山大地震》講述的「23 秒、32 年」故事，「32 年」指涉的 1976 年至 2008 年，大體上與改革開放 30 年（1978 年至 2008 年）是吻合的。從影片 3 個遠景交代的 3 個時間點 1986 年、1995 年、2008 年，描繪了震後這一家人經歷的成長，畫面緩緩拉出唐山市從震後重建到目前市容翻天覆地的變化，巧妙地說明了唐山市在黨國政策的扶持下，已經成為茁壯的浴火鳳凰。而影片裡述及方登手牽幼女返視養父王德清時，王德清正與老戰友們高聲合唱慶祝中共 15 大的《走進新時代》，則隱喻了方登及其幼女已逐步擺脫陰霾，走入黨國建構的新時代。

這兩個近年來在中國大陸流行音樂及電影上演的鮮活事例，清楚地說明了中國官方正試圖透過流行文化為普羅大眾喜聞樂見的

---

[1] 「《唐山大地震》票房 6.6 億正版 DVD 即日發行」，美南新聞，2010 年 9 月 12 日，http://www.scdaily.com/News_intro.aspx?Nid=21557。

[2] 「《唐山大地震》9 月 10 日登陸 PPS 引爆觀看新高潮」，新華網，2010 年 9 月 9 日，http://www.finet.hk/mainsite/newscenter/PRNCN/0/201009091803 12b057c2xprbgs.html。

特質，巧妙、隱密地賦予黨國意識。當觀眾在聆聽《本草綱目 MIX 辣妹子》與觀看《唐山大地震》時，也許不會太刻意觀注其中是否隱藏了何種黨國意識，然而在隨著《本草綱目 MIX 辣妹子》rap 曲風手舞足蹈，或者為《唐山大地震》曲折動人的劇情發展落淚、悸動時，誠如霍爾（S.Hall）等文化研究學者指出，人們在消費流行文化的時候，往往被其外在的物質性質和感性特點所吸引，從而忽視隱藏其中的意識形態。這也說明這些經由國家廣電總局審核通過的流行文化文本，在傳佈到社會大眾，為民眾所聆聽、傳唱、觀看、共鳴時，其中隱藏的意識形態便有如「隨風潛入夜，潤物細無聲」般影響群眾。

　　事實上，中國共產黨對通俗文化賦予黨國意識的作法，可以上溯到 1942 年 5 月 23 日，毛澤東發表著名的「在延安文藝座談會上的講話」。「講話」確立了革命文藝的最高目標和最重要的任務，亦即利用文藝的各種形式為黨的政治目標服務之後[3]，中共文藝工作者隨即展開了一系列，包括群眾寫作運動、街頭詩運動、戲劇運動、秧歌運動等民眾性文藝實踐[4]。而中共文藝工作者在進行文藝實踐時，經常是前往民間搜集民眾耳熟能詳、喜聞樂見的文本（歌曲、舞蹈、故事等），從中加以篩選、改編、組合，刪除其中含有的封建意識，將內容改造成鼓動革命風潮、動員抗日民族戰爭的革命文藝。

　　1949 年中共建立政權之後，對於通俗文化在國共鬥爭中發揮巨大的鼓舞力量顯然瞭然於胸。1949 年 7 月 2 日，中共在北平召開了「中華全國文學藝術工作者第一次代表大會」，來自「解放區」

---

[3]　高華，紅太陽是怎樣升起的－延安整風運動的來龍去脈（香港：中文大學出版社，2000 年），頁 351～352。

[4]　唐小兵，再解讀－大眾文藝與意識形態（香港：牛津大學出版社，1993 年），頁 16。

的革命文藝工作者以及「國統區」的「進步」作家 824 人齊聚一堂。會中，一致擁護毛澤東「在延安文藝座談會上的講話」提出的文藝新方向，並確認為今後文藝運動的總方針[5]。

從此迄今，中國國家領導人有關文化政策的講話，仍然是中國大陸文藝工作者在創作時，必須關注的焦點。例如，1979 年鄧小平「在中國文學藝術工作者第 4 次代表大會的祝詞」、2006 年江澤民「三個代表」、2002 年江澤民 16 大報告、2002 年紀念「在延安文藝座談會上的講話」發表 60 週年，以及 2006 年胡錦濤「在中國文聯第 8 次全國代表大會、中國作協第 7 次全國代表大會上的講話」的精神。

依據 2009 年中國文化產業發展報告（文化藍皮書）估算，2008 年中國大陸文化產業增加值將接近 7600 億元，說明了當前中國大陸流行文化已經是相當成熟的產業。文化產業的內容生產則包括了電影生產、圖書出版、音像出版、舞台表演藝術生產、廣電節目生產等[6]。同時，從 2007 年中國城鎮居民家庭人均文化消費支出的 1329.16 元，佔消費支出結構的 13.29％[7]，也指出流行文化的生產與消費，已經與中國大陸民眾的生活同呼吸、共命運。

本專書的發想動機就在於，在面對當前中國大陸流行文化產業蓬勃發展，具備在群眾間迅速傳播、強烈感染力的特質，成為民眾

---

[5]　Maria Galikowski, *Art and Politics in China 1949-1984* (Hong Kong: The Chinese University Press, 1998), pp.11~12.

[6]　張曉明、胡惠林、章建剛，「應對國際金融危機挑戰，大力推動文化產業實現新的跨越」，張曉明、胡惠林、章建剛主編，2009 年中國文化產業發展報告（北京：社會科學文獻出版社，2009 年），頁 3；高書生，「加快文化產業發展的思考與建議」，張曉明、胡惠林、章建剛主編，2009 年中國文化產業發展報告，頁 28～30。

[7]　黃京華、楊雪睿，「2008 文化消費市場觀察」，張曉明、胡惠林、章建剛主編，2009 年中國文化產業發展報告，頁 73。

日常娛樂消費重心的情況下，中國官方是運用何種方式，持續對流行音樂、電影、電視劇、女性雜誌、舞劇等流行文化施展政治性的運用，從而在其文本中賦予黨國意識？這些蘊藏黨國意識的流行文化文本，是否呼應著中國國內外政治環境的變化，呈現出特定型態的意義？同時，中國官方是否藉由流行文化作為其收編群眾的新的統治技術，遂行過往「從群眾中來、到群眾中去」的群眾路線？這就是本專書的核心關懷。

二、研究途徑

　　流行文化作為一種採取象徵符號結構的文化體系，本身就具備一種無形但又是相當強大的象徵性權力[8]。作為流行文化的流行音樂、電影、電視劇、女性雜誌、舞劇等，自然也具備了象徵性權力，足以生產文化霸權與意識形態。

　　關於流行文化中的意識形態生產，在法國馬克思主義思想家阿圖塞（L. Althusser）的意識形態理論，以及義大利馬克思主義思想家葛蘭西（A. Gramsci）的「爭霸／霸權」（hegemony）理論，都有相當深入嚴謹的論證。

　　阿圖塞是將意識形態定義為「再現個體和他們真實生存情況間的想像關係」[9]，這使得人們將他們的想像，聯繫到現實環境中。阿圖塞也指出，意識形態具備召喚個體成為特定意識形態中的主體。阿圖塞對意識的定義，已被媒介結構主義者採納，並進一步將媒介視為社會再生產的主要意識形態機構，媒介文本是建構於強勢

---

[8]　高宣揚，流行文化社會學（北京：中國人民大學出版社，2006 年），頁 312。

[9]　L. Althusser, "Ideology and Ideological State Apparatuses," *Lenin and Philosophy and other Essays* (London: New Left Books, 1971), p. 162.

意識中，用以召喚閱聽人，而閱聽人就成了強勢意識結構中的一員。在強勢意識中，閱聽人對文本的閱聽方式，是受「限制」的，閱聽人均會接受強勢意識所主導的意義。這概念很明顯認為意識有著強大的力量[10]。

阿圖塞對意識形態的分析固然凸顯了意識形態再現體系的功能，但卻忽略了意識形態抗爭層面的解釋，從而缺乏對社會關係的推演。這也使得阿圖塞的文化研究被批評是方法學上的「狹隘文本主義」，也就是認為無論是電視節目、廣告或電影等，都具有再製主控意識形態的功能，而閱聽人會被文本設定[11]。

在這種情形下，如何破除阿圖塞意識形態分析流於機械決定論的觀點，就顯得相當重要，這方面可援引葛蘭西的「爭霸／霸權」理論補充。

葛蘭西的「爭霸／霸權」理論的精義即在於，霸權的取得不能僅靠軍隊、警察、司法單位、行政科層等政治社會的剝削與鎮壓，霸權維繫的真正關鍵是掌權者，透過市民社會的教育機構、大眾媒體、宗教、家庭等文化意識形態機構或制度，塑造一套道德共識或價值標準，以取得文化領域的領導權。進一步論之，「爭霸／霸權」的意義，即在於統治者為了鞏固其霸權統治而從事的意識形態抗爭過程。為了贏取道德及文化的共識和領導權，統治者一方面透過市民社會散佈其既有的統治意識形態，另一方面面對市民社會中產生

---

[10]　李根芳、周素鳳譯，John Storey 著，文化理論與通俗文化導論（台北：巨流圖書有限公司，2005 年），頁 179~181；馬傑偉，電視文化理論（台北：揚智文化，2000 年），頁 22~23。

[11]　Terry Lovell, "The Social Relations of Cultural Production: Abscent Center of A New Discourse," in Simmon Clark et al. eds., *One-Dimensional Marxism: Althusser and The Politics of Culture* (London:Allison and Busby, 1980), pp. 44, 250.

的反對意識形態，也必須不斷抗爭、妥協、包容或重構。霸權的概念因此必須以「爭霸」的過程來理解，這是一種「動態的平衡」，同時解釋了社會中衝突與共識的現象，宰制與抗爭的過程[12]。

為了要觀察當前中國官方是運用何種方式，持續對流行文化施展政治性的運用，從而在其文本中賦予黨國意識？以及這些蘊藏黨國意識的流行文化文本，是否呼應著中國國內外政治環境的變化，呈現出特定型態的意義？在研究途徑上，筆者援引阿圖塞的意識形態理論，以及葛蘭西的「爭霸／霸權」理論。

援引阿圖塞的意識形態理論，可以發現到當前中國大陸流行文化文本裡蘊藏的黨國意識，事實上就是試圖再現群眾與黨國間的想像關係，召喚群眾進入黨國邀約的主體位置。換言之，流行文化提供了一種安置（placing）的經驗，它用特定的方式、在特定的場域，召喚普羅大眾進入黨國設定的位置。

同時，援引葛蘭西的「爭霸／霸權」理論，更可以發現到面對當前五彩繽紛、眾聲喧嘩的流行文化，中國官方如何準確地收編某些民眾喜聞樂見，並與原有黨國意識不相容的異質流行文化，適時將其轉喻，進而達到傳達黨國意識的目的。

三、關照面向

為了觀照當前中國官方如何持續對流行文化施展政治性的運用，筆者從 96 年起，陸續在學術期刊發表了「從紅色經典到愛國主義商品－大陸主旋律電視劇文本意義的變遷」、「鐵姑娘、賢內助、時尚女－中國女性雜誌建構的女性形象」、「流變中的大陸流

---

[12] 張錦華，傳播批判理論（台北：黎明文化事業公司，1994 年），頁 67～100。

行音樂黨國意識」、「從中國主旋律電影到有主旋律意識的中國商業電影」、「盛世騰歡：中國商業舞劇的黨國意識」。這一系列有關中國大陸流行音樂、電影、電視劇、女性雜誌、舞劇議題的探討，實事上與 2009 年中國文化產業發展報告（文化藍皮書）裡指出的當前大陸文化產業生產、消費重點是吻合的，應證了這是當前中國大陸流行文化生產與消費的焦點，自然也是中國官方施展政治性運用、賦予黨國意識的著力點。

　　第二章「流變中的中國大陸流行音樂黨國意識」裡，筆者選擇了 1.中央電視台春節晚會、2.官方舉辦、許可的音樂排行榜、3.紀念節慶的音樂演唱會、4.賑災目的的音樂會等黨國控管的演出場域裡演唱的歌曲，同時將觀察時間跨度拉長至 1992 年鄧小平南巡後迄今。本章試圖觀察中國大陸流行音樂裡，有哪些文本持續呼應中國國內外政治環境的變化，蘊藏著黨國意識？其文本呈現了何種形態的意義？同時，本章也試圖了解中國官方是否開始收編一些在流行音樂市場走紅的歌曲及歌手，透過黨國控管的演出場域，將音樂文本適時地轉喻，達到傳達黨國意識的目的，並使得中國大陸流行音樂蘊藏的黨國意識處於流變中的狀態？

　　本章的結論得出，面對著 90 年代後中國大陸流行音樂多元紛雜、眾聲喧譁的環境，中國官方並沒有放棄流行音樂作為統治階級文化霸權或意識形態國家機器的信念，仍然透過黨國「供養」的演唱者，以及具備黨政軍職務的詞曲創作者，並經由央視春節晚會、官方舉辦許可音樂排行榜、紀念節慶音樂演唱會、賑災目的音樂會等黨國控管的演出場域，賦予流行音樂歌頌黨國成就、塑造典型人物、凝聚國族認同、唱響民族團結、鼓舞激勵人心的黨國意識，從而達到召喚民眾成為黨國強勢意識的成員。

　　相當值得觀注的是，為了讓民眾在聆聽流行音樂時更容易接受隱藏其中的黨國意識，中國官方也開始收編華文音樂市場或者中國大陸流行音樂市場當紅歌手，或者篩選一些在流行音樂走紅的歌曲，運用黨國控管的演出場域，將音樂文本適時地轉喻，從而達到傳達黨國意識的目的。同時，黨國當局的上述方式，也吸引流行音樂市場製作人主動投入將一些蘊藏黨國意識的老歌重新改編旋律，並由流行歌手重新演繹，或者製作迎合主旋律的流行歌曲，依照「政治正確，商演不斷」的邏輯，進而擴大了這些歌曲的傳唱。這也使得 90 年代以來，中國大陸流行音樂蘊藏的黨國意識是處於流變中的狀態。

　　第三章「從中國大陸主旋律電影到有主旋律意識的中國大陸商業電影」裡，筆者選擇了 8 部於 2006 年至 2010 年間播出，在劇情結構、觀眾訴求上看似類型化的商業電影，包括《建國大業》、《風聲》、《集結號》、《十月圍城》、《孔子》、《東京審判》、《雲水謠》、《唐山大地震》，檢視其文本是否蘊藏著主旋律意識？同時，這些蘊藏著主旋律意識的商業電影，其文本又呈現了何種型態的意義？

　　本章的結論得出，為了讓觀眾在觀賞主旋律電影時忽視其中隱藏的黨國意識，中國大陸電影業近年來開始採用資金多元化、製作機構廣泛、演員明星化、爭取電影獎項等商業化電影的製作方式，使得主旋律電影擺脫過往作為說教意味濃厚的政治視聽教材，轉型成為觀眾喜聞樂見的商業電影，以在電影市場創造高票房，進一步強化隱藏其中的黨國意識。同時，分析這 8 部蘊藏主旋律意識的中國大陸商業電影文本，可以發現其中隱含了紀錄革命建國、宣揚愛國主義、弘揚中華文化、塑造典型人物、隱喻兩岸時局、反思人性親情 6 大意義。

　　第四章「從紅色經典到愛國主義商品——中國大陸主旋律電視劇文本意義的變遷」裡，筆者將觀察的時間跨度，從 1958 年中國大陸首部電視劇《一口菜餅子》開播迄今，檢視其間中國大陸主旋律電視劇的文本意義，經歷了何種變化？本章並將焦點置於 90 年代以來，運用商業元素製作的主旋律電視劇，其文本再現了何種意義？是否可視為中國當局在改革開放後面臨意識形態真空，重新凝聚民眾對黨國、甚且是中華民族認同的努力？或者提供民眾對當前政局的想像？

　　結論指出，改革開放前的中國大陸主旋律電視劇，扮演宣傳黨國意識形態的「紅色經典」，其文本再現了如下黨國意識：1.強調「新」「舊」社會兩重天，反映人們強烈感受到「舊社會」之苦、「新社會」之甜；2.歌頌社會主義「新中國」的新面貌，對社會上湧現的新人新事新生活進行大張旗鼓的書寫；3.著力塑造典型環境下的典型人物，樹立新時代的英雄形象。

　　其次，90 年代迄今的主旋律電視劇，為了加強對全大陸端坐在電視機前的數億觀眾，進行「儀式性的召喚」，甚至在普羅大眾間形成廣植人心的流行論述，在題材的選擇上，必須緊扣住 90 年代大陸民眾身處的社會、文化歷史及政經脈絡。亦即在主旋律電視劇文本裡，透過民眾與身處社會、文化歷史及政經脈絡的連結，將革命歷史教育的推廣、典型人物的緬懷、中國民族主義的宣揚、以及官場的貪腐橫行這些題材，「置入」劇情裡，使得文本再現了加強革命教育、塑造典型人物、凝聚國族想像及隱喻借古寓今的意義，從而成為普羅大眾喜聞樂見的「愛國主義商品」。

　　第五章「鐵姑娘、賢內助、時尚女——中國大陸女性雜誌建構的女性形象」裡，筆者將焦點集中在最能正視女性有關議題，並與女性生活經驗與時俱進的女性雜誌流行文化產品，同時選擇了 4

份最能代表不同時代意義且定位有異的中國大陸女性雜誌《中國婦女》、《家庭》、《女友》、《時尚 COSMOPOLITAN》，作為觀察樣本。

　　本章試圖了解在改革開放前被階級意識遮掩的性別身分，呈現無性化（或者男性化）的中國女性，在改革開放後重新獲得長期來失去的性別角色後，究竟被建構成何種多元化的形象？本章也試圖從這些不同的女性形象類型，分析其背後潛藏了何種社會迷思？以及建構了何種意識形態？

　　結論指出，首先，從《中國婦女》分析的個案可以得知，改革開放前所謂「婦女能頂半邊天」，那種被階級意識遮掩性別身分，呈現無性化（或者男性），愛國愛家、積極勞動的「鐵姑娘」女性形象，仍然存在當前《中國婦女》內容中，同時經常作為每期企劃主題顯著處理。從分析案例的表面敘事結構裡，仍然潛藏了傳統父權社會對女性片面價值觀的社會迷思，以及從中試圖建構社會主義政權父權體系的意識形態。

　　其次，從《中國婦女》、《家庭》、《女友》刊載的 3 則報導分析中可以得知，這些文本所建構的 3 種中國新女性類型，不論學歷高低、結婚與否、年齡大小、家庭主婦還是職業婦女，事實上在處理兩性關係時，都不約而同沈浸在父權社會炮製的社會迷思裡，同時也參與了父權體系意識形態的實踐。此一現象說明改革開放後重新獲得長期來失去性別角色的新女性，在兼顧事業與家庭的過程中，仍需感謝家庭的支持，自覺地從「半邊天」的角色，再一次回歸到男性的附庸，展現了重新擁抱傳統婚姻價值的「賢內助」形象。

　　第三，伴隨著 90 年代中期中國大陸進入國家資本主義的發展階段，職場上湧現了大批商場女強人，使得女性在社會、經濟獲得前所未有的地位。從《時尚 COSMOPOLITAN》刊載的這則報導分析

可以得知，90 年代中期出現的中國大陸商場女強人，在享用時尚精品的同時，事實上也參與了實踐父權體制建構的消費主義意識形態裡。

第六章「盛世騰歡：中國大陸商業舞劇的黨國意識」裡，筆者選擇了近年來曾獲得文華獎、「五個一工程」獎、荷花獎、國家舞台藝術十大精品工程 4 個國家舞劇獎項，同時在市場上引發熱烈迴響的 3 部舞劇《風中少林》、《大夢敦煌》、《雲南映像》，作為觀察的文本。本章試圖觀察這些商業舞劇，如何持續呼應著國內外政經、文化社會局勢的變化，從而發揮主旋律舞劇的功能？同時，這些舞劇的文本呈現了何種黨國意識？

結論指出，長期來中國大陸舞劇的產製，可以發現其與中國大陸的政經、社會文化局勢的發展攸關密切。在改革開放前，中國大陸舞劇扮演了歌頌社會主義政權的「獻禮」演出；教育、團結人民群眾、打擊敵人的武器；營造民族團結、塑造社會和諧的平台；鼓舞、激勵、撫慰工農兵群眾的巡迴工具；以及作為履行文化交流的載體。

至於《風中少林》、《大夢敦煌》、《雲南映像》這些近年來演出不斷的中國大陸商業舞台劇，則以其精彩動人、光亮眩目的舞蹈動作、音樂、舞台美術（服裝、佈景、燈光、道具），吸引了中國大陸及海外觀眾的矚目。對中國官方來說，仍然持續透過官方制訂獎項、文化政策扶持、黨國領導人的文化政策講話，以及演出場域，賦予宣揚中國文化、隱喻盛世再現、重視原生態文化的黨國意識。這 3 種黨國意識反映了當前中國崛起的政經、文化社會局勢，營造出中國盛世歡騰的喜悅。

這 3 部商業舞劇均多次巡迴國外演出，成功扮演展現中國文化軟實力的外交任務，而《大夢敦煌》更曾參與 2008 年北京奧運重大文化活動參演劇目、「新中國」成立 60 週年獻禮劇目，以及感恩地震賑災演出，又清楚顯示仍然肩負著主旋律舞劇的使命。

第二章　流變中的中國大陸流行音樂黨國意識

《摘要》

　　中共在革命建國的歷程中，長期來有效地發揮音樂的政治性運用，進而達到動員群眾與凝聚民心。90 年代後，面對眾聲喧嘩的流行音樂在普羅大眾間的廣泛聆聽、傳唱與分享，中國官方開始收編一些在流行音樂走紅的歌曲與歌手，透過黨國控管的演出場域，將音樂文本適時地轉喻，達到傳達黨國意識的目的，並使得其中蘊藏的黨國意識處於流變中的狀態。

（關鍵詞：中國大陸流行音樂、文化霸權、意識形態國家機器、流行文化）

一、研究動機與目的

　　法國思想學家阿達利（Jacques Attali）在其名著「噪音－音樂的政治經濟學」裡指出，希特勒於 1938 年倡言，「如果沒有擴音器，我們是不可能征服德國的。」確實如此，從希特勒崛起過程中不斷以擴音器播放華格納的音樂，激起愛國情操，鼓動群眾情緒反應，便可以了解到音樂與政治的密切關係。事實上，每個民族建國

前，總是要建構自身的歷史傳承、文化象徵、神話、國旗，特別是譜出國歌，使全國上下通過歌曲為建國而奮鬥[1]。

中國共產黨在建立政權過程，經歷抗日以及與國民黨鬥爭的 28 年間，明顯地體會到音樂潛藏的政治動能，也充分地掌握到音樂在動員群眾、凝聚民心時發揮巨大力量的技巧。中華人民共和國國歌《義勇軍進行曲》的誕生，最能體現中共如何運用音樂傳播的力量，達到其政治目的。

《義勇軍進行曲》原本是作曲家聶耳於 1935 年為電影《風雲兒女》譜寫的愛國歌曲，反映了人民對日本帝國主義侵華禍行的沉痛憤恨，以及對國民黨政府無能的抗議。聶耳的音樂創作廣泛吸取民間音樂，但從不生搬硬套，而是根據歌曲內容的需要，創造性地吸取其中某些音調上、形式上的因素，例如人民大眾生活中富於典型意義的呻吟、憤怒、吶喊等語調特點，進行藝術的處理，某些作品的音調甚至是從自己直接的生活體驗中概括、提煉和創造的。是以《義勇軍進行曲》在 8 年的抗日戰爭中感染了千千萬萬心靈，當時就有歌曲評論家指其影響力媲美《馬賽曲》在法國大革命期間所起的作用。1949 年中國共產黨取得政權後，就採用《義勇軍進行曲》為中華人民共和國國歌[2]。

事實上，從 1938 年延安魯迅藝術學院音樂系開辦的教育方針，強調同當時的抗日鬥爭實際結合，並且在教學實施中注重與生產勞動的結合、與群眾音樂運動的密切聯繫，以及對民間音樂的學習和研究，就說明了中共對音樂的政治性運用。其次，1942 年毛

---

[1]　宋素鳳等譯，Jacques Attali 著，噪音：音樂的政治經濟學（台北：時報出版社，1995 年），頁 xi、119。

[2]　洪長泰，新文化史與中國政治（台北：一方出版社，2003 年），頁 185；郭建民，聲樂文化學（上海：上海音樂出版社，2007 年），頁 125。

澤東發表了著名的「在延安文藝座談會上的講話」，確立革命文藝的最高目標和最重要的任務，亦即利用文藝的各種形式為黨的政治目標服務之後[3]，中共廣大音樂工作者更掀起了前所未有的搜集、學習及研究民間音樂的熱潮。他們在掌握了人民群眾喜聞樂見的音樂語言和表演形式的基礎上，創作了大量民族風格鮮明、藝術形象生動豐滿的音樂作品[4]。

　　中共藝術家常用的手法是把現存的流行民間曲調配上新詞。在延安和其它「邊區」，作曲者先是挑選歌詞然後把它們重新組合，使民歌脫胎換骨，產生新的時代意義。例如，廣為流傳的《東方紅》取自陝北民歌《騎白馬》，《解放區的天》取自河北民歌《十字調》。或者是以民歌音樂素材作為基本曲調，再進行改編。例如，陝北民歌《咱們的領袖毛澤東》，內蒙民歌《紅旗海》等。中共這樣重譜歌詞，顯示了他們有計畫地利用民間根深柢固的傳統音樂來達到政治目的[5]。

　　1949 年中共建立政權之後，對於音樂在國共鬥爭中發揮巨大的鼓舞力量顯然瞭然於胸。1949 年 7 月 2 日，中共在北平召開了「中華全國文學藝術工作者第一次代表大會」，來自「解放區」的革命文藝工作者以及「國統區」的「進步」作家 824 人齊聚一堂。會中，一致擁護毛澤東「在延安文藝座談會上的講話」提出的文藝新方向，並確認為今後文藝運動的總方針[6]。

　　在此種情形下，中共為了持續發揮音樂的政治性力量，開始將1949 年以前的城市民間藝人進行清理、組織、整頓與吸收工作。

---

[3]　高華，紅太陽是怎樣升起的－延安整風運動的來龍去脈（香港：中文大學出版社，2000 年），頁 351~352。

[4]　郭建民，聲樂文化學，頁 129~130。

[5]　洪長泰，新文化史與中國政治，頁 193~195；郭建民，聲樂文化學，頁 130。

[6]　Maria Galikowski, *Art and Politics in China 1949-1984* (Hong Kong: The Chinese University Press, 1998), pp. 11~12.

　　過去那些以賣唱營生的城市民間藝人（包括街頭流浪藝人）被國家有計畫地組織起來，而那些本身就是職業社團組織，並在社會上具有相應影響的戲曲表演班社，也被國家整體吸收。從此，全中國大陸各省、地（市）、縣、軍隊、學校、機關等，都逐步建立起由政府統一管理的職業文藝表演團體[7]。

　　中國官方在條塊兩個層級上都建立了多個音樂職業團體，目的就在於訓練黨國的音樂宣傳團隊，能夠在堅持「在延安文藝座談會上的講話」精神下，上山下鄉、進廠赴礦作無償的服務性演出。這些音樂工作者的歌聲，以極大的政治熱情，鼓舞了當時人們投入黨國的革命建設。最重要的是，將所有民間社會的聲音全部收編、納入黨國的體系裡，不僅能夠統一音樂的宣傳口徑，更使得民間不再存在與黨國不同調的異聲。

　　1956 年毛澤東提出「百家爭鳴、百花齊放」的「雙百方針」後，歌曲開始走向多元化發展，出現大量歌頌領袖、黨、人民，回顧革命歷史，宣傳各種政策運動的革命群眾歌曲和抒情歌曲[8]，將音樂的政治功效發揮到極致。1966 年文革開始後，歌曲發展走向單一化，文革 10 年期間傳唱的只限於革命戰鬥歌曲、語錄歌、電影與樣板歌曲、紅太陽頌歌、知青歌曲等[9]，音樂在政治上的作用甚至淪為打擊異己的工具。

---

[7]　中國官方成立的職業文藝表演團體，包括地方戲劇團、說唱團、文工團（文藝工作團）；總政歌舞團、歌劇團、軍樂團、戰友歌舞團、海政歌舞團、第二炮兵文工團；中央音樂學院、中國音樂學院、上海音樂學院等；以及中央樂團、中央歌劇院、中國廣播交響樂團、電影樂團、北京交響樂團、全總文工團、鐵路文工團等。參見：曾遂今，音樂社會學概論（北京：文化藝術出版社，1997 年），頁 351~361。

[8]　陳志菲，「中國當代頌歌的文化形態（1949－1979）」，廣州暨南大學文學碩士論文（2005 年），頁 6～7。

[9]　邱怡嘉，「瘋狂的節奏：中國大陸文革歌曲之研究」，世新大學口語傳播

　　70 年代末 80 年代初，中國大陸改革開放伊始，最先悄悄進入大陸的流行音樂是從港台來的流行歌曲盒帶，其中最具代表性的當屬鄧麗君演唱的歌曲。鄧麗君的歌聲柔美親切，有如黃鶯出谷，這對過往文革時期聽膩了「高、硬、快、響」[10]革命歌曲的大陸民眾，無異是聽覺震撼。然而，擔心港台流行音樂可能引發政治上的衝擊，鄧小平在 1983 年 10 月 12 日召開的中共第 12 屆中央委員會第 2 次全體會議的講話中，嚴厲譴責包括鄧麗君等港台流行音樂都是「精神污染」，是資產階級的腐朽文化[11]。

　　其後，中央電視台在 1984 年春節聯歡晚會，播出港星張明敏演唱的《我的中國心》、《外婆的澎湖灣》、《壟上行》，以及同為港星的奚秀蘭演唱的《花兒為什麼這樣紅》、《阿里山姑娘》等，正式將港台流行音樂介紹給大陸民眾。1987 年台灣歌星費翔在當年央視春節晚會，演唱《故鄉的雲》、《冬天裡的一把火》，引起了極大的轟動，使得此後費翔的專輯《跨越四海的歌》狂銷 160 萬盒[12]。大體上，這些歌曲內容無論是歌頌中國情懷的愛國歌曲還是譜寫情感抒懷的校園民歌，都是以流行唱腔演唱，從而具備了流行文化的元素。

系碩士論文（2007 年），頁 70~95。

[10] 文革時期的聲樂作品，適應「以階級鬥爭為綱」的需要，以「高、硬、快、響」為主要演唱特徵。「高」既指「格調高」，不食人間煙火，又指調門高、聲音高，不拿出人聲的極限、高音的高緊張度就是「革命熱情不高」；「硬」指充滿了堅硬的槍炮味，歌唱語氣生硬、刻板，直奔主題，沒有「含情脈脈」；「快」指速度快，多為進行曲風格，杜絕「布爾喬亞」式的優柔、多愁善感；「響」指音量大，聲音亮、尖銳，否則不足以顯示力量和決心。整體而言，文革歌曲多是高門大嗓，乒乒乓乓往前進。參見：張燚，「中國當代流行歌曲演唱風格發展脈絡及其相關問題研究」，福建師範大學音樂學碩士論文（2004 年），頁 13。

[11] 居其宏，20 世紀中國音樂（青島：青島出版社，1993 年），頁 124。

[12] 羅艷妮，「大眾傳播媒介在新時期中國流行音樂發展中的作用」，武漢音樂學院碩士論文（2006 年），頁 20。

　　從原本將鄧麗君等港台流行歌曲視為「精神污染」，到邀請港台歌手參與代表黨國話語的中央電視台春節聯歡晚會（以下簡稱央視春晚）演出，無疑說明港台流行音樂已從過往透過磁帶翻拷的半地下狀態登堂入室，獲得中國官方的背書。中國當局對港台流行音樂態度的迅速轉折，不啻說明了其了解流行音樂對普羅大眾的巨大影響力，而背後隱藏的則是 80 年代中國當局提出對台和平統一與加速香港回歸談判時的政治考量。

　　80 年代末、90 年代初，中國大陸音樂界人士為了在歐美及港台流行音樂雙重衝擊的夾縫中生存，開始有意識地從港台移植了 MTV（音樂電視），用來宣傳包裝中國大陸商業化流行音樂和歌手[13]。1992 年中國大陸傳媒商業化進程加速後，隔年中央電視台推出第一個音樂欄目《東西南北中》，隨即引發地方電視台跟進，總計一年間播出多達 400 餘部的 MTV[14]。MTV 的普及使得中國大陸流行音樂的傳播，除了透過傳統廣播電台、電視晚會、電視劇、演唱會、磁帶等方式進行，更增加了一個音樂製造商、唱片公司、歌手宣傳自我的重要舞台。同時，卡拉 OK 掀起的熱潮也普及了流行音樂的傳唱。

　　MTV 的登陸急遽地加速中國大陸流行音樂的傳播。對於此種源自西方國家，一向被視為肩負「和平演變」，同時是文化殖民主義利器的 MTV，中國官方自然是戒慎恐懼，解決之道就是在表現內容上體現「民族化」。至於如何落實 MTV 民族化，原中央電視台台長楊偉光即曾指出：「根據中國人的審美情趣，發揚中華文化的優良傳統，把現有膾炙人口的優秀民族歌曲拍成音樂電視系列，

---

[13] 羅艷妮，「大眾傳播媒介在新時期中國流行音樂發展中的作用」，頁 25。
[14] 肖怡，「光聲電影中的本土變奏－中國聲樂電視美學的民族化探析」，南昌大學人文學院影視藝術研究中心碩士論文（2007 年），頁 2。

並不斷創造出一批又一批新的民族歌曲，拍出具有民族特色、人民喜聞樂見的音樂電視作品。」[15]楊偉光的說法，清楚地說明中國官方對於 MTV 的政治性運用。

　　為了進一步推動中國 MTV 的創作，中央電視台於 1993 年舉辦首屆中國音樂電視大賽。其後，中國大陸流行音樂市場也開始仿照西方流行音樂工業，出現歌曲排行榜制度。例如，中央電視台與全球音樂台舉辦的「CCTV－MTV 音樂盛典」、Channel V 舉辦的「全球華語榜中榜」、上海文廣傳媒集團舉辦的「東方風雲榜」、北京音樂台舉辦的「中國歌曲排行榜」、中央人民廣播電台之聲舉辦的「Music Radio 中國 TOP 排行榜」、廣東電台音樂之聲舉辦的「9＋2 音樂先鋒榜」，以及由外商可口可樂公司旗下雪碧品牌掛名舉辦的「中國原創音樂排行榜」等。

　　在此同時，中國大陸音樂體制也從單一的國營計畫經濟模式，朝多元化的市場經濟發展，逐步成立了簽約制、經紀人制、版權制，流行音樂的製作體制開始形成。2007 年底，中國大陸音像產業上游由 363 家音像出版社、1000 餘家音像製作公司組成；產業中游由 80 餘家光碟複製公司和數百家盒帶與複製廠組成；產業下游由 1000 餘家專業發行公司和 10 萬餘家音像製品銷售商組成，從而形成了成熟的流行音樂產業[16]。

---

[15] 何曉兵，「中國音樂電視興起的原因及其特徵（下）」，中國音樂（北京），第 2 期（2002 年 4 月），頁 9。

[16] 中國大陸音像業的產品包括錄音、錄像 2 大類：錄音產品主要指以唱片、盒帶、CD 等為載體的記錄音樂與戲曲等內容產品；錄像產品包括紀錄電影、電視劇、音樂錄像、卡拉 OK、百科等內容的錄像帶、VCD、DVD 等產品。簡言之，有別於港台以及西方世界對於流行音樂通稱為唱片業，中國將錄像部分含括在內，統稱為「音像業」。參見：周星，「中國音像產業現狀與發展分析」，現代傳播（北京），總第 138 期（2006 年第 1 期 1月），頁 8～9；王炬，「我國音像產業發展狀況分析」，出版發行研究（北

　　本文的發想動機就在於，長期來充分發揮音樂政治性力量的中共，在面對當前中國大陸流行音樂市場蓬勃發展，流行音樂具備在群眾間迅速傳播、強烈感染力的特質，成為民眾日常娛樂消費重心的情況下，中國官方如何持續對流行音樂施展政治性的運用，從而在流行音樂文本中繼續賦予黨國意識。

　　為此，本文試圖論證 90 年代以來，中國官方藉由何種方式，在眾聲喧嘩的流行音樂文本中持續賦予黨國意識，以達到藉由流行音樂作為其收編群眾的新的統治技術，遂行過往「從群眾中來、到群眾中去」的群眾路線？

　　其次，本文觀察中國大陸流行音樂裡，有哪些文本持續呼應中國國內外政治環境的變化，蘊藏著黨國意識？其文本呈現了何種形態的意義？

　　第三、本文也試圖了解中國官方是否開始收編一些在流行音樂市場走紅的歌曲及歌手，透過黨國控管的演出場域，將音樂文本適時地轉喻，達到傳達黨國意識的目的，並使得中國大陸流行音樂蘊藏的黨國意識處於流變中的狀態？

二、文獻回顧

　　法蘭克福學者阿多諾（Theodor Adorno）在其「論流行音樂」（On Popular Music）文章中，對流行音樂提出 3 點看法：1.流行音樂是「標準化」的。標準化涵括了最普遍的性質到最特定的性質，一旦某種音樂或歌詞的模式成功了，就會受到商業剝削，最後使得「標準具體化」。2.流行音樂推銷是被動的聆聽。在資本主義體制下

工作是無聊的，因此使大家尋求逃避，但是因為工作無聊的使人反應遲鈍，所以沒有人有太多力量可以真正的逃避，亦即追求「真實的」文化。3.流行音樂是「社會水泥」。流行音樂的「社會心理功能」就是使消費者達成「心理上的調適」，以配合當前權力結構的要求[17]。

　　文化學者費里夫（Simon Frith）在一篇論及流行音樂美學的文章中，指出聆聽者經驗的超越可以總結為 4 大特點：1.創造認同：聆聽者可以運用流行音樂來建立自我，並獲得認同，如在公開的場合播放音樂（特別是國歌等），更可以產生即時的集體認同。2.經營感情：音樂提供了一種方式，使聆聽者得以處理公開和私下情感生活之間的關係。3.組織時間：透過塑造群眾的記憶，流行音樂發揮組織我們時間感的效用。4.鞏固自我意識：樂迷可以有一種「擁有」音樂的感覺，因而可以使音樂成為自我認同的一個環節，從而強化自我意識[18]。

　　費里夫認為研究流行音樂，應該了解流行音樂如何建構社會，如何創造「人民」。費里夫指出，流行音樂的經驗是一種安置（placing）的經驗，它用特定的方式稱呼它的閱聽人，在對於一首歌的反應當中，閱聽人被帶入與演出者及歌迷們的情緒與情感鏈中，並給予閱聽人關於認同與排異的知覺。如此，便可了解流行音樂如何召喚（interpellate）閱聽人至其本身所邀約（invite）的主體位置，並建構了什麼樣的文化樣貌[19]。

---

[17] T. Adorno, "On Popular Music," in John Storey ed., *Cultural Theory and Popular Culture*, 2nd ed. (Hemel Hempstead: Prentice Hall, 1998), pp. 197~206.

[18] S. Frith, "Toward an Aesthetic of Popular Music," in Richard Leppart & Susan McClary eds., *Music and Society: The Politics of Composition, Performance, and Reception* (Cambridge: Cambridge University Press, 1987), pp. 144~148.

[19] S.Frith, "Toward an Aesthetic of Popular Music," pp. 139~140；周倩漪，「解讀流行音樂性別政治：以江蕙和陳淑樺為例」，中外文學，第 290 期（1996 年 7 月），頁 32。

　　法國思想學家阿達利在其名著「噪音－音樂的政治經濟學」裡強調，音樂的功能不在欣賞或審美，而在其政治經濟的效力。音樂在政治上透過滲透、分裂和排斥，將噪音轉化為和諧、控制社會暴力、消解任何反對意見，以音樂語言建構並強化統治階級的地位，導致社會上人們的噤聲不語。如此一來，音樂便成了現實的消音器、文化壓制的手段，以及政治掌控的工具。據此，阿達利以政治經濟學的生產、消費、分配，亦即從音樂的使用價值到交換價值的轉化作為基本框架，詳盡分析了音樂的歷史發展，進而發現整個音樂史展現的無一不是音樂與權力關係的歷史[20]。

　　上述學者的論證都說明了流行音樂具備了創造集體認同、鞏固自我意識，召喚閱聽人建構主體意識，以及作為強化統治階級地位的力量。由於流行文化作為一種採取象徵符號結構的文化體系，本身就具備一種無形但又是相當強大的象徵性權力[21]。而作為流行文化一環的流行音樂，自然也具備了象徵性權力，足以生產文化霸權與意識形態。

　　大體上，關於流行文化中的意識形態生產，在法國馬克思主義思想家阿圖塞（L. Althusser）的意識形態理論、馬克思主義思想家葛蘭西（A. Gramsci）的文化霸權，都有相當深入嚴謹的論證。

　　阿圖塞意識形態觀念的整體架構，是根據馬克思的上層與下層結構（base and superstrcture）所演變而來。他認為，社會是一個總體，是由三個次級結構經濟、政治及意識形態等構成，而經濟只是在最後才有影響力；經濟提供了物質上的條件，但這些條件均會受到多方面的影響而變化。阿圖塞將政治和意識形態兩者歸諸於上層結構，並以兩個辭彙來界定上層結構：壓制性國家機器（Repressive

---

[20] 宋素鳳等譯，Jacques Attali 著，噪音：音樂的政治經濟學，頁 32~34。

[21] 高宣揚，流行文化社會學（北京：中國人民大學出版社，2006 年），頁 312。

State Apparatuses）和意識形態國家機器（Ideological State Apparatuses）。前者指軍隊、警察、法律等系統，後者則包含各種意識形態、宗教、道德、倫理、教育、傳播媒介、文化（包括文學、藝術、運動）等組織機構和價值體系[22]。

　　阿圖塞將意識形態定義為「再現個體和他們真實生存情況間的想像關係」[23]，這使得人們將他們的想像，聯繫到現實環境中。阿圖塞也指出，意識形態具備召喚個體成為特定意識形態中的主體。阿圖塞對意識的定義，已被媒介結構主義者採納，並進一步將媒介視為社會再生產的主要意識形態機構，媒介文本是建構於強勢意識中，用以召喚閱聽人，而閱聽人就成了強勢意識結構中的一員。在強勢意識中，閱聽人對文本的閱聽方式，是受「限制」的，閱聽人均會接受強勢意識所主導的意義。這概念很明顯認為意識有著強大的力量[24]。

　　阿圖塞有關意識形態的定義對於文化研究，產生了重大的影響。例如，茱迪斯・威廉森（Judith Williamson）便運用阿圖塞對意識形態的定義，撰寫對廣告研究影響深遠的作品「解碼廣告」（Decoding Advertisements）。她強調，廣告是意識形態的，它再現了與我們真實存在情況的想像關係。廣告是依靠召喚、收編發揮作用，從中建構主體，而這個主體又臣屬於文化消費的意義與模式。消費者被召喚來製造意義，最後在召喚之下進行購買行為，進行消費，如此循環不已[25]。

---

[22] L. Althusser, "Ideology and Ideological State Apparatuses," *Lenin and Philosophy and other Essays* (London: New Left Books, 1971), p. 143.

[23] L. Althusser, "Ideology and Ideological State Apparatuses," p. 162.

[24] 李根芳、周素鳳譯，John Storey 著，文化理論與通俗文化導論（台北：巨流圖書有限公司，2005 年），頁 179~181；馬傑偉，電視文化理論（台北：揚智文化，2000 年），頁 22~23。

[25] J. Willamson, *Decoding Advertisements: Ideology and Meaning in Advertising* (London: Marion Boyars, 1978), pp. 11~14.

　　阿圖塞對意識形態的分析固然凸顯了意識形態再現體系的功能，但卻忽略了意識形態抗爭層面的解釋，從而缺乏對社會關係的推演。這也使得阿圖塞的文化研究被批評是方法學上的「狹隘文本主義」，也就是認為無論是電視節目、廣告或電影等，都具有再製主控意識形態的功能，而閱聽人會被文本設定[26]。

　　在這種情形下，如何破除阿圖塞意識形態分析流於機械決定論的觀點，就顯得相當重要，這方面可援引葛蘭西的「爭霸／霸權」（hegemony）理論補充。

　　葛蘭西的「爭霸／霸權」理論的精義即在於，霸權的取得不能僅靠軍隊、警察、司法單位、行政科層等政治社會的剝削與鎮壓，霸權維繫的真正關鍵是掌權者，透過市民社會的教育機構、大眾媒體、宗教、家庭等文化意識形態機構或制度，塑造一套道德共識或價值標準，以取得文化領域的領導權。進一步論之，「爭霸／霸權」的意義，即在於統治者為了鞏固其霸權統治而從事的意識形態抗爭過程。為了贏取道德及文化的共識和領導權，統治者一方面透過市民社會散佈其既有的統治意識形態，另一方面面對市民社會中產生的反對意識形態，也必須不斷抗爭、妥協、包容或重構。霸權的概念因此必須以「爭霸」的過程來理解，這是一種「動態的平衡」，同時解釋了社會中衝突與共識的現象，宰制與抗爭的過程[27]。

　　葛蘭西也指出，在爭霸的過程中，由支配階級構成的歷史集團，為了贏取人民的同意，得以擁有社會權威且凌駕於受制／從屬階級之上的領導權。亦即對於文化有命名權力、再現常識的權力、

---

[26] Terry Lovell, "The Social Relations of Cultural Production: Abscent Center of A New Discourse," in Simmon Clark et al. eds., *One-Dimensional Marxism: Althusser and The Politics of Culture* (London:Allison and Busby, 1980), pp. 44, 250.

[27] 張錦華，傳播批判理論（台北：黎明文化事業公司，1994 年），頁 67~100。

創造官方說法的權力，以及再現何謂正當合法性的社會世界的權力。質言之，霸權所牽涉的正是意義創造並贏取人民同意的過程，重新產製與穩固支配性或權威的合法性[28]。

葛蘭西「爭霸／霸權」的理論，引發了 Chantal Mouffe 與 Ernesto Laclau 進一步用意識形態「構連、解構、重構」的語意分析，詮釋意識形態的抗爭過程，也從而拓展了「爭霸／霸權」對大眾媒體運作的分析。研究者開始從社會事實建構的觀點，分析所謂的「社會事實」，是如何被「建構、合法化、再產製」，以及如何經歷「攻擊、重構和轉換」。簡言之，此種意識形態分析強調語意類目的意義，必須從整體結構的關係位置上去解析[29]。

事實上，也有學者援引葛蘭西的「爭霸／霸權」作為文化研究的分析，認為採用「懷柔收編」一詞更能精確傳達 hegemony 的原義，並指出流行文化其實就是一處宰制者施行「懷柔收編」的場域。在此場域裡，宰制者經常適時配合社會變遷，選擇地與局部性吸收某些異質元素，以便稀釋反對力量，並更加強化鞏固原先的領導中心[30]。

學者 Garofalo 在「自主性是如何相對的：民眾音樂、社會形構與文化抗爭」一文中，援引了葛蘭西「爭霸／霸權」的理論，分析民眾音樂如何享有一定程度的「相對自主性」（relative autonomy）。文章指出，霸權對民眾音樂的實踐雖然也包含直接的鎮壓，但通常是以爭取被統治者的同意為主。例如，60 年代時，哥倫比亞唱片公司便將旗下的一個「地下」音樂團體，塑造成「新革命分子」（The

---

[28] 羅世宏等譯，Chris Barker 著，文化研究－理論與實踐（台北：五南出版社，2006 年），頁 434～435。
[29] 同註 27。
[30] 林芳玫，解讀瓊瑤愛情王國（台北：商務印書館，2006 年），頁 293。

New Revolutionaries）來行銷。同時，霸權並非永遠都能成功，即使一時成功也不一定會持續，在面對社會劇變及階級聯盟重組的時候，霸權必須經常地重新建立。反霸權實踐的可能性，正是源自這個持續變動的領域之中。而這也使得民眾音樂享有一定程度的相對自主性，免於受統治階級聯盟的直接宰制，有時甚至可以突破霸權的意識形態統治。搖滾樂就發揮了反抗霸權組織的作用[31]。

　　近年來，中國大陸以及國內學術界有關分析中國大陸流行音樂文本的研究，主要集中在博碩士論文。例如，王思琦的「1978～2003年間中國城市流行音樂發展和社會文化環境互動關係研究」、任麗華的「社會轉型期中國流行音樂及其文化心理蘊涵」、張燚的「中國當代流行歌曲演唱風格發展脈絡及其相關問題研究」、岳春梅的「中國大陸流行歌曲研究（1980～2005）」、羅艷妮的「大眾傳播媒介在新時期中國流行音樂發展中的作用」、胡淑棻的「當代中國流行音樂文化的發展－以文本觀照流行文化的變遷」[32]。這些論文都是以歷史分期，從總體面觀察流行音樂對改革開放後中國大陸社會文化心理變遷的影響。大體上，這些論文試圖觀察的中國大陸流行音樂範圍過於廣泛，問題意識不夠聚焦，同時並未提出適宜的研究途徑與其觀察範圍對話論證。

---

[31] 張育章譯，Reedee Garofalo 著，「自主性是如何相對的：民眾音樂、社會形構與文化抗爭」，島嶼邊緣，第 11 期（1994 年 6 月），頁 41～47。

[32] 參見：王思琦，「1978～2003 年間中國城市流行音樂發展和社會文化環境互動關係研究」，福建師範大學音樂學博士論文（2005 年），頁 1～11；任麗華，「社會轉型期中國流行音樂及其文化心理蘊涵」，西南師範大學音樂學院（2003 年），頁 5～10；張燚，「中國當代流行歌曲演唱風格發展脈絡及其相關問題研究」，頁 5～10；岳春梅，「中國大陸流行歌曲研究（1980～2005）」，西南大學文學理論批評與文化研究碩士論文（2006 年），頁 1～7；羅艷妮，「大眾傳播媒介在新時期中國流行音樂發展中的作用」，頁 1～5；胡淑棻，「當代中國流行音樂文化的發展－以文本觀照流行文化的變遷」，政治大學東亞研究所碩士論文（2005 年），頁 1~6。

　　國外學術界有關中國大陸流行音樂的研究，有 Nimrod Baranovitch 的「*China's New Voices: Popular Music, Ethnicity, Gender, and Politics, 1978-1997*」，探討了改革開放至 90 年代中期，中國大陸流行音樂在民族、性別與政治上的變化。在有關流行音樂與黨國政治互動上，Baranovitch 觀察了 1993 年起播映的中央電視台音樂台發現，該台宣傳的系列主題集中在民族主義、愛國主義、模範公民、集體主義、生產力、教育、北京中心觀、中國對香港西藏的主權、中國共產黨權威[33]。Andrew F. Jones 的「*Like a Knife: Ideology and Genre in Contemporary Chinese Popular Music*」一書，觀察了 90 年代初期中國大陸流行音樂的意識形態及文類，通俗音樂的製作、演出，通俗音樂在意識形態構連上的文類角色，以及搖滾樂的意識形態[34]。這 2 本專書關切了中國大陸流行音樂與黨國政治以及意識形態的關連，但是並未提出適宜的研究途徑，解釋中國大陸流行音樂是在何種政治經濟制度下，進行黨國意識形態的生產，同時觀察時間已有相當時日。

三、研究方法

　　流行音樂的定義頗為複雜，很難予以精確的界定。有些論者是從「消費」的觀點出發，將流行音樂視為一種庶民文本，注重閱聽人、消費者對流行音樂的意義與享用。例如，傳播學者費斯克（John Fiske）的文化研究領域，就將流行音樂視為諸多庶民文化中所產

[33] Nimrod Baranovitch, *China's New Voice: Popular Music, Ethnicity, Gender, and Politics, 1978-1997* (Berkeley: University of Press, 2003), pp. 196~197.

[34] Andrew F. Jones, *Like a Knife: Ideology and Genre in Contemporary Chinese Popular Music* (Ithaca, N.Y.: East Asian Program, Cornell University, 1992), pp. 1~6.

生的顛覆性及愉悅性，其意義的產生是由人民自行生成，而非由上而下的給定[35]。有些論者則從「生產」的觀點出發，將流行音樂視為社會機制的一環，注重生產、演出、傳佈的過程。例如，阿多諾（Theodor Adorno）就將流行音樂視為文化工業體系下的一種商品，強調流行音樂在文化工業的產製下呈現出標準化與假個體主義的特質。從而使得流行音樂是為資本主義體系服務，是基於消費目的而生產，它的文化意涵被消蝕於商業機制中，成為一種複製的意識形態，鞏固資本主義既存的價值觀及生活方式[36]。

　　Baranovitch 在「*China's New Voices: Popular Music, Ethnicity, Gender, and Politics, 1978-1997*」一書中，將當前中國大陸流行文化分成 3 個面向：例如，將流行文化視為掌權者加諸於被動的群眾，同時是掌權者為強化其利益與維持權威的工具；其次是強調無權勢者與受宰制民眾在接收流行文化時，是有所選擇與主動接收，以促進其利益；第三、將流行文化視為持續鬥爭的場域，掌權者與被宰制者在流行文化中均扮演積極的角色。在此種概念下，該書並未對當前中國大陸流行音樂作出確切定義，強調觀察中國大陸流行音樂的面向，應該聚焦在國家如何控制流行音樂的演出場域、國家如何運用流行音樂宣揚意識形態與鞏固權威，以及中國大陸搖滾樂者如何運用流行音樂抗拒國家的控制與權威。該書也強調，流行音樂與國家的共生關係，認為國家與最異議的聲音無需永遠是對立的，兩者間可能共享重要的概念、期盼、實踐與論述[37]。而這也凸顯當前中國大陸流行音樂定義的複雜性與變動性。

---

[35] 轉引自曾慧佳，從流行歌曲看台灣社會（台北：桂冠圖書股份有限公司，2000 年），頁 25。

[36] T. Adorno, "On Popular Music," pp. 196~208；曾慧佳，從流行歌曲看台灣社會，頁 26~33。

[37] Nimrod Baranovitch, *China's New Voice: Popular Music, Ethnicity, Gender,*

（一）研究對象

目前中國大陸流行音樂是在國家資本主義制度運作的成熟產業，因此在生產、演出、消費、傳佈的過程，一方面依照資本主義制度運作，一方面又受到黨國機器的嚴格控管。進入 90 年代後，擁有出版音像製品版號的音像出版社，已經逐步喪失經營業務能力，往往依靠轉賣版號給有能力經營的音像製作公司，掙取微薄利潤，目前多數均已倒閉。中國大陸音像製作公司一般都註冊為文化傳播有限責任公司、音樂公司或者唱片公司，但仍需向擁有版號的音像出版社購買版號，才可以製作發行唱片。在流行音樂的創作類型與審核機制上，當前中國大陸境內唱片公司在製作唱片時，在選題計畫上均有年度計畫，主要是依據藝人定位及產品特性，題目可自由發揮，無需送審，歌曲播出後若有問題予以禁播。至於進口音像製品，則仍需新聞出版總署進行內容審核[38]。

在此種情形下，為了論證 90 年代以來中國官方是運用何種方式，在流行音樂文本中持續賦予黨國意識，本文在研究對象選擇上，聚焦於：1.中央電視台春節晚會、2.官方舉辦、許可的音樂排行榜、3.紀念節慶的音樂演唱會、4.賑災目的的音樂會等演出場域裡演唱的歌曲。其次，考量到 1992 年鄧小平南巡後，中國大陸流行音樂逐步形成成熟的產業體制，以及深受港台音樂影響，因此將觀察時間從 1992 年擴展迄今。本文試圖從這些演出場域裡傳唱的流行音樂文本，分析是否仍蘊藏著黨國意識，以及是何種形態的黨國意識？

---

and Politics, 1978-1997, pp. 190~192.

[38] 2010 年 4 月 23 日，e-mail 訪談中國大陸跨國性及港台音樂集團資深製作人所得。

1.中央電視台春節晚會

中央電視台在 1984 年的春節聯歡晚會上，播出港星張明敏演唱的《我的中國心》，讓中國大陸社會不僅重新了解港台流行音樂不光是靡靡之音而已，更喚起聽眾的愛國熱潮。港台流行歌曲在春晚的亮相，宣告了流行音樂正式為中國官方所接受，表明長期以來作為黨和政府喉舌的電視台，宣傳功能開始向商業化的大眾媒介功能轉變，同時造就了無數的流行歌曲與流行歌星。「要想紅，上春晚」，成為中國大陸娛樂圈的一句俗諺[39]，央視春晚的魅力與傳播力量可見一般。

根據 1983 年至 2000 年統計，歌舞類型節目佔央視春晚總量的37%，佔所有時間的 40％，遠遠高於其它類型節目[40]。央視春晚播出的歌曲及安排的歌手，都是國家廣電總局及中央電視台依照各階段重大的政治、社會事件、經濟建設等，刻意嚴選規劃，以召喚群眾進入黨國邀約的特定位置。例如，由張也演唱、慶祝中共 15 大的《走進新時代》；為了迎接香港回歸，由大陸歌手孫國慶、朱明瑛、韓磊、田震、孫楠、王霞、左純、馮桂榮以及香港歌手彭羚大合唱演出的《公元 1997》；由香港歌手成龍、陳奕迅、容祖兒以及大陸歌手譚晶在 2009 年合唱的《站起來》，作為北京奧運會的獻禮；紀念 2006 年青藏鐵路竣工，由藏族歌手韓紅演唱的《天路》；以及由陳楚生演唱、作為 2008 年汶川大地震的賑災歌曲。同時，本文搜集了 1992 年央視春晚播出迄今的歌曲。

---

[39] 羅艷妮，「大眾傳播媒介在新時期中國流行音樂發展中的作用」，頁 20～21。
[40] 同前註。

2.官方舉辦、許可的音樂排行榜

中國大陸音樂排行榜的雛形，最早誕生在首先受到港台流行音樂影響的廣州。由廣東人民廣播電台於 1987 年創辦的「廣東創作歌曲健牌大獎賽」，是中國大陸第一個原創音樂排行榜。此一排行榜幾經更名，2005 年 3 月 13 日改名「9＋2 音樂先鋒榜」，目前是南中國大陸地區最有影響力的原創流行音樂排行榜[41]。本文搜集了 2005 年迄今該排行榜的演出歌曲。

廣東電視台公共頻道於 2004 年推出「亞洲新勢力」金曲榜，以華語流行音樂為主，甄選全亞洲流行樂壇最優秀的 10 首金曲，由全亞洲流行音樂發燒友和專業音樂評審團共同決定每週排名，試圖打造亞洲最權威、代表最新潮流指標的流行音樂排行榜[42]。本文搜集了 2004 年迄今該排行榜的演出歌曲。

至於份量最重要的音樂排行榜，當屬 MTV 全球音樂電視台與中央電視台第 3 套頻道，於 1999 年舉辦的「CCTV－MTV 音樂盛典」。MTV 全球音樂電視台作為全球覆蓋收視人口最大的媒體，與作為中國大陸電視業層級最高、影響力最大的中央電視台合作，象徵著中國大陸流行音樂全球化與在地化的結合。該節目於每年 7 月至 10 月間不定期舉行，覆蓋了中國大陸 38 個地方電視台、四分之一中國人口、一億零五百萬青年受眾，並運用 MTV 全球音樂電視台縱橫全球的頻道優勢，將中國大陸本土音樂推向世界[43]。本文搜集了 1999 年迄今該排行榜的演出歌曲。

---

[41] 葉毅，「一線歌手發片寥寥　頒獎典禮是非從未間斷　內地音樂頒獎典禮步入熊市」，信息時報（廣州），2008 年 11 月 2 日，第 B02 版。
[42] 「亞洲新勢力‧金曲榜招商」，268 廣告超市，2008 年 9 月 2 日，http://www.268mt.cn/_d268946099.htm。
[43] 「CCTV－MTV 音樂盛典」，維基百科，2009 年 6 月 25 日，http://zh.wikipedia.

　　除了廣東作為中國大陸流行音樂的啟蒙地之外，上海、北京兩地也是流行音樂重鎮。例如，上海文廣傳媒集團旗下的東方電台於1993年，在華東地區率先推出大陸流行歌曲排行榜「東方風雲榜」，以密集攻勢宣傳中國大陸內地原創音樂作品的音樂節目。2005年，被評為首屆上海市媒體優秀品牌[44]。本文搜集了1993年迄今該排行榜的演出歌曲。

　　北京音樂台則於1993年創辦「中國歌曲排行榜」。2004年起，每年五一假期，「中國歌曲排行榜」在北京朝陽公園「朝陽流行音樂節」內舉辦「紅五月歌會」，強大的明星陣容和一流的製作，演出場次、觀眾人數屢創新高，成為年度標誌性的流行音樂節日。「中國歌曲排行榜」在活動方面，2007年1月23日在世紀劇院舉辦了「2006年度北京流行音樂典禮」。之後，在7月26日即舉行「2007年度北京流行音樂典禮」發佈會，在中國大陸樂壇首創提前半年為典禮預熱宣傳的系列活動「歡唱會」[45]。本文搜集了2003年迄今該排行榜的演出歌曲。

　　近年來，由於民營資金對中國大陸音像業的投入，使得一些私營企業或外資企業也涉足舉辦音樂排行榜活動。例如，可口可樂公司旗下雪碧品牌掛名舉辦的「中國原創音樂排行榜」於2000年創辦以來，致力於成為中國大陸原創音樂界具有權威性、宣導公正性、覆蓋面最廣、最受歡迎的音樂排行榜。該活動組委會按照文化部要求，不斷完善執行方案，目前是中國大陸國內第一個得到政府

---

org/wiki/CCTV-MTV 音樂盛典。

[44] 「東方風雲榜簡介」，東方風雲榜，2009 年 6 月 29 日，http://yule.smgbb.cn/ecms/dffyb/index.html。

[45] 「中國歌曲排行榜介紹」，新浪音樂，2008 年 9 月 10 日，http://ent.sina.com.cn/y/2008-09-10/19112164331.shtml。

機構認可的音樂流行榜[46]。本文搜集了 2000 年迄今該排行榜的演出歌曲。

至於廣播作為 80 年代改革開放以來，較早播放流行音樂的媒體，再加上容易接觸的特質，使得中國大陸各級電台舉辦的音樂排行榜，有其觀察的必要。例如，作為中國大陸行政級別最高的中央人民廣播電台，於 2003 年舉辦的「Music Radio 中國 TOP 排行榜」頒獎晚會。該節目是全華語樂壇覆蓋最廣，影響力最大的年度流行音樂頒獎活動，是唯一國家級媒體舉辦的年度頒獎活動，更是中國大陸政府認可的「中」字級頒獎盛事[47]。本文搜集了 2003 年迄今該排行榜的演出歌曲。

這些由國家級、地方級廣電傳媒或者私營、外資企業舉辦的音樂排行榜，事實上都在中國國家廣電總局審批下通過，目的在於引導流行音樂的創作，以多種形式表彰中國大陸流行音樂的優秀作品和歌手。同時，唱片公司也根據自身的年度計畫製作產品，透過這些音樂排行榜，在一定程度上反映歌手及歌曲在市場受歡迎程度，並極力為藝人爭取獎項，進而站穩市場地位與對外曝光的機會。在此種情況下，這些獲選音樂排行榜的歌曲仍以在市場上廣為傳唱為主，但也不乏黨國意識濃厚的歌曲。而這些流行音樂排行榜出現的蘊藏黨國意識歌曲，基本上就是掌握了「政治正確、商演不斷」的市場策略[48]。

除了廣電傳媒紛紛舉辦音樂排行榜之外，主管中共意識形態宣傳的中共中央宣傳部在 1992 年舉辦「五個一工程」獎評選活

---

[46] 「大陸原創音樂在台灣受歡迎」，中國新聞網，2008 年 12 月 11 日，http://www.chinanews.com.cn/tw/lajl/news/2008/12-11/1482211.shtml。

[47] 「Music Radio 中國 TOP 排行榜介紹」，百度娛樂，2008 年 2 月 26 日，http://yule.baidu.com/music/c/2008-02-26/15564464557.html。

[48] 2009 年 12 月 23 日，e-mail 訪談中國大陸跨國性及港台音樂集團資深製作人所得。

動[49]，目的是為了試圖導引流行音樂創作方向，貫徹文藝為人民服務、為社會主義服務的方向。

3.紀念節慶的音樂演唱會

中共一向重視政治宣傳，建國前如是，建國後更加如是。中共的宣傳網中，節日慶典是非常重要的[50]。例如，在二七工運、三八婦女節、五一勞動節、八一建軍節、十一國慶等政治慶典中舉辦大型音樂演唱會，藉由歌曲的聆聽、傳唱與分享，召喚民眾對革命建國過程血淚交織的記憶，從而凝聚民眾對黨國的高度認同。例如，重慶市配合中央電視台《激情廣場》節目，於 2009 年中華人民共和國建國 60 周年，推出「愛國歌曲大家唱」活動，藉此展示全國各地 60 年來精神文明成果的一個平台[51]。再如，為了慶祝中國人民解放軍建軍 82 周年，2009 年自 7 月 28 日起，武警文工團、北京軍區戰友文工團、總政歌劇團等 5 家軍隊文藝團體，接連在國家大劇院推出《我們的隊伍向太陽》、《長征組歌》、《慶祝建軍 82 周年大型音樂會》等 6 場軍旅題材的演出[52]。

---

[49] 「五個一工程」獎是針對精神產品中 5 個方面精品佳作評選，包括「一部好的戲劇作品、一部好的電視劇（片）作品、一部好的圖書作品（限社會科學方面）、一部好的理論文章（限社會科學方面）」。1995 年開始，將歌曲與廣播劇列入評選範圍。2005 年評選項目改為「一部好的文藝圖書、一部好電影、一部好電視劇（片）、一部好戲劇和一首好歌曲」。參見：「五個一工程」獎，百度百科，2009 年 8 月 12 日，http://baike.baidu.com/view/1252844.htm；國家廣電總局電視司、中國傳媒大學，中國電視劇年度發展報告 2005～2006（北京：中國傳媒大學出版社，2007 年），頁 66~69。

[50] 洪長泰，新文化史與中國政治，頁 298~299。

[51] 「愛國歌曲激情唱響山城」，CCTV，2009 年 6 月 18 日，http://big5.ce.cn/ztpd/xwzt/guonei/2009/mf/mf1/200906/18/t20090618_19349202.shtml。

[52] 蔣波，「『八一』國家大戲院好戲連台　全面展示軍旅文化」，人民網，2009 年 7 月 29 日，http://ent.people.com.cn/BIG5/42070/46955/9746767.html。

4.賑災目的的音樂會

對中國大陸這種幅員極為遼闊，同時經常遭受自然天災肆虐的國家來說，要有效發揮音樂在撫慰、宣洩、鼓舞、激勵災民民心的巨大力量，主要就是透過舉辦賑災音樂會。2008 年春節期間，中國大陸南方面臨來百年來最大的雪災。面對災區災民心靈的重創，中央電視台新聞部和第 3 套頻道即刻聯手籌辦了表現南方抗擊雪災的晚會《情感中國》，並在該台第 1 套頻道現場直播[53]。再如，2009 年 5 月 12 日，正值汶川大地震一周年，中央電視台「心連心」藝術團派出 20 多位著名主持人，以及 300 多名明星再度前往災區慰問演出等演出[54]。

（二）符號學分析法

流行文化具有顯著的獨特語言符號系統，這些語言符號也以特殊邏輯運作。流行文化的語言符號結構具有雙重性，一方面是一般語言符號的特性，另一方面又顯示出特殊語言符號的特性。流行文化的語言符號學，所研究的就是流行文化採取的特殊語言的符號結構及其運作規律。法國符號學者羅蘭・巴特（Roland Barthes）論證流行文化的符號結構時強調，它的特殊語言符號結構及其運作邏輯，對於揭示它的神秘性具有特別意義，絕不能停留在一般語言符號分析的層面，而是要深入發現它的特殊符號運作邏輯[55]。

---

[53] 祖薇，「央視明轉播抗災晚會　白岩松主持〈情感中國〉」，新華網，2008 年 3 月 1 日，http://news.xinhuanet.com/ent/2008-03/01/content_7695550.htm。

[54] 「央視賑災晚會節目單網上曝光傳王菲獻唱」，新浪娛樂，2009 年 5 月 6 日，http://ent.sina.com.cn/v/m/2009-05-06/11572505419.shtml。

[55] 張錦華等譯，John Fiske 著，傳播符號學理論（台北：遠流出版公司，1990 年），頁 115～133。

　　符號學強調符號的意義是定位於深層的社會文化情境之中，表面的訊息不足以真正了解意義的產製方式。傳播學者費斯克依據巴特對意義的分析，指出符號的 3 個層次意義：

1. 表面意涵：亦即符號中的符號具（signifier）、符號義（signified）之間，以及符號和它所指涉的外在事物之間的關係。巴特稱這個層次為明示義（denotation），指的是一般常識，就是符號明顯的意義[56]。

2. 社會迷思：巴特提到符號產製意義的第 2 層次有 3 種方式。第 1 種方式是隱含義（connotation），它說明了符號如何與使用者的感覺或情感，及其文化價值觀互動，也就是說解釋義是同時受到解釋者與符號或客體所影響。第 2 種方式就是透過迷思（myth）。巴特認為迷思運作的主要方式是將歷史「自然化」，亦即迷思原本是某個社會階級的產物，而這個階級已在特定的歷史時期中取得主宰地位，因此迷思所傳佈的意義必然和這樣的歷史情境有關。但是迷思的運作就是企圖否定這層關係，並將迷思所呈現的意義當作是自然形成的，而非歷史化或社會化的產物。迷思神祕化或模糊了它們的起源，也因此隱匿了相關的政治和社會層面的意義。第 3 種方式是象徵（symbolic）。當物體由於傳統的習慣性用法而替代其他事物的意義時，透過隱喻（metaphor）、轉喻（metonymy），即成為象徵[57]。

3. 意識形態：符號靠其使用者才免於成為過時品，也唯有靠使用者在傳播中與符號的一唱一和，才能保存文化裡的迷思和隱含的價值。存在於符號與使用者、符號與迷思和隱含義之間的關係，正是一種意識形態的關係[58]。

---

[56] 同前註。
[57] 同前註。
[58] 同前註。

　　要揭示流行音樂文本背後隱藏的意義，最便捷的方式就是分析歌詞這一最明顯的符號。文化學者費里夫針對流行音樂的研究曾指出：「一首歌經常就是一次表演，而歌詞則是表演中說出的道白，人們聽起來具有加強的意義。歌詞的作用如同言語和言語行為，它不單單承載著語義學上的意義，而是一組聲音的結構，標誌著感情的記號和角色的印痕。」[59]James Lull 也指出，歌詞的影響力絕對不容忽視，針對流行音樂歌詞跨時性的分析，往往能夠準確地掌握每個階段的音樂。他同時指出，聆聽者不斷地傳唱歌詞，在聆聽的距離內，是相當有效的，從而牢記對其個人有特殊意義的主要歌詞[60]。

　　由於有些音樂在歌詞被了解前就已發揮音樂的效果，這意謂著音樂的聲音、旋律以及節奏本身，就已存在歌詞以外的意義。為此，費里夫遂主張音樂分析的範圍應該要擴及聲音、歌曲的旋律及節奏，以及歌手演唱的方式及其意義[61]。另外，分析流行音樂也必須注意演出的方式。R.Shuker 就認為，音樂活動的演出可分為「現場」（live）和「假現場」（pseudo-live）兩種。前者指的是公開的、戶外的演唱會；歌友會等，後者則透過媒體傳送，例如電台、電視台、MTV 等[62]。

　　基於此，本研究在論證 90 年代以來，中國大陸流行音樂是否仍蘊藏著黨國意識，將分析的面向集中在歌詞隱含的意義、演唱者演唱方式及其意義、歌曲旋律、以及演出場域。另外，本研究也將詞曲創作者列入分析範圍。

---

[59] S. Frith, "Toward an Aesthetic of Popular Music," pp. 130～138.

[60] James Lull, *Popular Music and Communication* (London: Sage Publications, 1992), pp. 20～21.

[61] 同註 59。

[62] R. Shuker, *Understanding Popular Music* (London: Routledge, 1994), pp. 147~159.

四、中國大陸流行音樂蘊藏的黨國意識

中國大陸在 90 年代中期即已進入國家資本主義的發展階段。一方面，國有工業在全國工業總產值的比重低於 50%，但國家仍然擁有從事主要行業（如電訊與石油化工等）的國有企業控制性股權；另一方面，國家也容許愈來愈多的外資及本土資本家擁有自己的企業。這些都是國家資本主義的特性[63]。

既然現階段的中國大陸政經發展模式，是採行國家資本主義，中國大陸流行音樂在 90 年代形成成熟的產業體制後，自然也是在國家資本主義制度下運作，因此資本主義的流行音樂生產、消費、演出等方式，開始出現在中國大陸流行音樂產業體制上。但是，中國大陸仍保有後極權主義（Post-Totalitarianism）的治理型態，例如牢牢掌控傳播媒體、堅持意識形態的詮釋權等[64]。這就意味著黨國當局並沒有完全放鬆對流行音樂的控管，從中央電視台春節晚會、官方舉辦、許可的音樂排行榜、紀念節慶的音樂演唱會、賑災目的的音樂會裡，可以發現當前中國大陸流行音樂文本，仍然潛藏著黨國意識，持續發揮了流行音樂的政治性功能。

大體上，這些蘊藏著黨國意識的中國大陸流行音樂，其文本再現了以下諸多意義：

---

[63] 梁文韜，「鄧小平理論與中國大陸社會主義發展的前景」，陳祖為、梁文韜主編，政治理論在中國（香港：牛津大學出版社，2001 年），頁 248～250。

[64] 國內知名政治學者吳玉山將當前中國大陸政治發展型態，稱之為「後極權的資本主義發展國家」（Post-Totalitarianism Capitalist Development State），亦即一方面仿照東亞模式，積極建構一套資本主義發展國家模式；一方面仍維持極權主義國家對社會的統治機制。參見：吳玉山，「宏觀中國：後極權資本主義發展國家－蘇東與東亞模式的揉合」，徐斯儉、吳玉山主編，黨國蛻變－中共政權的菁英與政策（台北：五南圖書出版公司，2007 年），頁 309～320。

（一）歌頌黨國成就

音樂作為歌頌黨國成就的工具，從 1942 年毛澤東發表「在延安文藝座談會上的講話」之後即已確立，同時從 1949 年至 1979 年改革開放前，音樂的政治性功能更是發揮到極限。當時中國大陸流行的革命歷史歌曲、群眾革命歌曲、抒情歌曲、民歌等，歌曲背後反映的意識形態大體上都圍繞在「頌」的主題上，包括謳歌領袖和典型人物、歌頌執政黨和軍隊、歌頌國家政策方針、歌頌祖國河山，以及謳歌人民大眾的新生活，表現個體生活或小集體狀態[65]。

目前這些歌頌黨國成就的中國大陸流行音樂，有些是具體的紀念某個特定事件。例如，慶祝中共 15 屆黨代表大會的《走進新時代》。歌詞清楚地唱出：「我們唱著東方紅／當家做主站起來／我們講著春天的故事／改革開放富起來／繼往開來的領路人／帶領我們走進那新時代／高舉旗幟開創未來……」這首歌創作於 1997 年中共 15 大前夕，是歌頌中國第三代領導集體的一首紅色歌曲，由著名女高音歌唱家、國家一級演員的張也，以高昂激越的聲音謳歌黨國的成就，歌曲洋溢著愛國主義精神，旋律充滿正氣，歌詞健康向上。歌詞中提及「東方紅」，是歌頌中共第一代領導集體，「春天的故事」則歌頌中共第二代領導集體[66]。

張也於 1991 年畢業於中國音樂學院聲樂系，2005 年榮獲年度最佳演唱女歌手獎，近幾年來作為文化使者，代表中國出訪世界各地，深受海內外觀眾的喜愛和歡迎[67]。《走進新時代》曾在 1998

---

[65]　陳志菲，「中國當代頌歌的文化形態（1949－1979）」，頁 9～11。

[66]　「走進新時代」，百度百科，2009 年 1 月 2 日，http://baike.baidu.com/view/870831.htm。

[67]　「張也」，百度百科，2010 年 1 月 2 日，http://baike.baidu.com/view/157514.htm?fr=ala0_1_1。

年、1999 年央視春晚演唱，並獲得 1992 年「五個一工程」獎。《走進新時代》是由總政歌舞團團長、國家一級作曲家印青譜曲[68]；以及二級編劇、現任職於深圳羅湖區文聯的蔣開儒填詞[69]。

　　對比張也以美腔聲樂式演唱的《走進新時代》，由台灣歌手卓依婷演繹、收錄於 2003 年 10 月由中國金碟豹唱片公司發行《中國時代經典》MTV 專輯的《走進新時代》，則更加展現流行音樂的特質。由於歌曲旋律重新改編為輕快、活潑的曲調，再加上卓依婷甜美的嗓音，使得該首歌曲更為普遍傳唱，除了發行 CD 音樂專輯外，也發行 DVD 影片專輯[70]。另外，2009 年 10 月 3 日香港各界青少年慶祝中國建國 60 周年，在紅勘體育場舉行「青春中華」主題晚會裡，香港知名歌手梁詠琪身著彩色旗袍，以其一貫舒緩流暢的唱腔演繹《走進新時代》，娓娓道出對黨國成就的歌頌[71]。

　　《天路》是為青藏鐵路開通而作，歌詞洋溢著藏族的喜悅之情以及對黨國建設的感恩。《天路》由解放軍空軍政治部歌舞團專業作家石順義作詞，知名作曲家印青譜曲。原唱是藏人、身兼中共黨員、解放軍中校的文藝工作者巴桑，在總政舉辦的建軍 80 周年大型文藝晚會首次演出[72]。之後，由同樣具備藏人身分、解放軍空軍政治部文工團副團長的中國大陸當紅歌手韓紅，於 2006 年央視春晚中接續演繹。

---

[68] 「印青」，百度百科，2010 年 1 月 2 日，http://baike.baidu.com/view/667103.htm。

[69] 「蔣開儒」，百度百科，2010 年 1 月 2 日，http://baike.baidu.com/view/948952.htm?fr=ala0_1。

[70] 「卓依婷」，卓依婷官方網站，2010 年 3 月 26 日，http://www.timitimi.com/。

[71] 「梁詠琪獻唱〈走進新時代〉」，文匯報，2009 年 10 月 4 日，http://paper.wenweipo.com/2009/10/04/EN0910040002.htm。

[72] 「石順義」，百度百科，2009 年 8 月 25 日，http://baike.baidu.com/view/1046665.htm；「印青」，前引文；「巴桑」，百度百科，2009 年 8 月 25 日，http://baike.baidu.com/view/304689.htm。

　　《天路》是一首極富抒情性的歌曲，旋律特徵十分鮮明，音樂素材簡約凝煉。作曲家印青並未照搬套用藏族民歌旋律，而是將骨幹音調的高低長短重新排列組合，由韓紅渾厚的嗓音唱出，聽上去新穎別致[73]。歌詞提到：「那是一條神奇的天路哎／把人間的溫暖送到邊疆／從此山不再高路不再漫長／各族兒女歡聚一堂……那是一條神奇的天路哎／帶我們走進人間天堂……」，將青藏鐵路譬喻為「天路」，「人間的溫暖」則隱喻著北京對西藏的建設。《天路〉由同為藏族文藝工作者巴桑、當紅歌手韓紅接續唱出，清楚地召喚藏族同胞堅信在中共的領導下，能夠「走進人間天堂」。

　　《天路》也曾由活躍於日本流行樂壇的藏族女歌手阿蘭（藏語：Alan Dawa Dolma），在 2006 年中國人民解放軍藝術學院畢業晚會上與韓紅合唱《天路》。阿蘭現為日本音樂公司 Avex 旗下藝人，2007 年 11 月 21 日在日本初次亮相，製作人是菊池一仁。2009 年，阿蘭的第 9 張單曲《久遠の河》於日本 Oricon 週銷量榜上獲得季軍，打破王菲於 1999 年憑《EYES ON ME》打入同榜第 9 位的紀錄，成為最高打入 Oricon 榜的中國大陸歌手[74]。

　　由於《天路》旋律動人、傳唱迅速，中國大陸民間的龍源音像公司與天津文化藝術音像出版社，在 2007 年發行、出版了哈尼族女歌手米線的第 2 張專輯《情迷唐古拉》，其中就搜錄了《天路》。米線飽滿圓潤的聲線、穿透力極強的嗓音、自由寬廣的音域，嫻熟的音樂技巧，再加上獨特的民族樂器，配上西方的時尚弦樂，使其

---

[73]　「屈塬」，互動百科，2010 年 1 月 2 日，http://www.hudong.com/wiki/屈塬。
[74]　「阿蘭‧達瓦卓瑪」，維基百科，2010 年 3 月 26 日，http://zh.wikipedia.org/zh-tw/%E9%98%BF%E8%98%AD%C2%B7%E9%81%94%E7%93%A6%E5%8D%93%E7%91%AA。

演繹的《天路》在市場大受歡迎。而米線也藉由《情迷唐古拉》專輯獲得中國金唱片獎新人獎，其後又獲得首屆中國音樂金鐘獎最佳女歌手獎[75]。

　　由宋祖英於 1998 年、2004 年在央視春晚演唱的《好日子》，生動地描繪了群眾對黨國建設「盛世享太平」的感恩愛戴。歌詞中提到：「開心的鑼鼓敲出年年的喜慶／好看的舞蹈送來天天的歡騰……今天是個好日子／心想的事兒都能成……今天明天都是好日子／趕上了盛世咱享太平……」相較於以美聲唱法歌頌黨國廟堂之音的歌手，宋祖英這位苗族歌手，是走民歌唱法的聲線，嗓音甜美醉人，由其演繹《好日子》，大大拉近了演唱者與民眾間的心理距離，特別是其溫柔婉約的嬌美模樣，更擄獲了普羅大眾的心靈[76]。

　　事實上，宋祖英還具備國家一級演員，第 9 屆全國人大代表，第 10、11 屆全國政協委員、全國婦女聯合會執委、中國音樂家協會副主席、國家環保部第 3 屆「中國環境大使」、解放軍海軍政治部文工團副團長[77]。宋祖英這些身分說明了其甜美溫柔的嗓音，已成為國家「供養」下傳達黨國意識的優質發聲器。同時，《好日子》是由目前任職於解放軍空軍總政文工團的著名作曲家李昕譜曲，現任解放軍空軍總政文工團編導室創作員的車行填詞[78]，曾於 1998

---

[75] 「米線」，百度百科，2010 年 4 月 4 日，http://baike.baidu.com/view/1964. html；「米線－情迷唐古拉」，百度百科，2010 年 4 月 4 日，http://www.baidu. com/s?cl=3&wd=%C3%D7%CF%DF%C7%E9%C3%D4%CC%C6%B9%C5 %C0%AD&fr=ikw1rs0。

[76] 潘知常，「第 3 章　宋祖英：『東方茉莉』的表演政治」，潘知常主編，最後的晚餐－CCTV 春節聯歡晚會與新意識形態，2007 年 2 月 15 日，http://pan2026.blog.hexun.com/7839916_d.html。

[77] 「宋祖英」，百度百科，2010 年 1 月 2 日，http://baike.baidu.com/view/13519. htm。

[78] 「車行」，百度百科，2010 年 1 月 2 日，http://baike.baidu.com/view/1006188. html?wtp=tt。

年、2004年春晚演出，也獲得1992年「五個一工程」獎的獲選歌曲、中央電視台第5屆音樂電視大賽金獎、最佳演唱獎。

由台灣歌手卓依婷演繹的《好日子》，同樣收錄在上述提及之《中國時代經典》MTV專輯中，歌曲音樂錄影帶之取景地點，大多為馬來西亞各著名觀光勝地，如麻六甲。由卓依婷演繹的版本，有別於原唱宋祖英之美聲民歌演唱形式，以通俗唱法重新詮釋，搭配喧囂熱鬧的鑼鼓、鎖吶伴奏聲，音樂旋律充滿過年喜氣洋洋的氣氛[79]。

檢視《走進新時代》、《天路》、《好日子》這些歌曲的歌詞，基本上都歌頌著黨國為民眾帶來的建設成就，以及民眾對黨國建設的感恩愛戴，演唱者都具備了政府或者軍方演員身分，演出場域集中在央視春晚。從阿圖塞意識形態的觀點論之，中國官方試圖藉由這些國家「供養」的聲音，透過流行音樂的旋律，召喚每年除夕夜端座在電視機前觀看央視春晚的億萬觀眾，接受音樂文本裡的黨國意識。同時，從中港台流行歌手阿蘭、米線、梁詠琪、卓依婷以流行歌手通俗唱腔分別演繹的《走進新時代》、《好日子》、《天路》看來，說明了中國官方認知到藉由收編流行歌手，重新演繹這些蘊藏黨國意識形態的歌曲，往往更能發揮其傳唱範圍。從葛蘭西的「爭霸／霸權」觀點論之，說明黨國當局開始選擇地與局部性地吸收「市場」的聲音，以其巨大的市場影響力，轉而強化鞏固黨國試圖傳達的文化霸權。

有些歌頌黨國成就的流行音樂，為了爭取更多的聽眾，即便歌曲是在黨國控管的場域演出，但是演唱者身分已經朝市場化靠攏。例如，《西部狂想》的3位演唱者，雖然其中的廖紅是中國中央歌劇院首席女高音，是由國家「供養」的聲音，但另2位那

---

[79] 同註70。

英、解曉東就不具備黨國身分，是當前中國大陸流行音樂市場當
紅歌手。

　　1999 年 9 月，中共 15 屆 4 中全會明確提出實施西部大開發戰
略。2000 年 10 月，中共 15 屆 5 中全會通過的《第 10 個 5 年計畫
的建議》，決議把實施西部大開發，加快中西部地區發展，作為一
項戰略政策[80]。《西部狂想》就是因應西部大開發政策的作品，
由中國大陸知名音樂人張俊以作詞、國家一級作曲家卞留念譜
曲，由中國大陸第一流行天后那英、中國大陸流行樂壇頂級男歌
手解曉東，以及中國中央歌劇院首席女高音、中國中央歌劇院一
級演員，國務院政府特殊津貼獲得者的麼紅[81]，聯手在 2000 央視
春晚演唱。

　　《西部狂想》以麼紅的高音起頭，讓聽眾彷彿置身於遼闊的大
西部，緊接著曲風轉至柔和與慢板旋律：「爸爸對我講／先有那黃
土燙／才有那打不夠的威風鼓震天響／媽媽對我講／才有那哼不
完的信天遊情義長……流不完悠悠的黃河浪／激起了西部狂
想……」歌詞透過陝北秧歌「賽腰鼓」以及陝北民歌曲風「信天遊」，
指出西北地區是中華民族發源地，最終則寓意了對西部開發的想像
與熱情。

（二）塑造典型人物

　　在中共歷史中，典型人物的塑造一向是中共傳媒宣傳的重點，
也是社會主義政權標榜道德崇高的基礎。這些典型人物都是某個行

---

[80] 「西部大開發」，新華網，2009 年 8 月 25 日，http://news.xinhuanet.com/ziliao/
2005-11/02/content_3719691.htm。

[81] 「中國公主唱響巴黎 女高音麼紅暢談〈圖蘭朵〉」，新浪網，2005 年 5
月 29 日，http://news.xinhuanet.com/overseas/2005-05/29/content_3016307.
htm。

業的先進人物和模範，雖然他們有各自不同的活動領域和獨自的工作背景，但都集中體現了中共道德觀念中的共性，他們沒有個人的感情世界，共同口號是「我是黨的人」。同時，典型人物是中共的路線、方針、政策的最有力的體現者，代表著先進的生產力，推動著歷史前進。在中共的宣傳工作中有一句名言：「榜樣的力量是無窮的。」[82]

　　中國大陸流行音樂文本裡出現各行各業的典型人物，可以說凸顯出中國官方在面臨六四事件後統治合法性基礎動搖的情形下，試圖藉由塑造這些在各行各業兢兢業業、任勞任怨的「想像的族群」，召喚聆聽者進入黨國期待的「社會主義新人」角色。同時，藉由流行音樂裡典型人物的傳唱，建構成為當代中國大陸社會的政治和道德榜樣，以說服和引導大陸民眾認同自我的社會位置。

　　當前中國大陸流行音樂體現的典型人物，頗多集中在解放軍戰士。例如，曾經分別於 1986 年、1999 年、2006 年三度在央視春晚演出的《桃花盛開的地方》。《桃花盛開的地方》原唱是瀋陽軍區前進歌舞團的董振厚，真正唱紅的是蔣大為於 1986 年央視春晚的演出[83]。蔣大為是中國大陸著名男高音歌唱家，由其渾厚清純的嗓音唱出：「在那桃花盛開的地方／有我可愛的故鄉……為了你的景色更加美好／我願駐守在風雪的邊疆」，歌曲型塑了駐守在風雪邊疆、捍衛祖國疆土的解放軍戰士形象。《桃花盛開的地方》是由一級作曲、瀋陽軍區前進歌舞團原藝術指導，並享受國務院特殊津貼的鐵源譜曲[84]；以及部隊文藝工作者、著名作詞家鄔大為填詞[85]。

[82]　何川，中共新聞制度剖析（台北：正中書局，1994 年），頁 150。

[83]　「在那桃花盛開的地方」，百度百科，2009 年 1 月 2 日，http://baike.baidu.com/view/877009.html。

[84]　「鐵源」，百度百科，2010 年 1 月 2 日，http://baike.baidu.com/view/699707.htm。

　　由中國大陸流行歌手龔玥演繹的《桃花盛開的地方》，收錄於
2009 年個人專輯《對玥當歌》中，歌曲中大量使用中國古典樂器做
樂句之鋪陳，曲風部分呈現濃厚的民謠風，編曲部分也採用她慣用
「化大為小」方式，將原本蔣大為演繹、呈現音色宏遠、意境寬闊
的版本，簡化為民謠風版本，使得作品更易為大眾所接受，在欣賞
樂曲的同時也能跟著哼唱。龔玥曾於 2007 年時發行第一張個人專輯
《民歌紅》，銷售達 6 萬張，專輯的最大特色是對經典老歌進行重新
編曲，在節奏的變化上力求創新，將流行、民謠等元素融入老歌中，
並加入電聲樂器為老歌添加新時代的味道。第一張專輯的成功，使得
龔玥受到央視的重視，並成為其簽約歌手，目前專注於北京發展[86]。

　　除了解放軍戰士之外，中國大陸流行音樂也再現了在運動場上
為國家榮譽拚搏的運動員。例如，由毛阿敏在 1991 年央視春晚演
唱的《都是一個愛》，是以深情、婉轉、大氣的美聲通俗唱法，高
貴、端莊、典雅的形象呈現在舞台。《都是一個愛》唱出：「金閃
閃的獎杯／光閃閃的獎牌／掌聲湧著國旗／幾度夢中走來／多少次
拚搏／多少次失敗……榮辱繫著千萬家／都是一個愛……」，毛阿
敏以聲音鼓舞激勵了 1990 年北京亞運勇奪金牌的運動選手。《都是
一個愛》是由曾任海政歌舞團演奏員、副團長等職，目前兼任中國
音樂家協會理事音協發展委員會副主任等職的詞曲作家付林譜曲[87]。

　　毛阿敏是第一個在國際流行歌曲大賽中獲獎的中國大陸通俗
唱法歌手，多次擔綱央視春晚以及各類國家級重大文藝晚會的壓軸

[85]　「鄔大為」，百度百科，2010 年 1 月 2 日，http://baike.baidu.com/view/699712.htm。
[86]　「龔玥」，百度百科，2010 年 3 月 26 日，http://baike.baidu.com/view/1067095.html?wtp=tt。
[87]　「付林」，百度百科，2010 年 1 月 3 日，http://baike.baidu.com/view/156101.htm?fr=ala0_1。

演出，為多部經典電視劇、央視品牌欄目配唱主題曲，同時經常參與部隊勞軍演出，以及前往國外進行大型交流演出活動。毛阿敏的歌聲深受中央領導、社會知名人士、廣大官兵和人民群眾喜愛，是中國大陸流行音樂公認的代表人物。她目前也擔任中國音樂家協會會員、全國文代會代表[88]。由毛阿敏來演繹《都是一個愛》，從中傳達黨國對勇奪北京亞運金牌運動選手的關懷，自然不言而喻。

再如，1994 年央視春節晚會裡，一首歌頌基層教師努力教學的《長大後我就成了你》經宋祖英演唱後，宋祖英收到了全國各地教師寄來的一千多封信。報導說，有的基層教師曾不安心教學，聽了這首歌後改變了想法[89]。這首歌提到：「長大後我就成了你／才知道那塊黑板／寫下的是真理擦去的是功利……長大後我就成了你／才知道那個講台舉起的是別人／奉獻的是自己……」。《長大後我就成了你》是由曾經創作《春天的故事》傳唱內地，同時中國文聯授予「德藝雙馨百佳藝術家」稱號的王佑貴譜曲[90]；並由著名詞作家、曾任中國音樂文學學會副秘書長等職、現任北京市石景山區文聯主席的宋青松填詞[91]。

（三）凝聚國族認同

1982 年，在鄧小平提出的「一國兩制」方針指導下，從當年 10 月開始，中英兩國政府就香港問題舉行了 22 輪正式談判，最終

---

[88] 「毛阿敏」，百度百科，2010 年 1 月 3 日，http://baike.baidu.com/view/9434. htm。

[89] 同註 77。

[90] 「王佑貴」，百度百科，2010 年 1 月 3 日，http://baike.baidu.com/view/2300918. htm。

[91] 「宋青松」，百度百科，2010 年 1 月 3 日，http://baike.baidu.com/view/2541107. htm。

於 1984 年 9 月 18 日達成協定[92]。中英香港問題談判的開啟，挑動了港人似迎還拒、複雜矛盾的中國情懷，也反映在香港流行歌曲上。1980 年至 1985 年間，香港永恆唱片公司就發行一系列與中國情懷有關的歌曲，歌者以張明敏、張德蘭、葉德嫻為主[93]。

緊接著，從 1984 年起至 1988 年，香港歌手張明敏、奚秀蘭、汪明荃、羅文、蔣麗萍紛紛登上央視春晚，演唱了《我的中國心》（1984 年）、《故鄉情》（1985 年）、《萬里長城萬里長》（1985 年）、《家鄉》（1985 年）、《中國夢》（1985 年）、《故鄉情》（1988 年）。央視春晚邀請這些香港歌手登台演唱蘊含中國情懷歌曲,明顯的是在九七香港回歸前,凝聚中國大陸民眾香港回歸「祖國」是中國神聖的歷史使命，也宣洩了中國人百年來飽受帝國主義侵略的壓抑。同樣從 80 年代中期起，中國官方提出「一國兩制」的對台政策後，央視春晚也開始邀請台灣歌手登台演唱，藉此傳達中國官方推動和平統一台灣的緊迫感。例如，費翔演唱的《故鄉的雲》（1987 年）、萬沙浪演唱的《相聚在龍年》（1988 年）、范宇文演唱的《我愛你中國》（1998 年）、張信哲演唱的《大中國》（1998 年）。中國大陸歌手蔣大為演唱的《最後一個夢》（1986 年），也深情的唱出「祖國」對台灣早日回歸的殷殷期盼。

進入 90 年代，在面臨六四鎮壓後統治權合法性的空前挑戰，以及伴隨而來以美國為首西方國家對中國的圍堵，迫使中國官方試圖抓住民族主義的話語，改以愛國主義在傳媒上宣傳包裝。由於炒作愛國主義商品，對中國大陸傳媒來說在政治上較為安全，同時又蘊藏巨大

---

[92]　杜燕，「香港的割讓與香港問題談判、回歸」，中國新聞網，2007 年 5 月 30 日，http://www.chinanews.com.cn/ga/kong/news/2007/05-30/946993.shtml。

[93]　張美君，「回歸之旅：80 年代以來香港流行曲中的家國情」，陳清僑編，情感的實踐：香港流行歌詞研究（香港：牛津大學出版社，1997 年），頁 52。

商機。因此在政治需要與商業誘因的相乘下，中國大陸傳媒在 90 年代期間大肆生產愛國主義商品[94]。對流行音樂產品來說，情況也是如此，主要的訴求就在於凝聚中國國族認同，強調「中國人站起來了」。

　　台灣偶像歌手周杰倫近年來在中國大陸流行音樂市場爆紅，與其自行譜曲、方文山作詞，濃厚的中國曲風高度吻合當前中國官方主流意識有密切關係。例如，2003 年於央視春晚演出的《龍拳》鮮明地刻畫中國人的驕傲：「我右拳打開了天／化身為龍／那大地心臟洶湧／不安跳動／全世界的表情只剩下一種／等待英雄／我就是那條龍……」而 2009 年於央視春晚與宋祖英合唱的《本草綱目》，則歌頌中藥這種老祖宗傳承的智慧：「馬錢子決明子蒼耳子還有蓮子／黃藥子苦豆子川楝子我要面子……快翻開本草綱目多看一些善本書／這些老祖宗的辛苦我們一定不能輸……讓我來調個偏方／來治你媚外的內傷／這些個古老的漢方／有你所不知道的力量……」同時，這首歌在呈現時，是選用原本由大陸網友張倚僑製作，並受到廣大網友熱捧的《本草綱目 MIX 辣妹子》版本。此一原本屬於青少年次文化的即興創作在代表黨國主流文化的央視春晚播出，以及由台灣當紅流行天王以及大陸重量級民歌天后的攜手演出[95]，說明了黨國官方準確掌握、適時收編了廣大網民熱愛的歌曲。

　　台灣歌手 S.H.E 於 2008 年在央視春晚演唱的《中國話》，描述了全世界學習中國話的熱潮，也宣揚了中國話的文化霸權力量：「全世界／都在學／中國話／孔夫子的話／越來越國際化／全世界／都在講／中國話／我們說的話／讓世界都認真聽話……」《中

---

[94] 黃煜、李金銓，「90 年代中國民族主義的媒介建構」，李金銓，超越西方霸權－傳媒與文化中國的現代性（香港：牛津大學出版社，2004 年），頁 102～110。

[95] 李妍，「從央視春晚英倫組合節目看網絡民意傳播」，新聞愛好者（河南），第 22 期（2009 年 11 月），頁 63~64。

國話》同時獲得 2007 年「雪碧中國原創音樂排行榜」全國至尊金
曲金獎、2007 年「Music Radio 中國 TOP 排行榜」年度金獎、2007
年「北京流行音樂典禮」年度金曲。《龍拳》、《本草綱目》、《中
國話〉能夠在央視春晚演出以及登上官方舉辦、許可的音樂排行
榜,說明了這些歌曲傳達的中國文化霸權意義符合了目前中國當局
的主流意識形態。同時,這也顯示出中國官方圖收編這些在華文音
樂市場廣泛傳唱的歌曲,在黨國控管的演出場域裡,迂迴地將其文
本意義,轉喻成黨國當局試圖發揮的凝聚國族認同。

　　90 年代起,中國大陸經歷了 1997 年香港回歸、1999 年澳門回
歸、2001 年申奧成功、2008 年北京奧運,這些事件一次次凝聚了
中國人的國族認同,也讓中國走出了百年來飽受帝國主義侵略的屈
辱,從而振奮了中國人對未來的自信與期許。

　　例如,為了喜迎香港回歸,由中國大陸歌手孫國慶、朱明瑛、
韓磊、田震、孫楠、王霞、左純、馮桂榮以及香港歌手彭羚在央視
春晚大合唱演出的《公元 1997》。《公元 1997》是以男女交錯演
唱與合唱來演繹,首先雄渾的男生唱出:「一百年前我眼睜睜地看
你離去/一百年後我期待著你回到我這裡」,接著婉約的女生呼
應,「滄海變桑田抹不去我對你的思念/一次次呼喚你/我的 1997
年」。明顯的,「我」隱喻著殷殷期盼香港回歸的中國,「你」隱
喻著渴望中國恢復行使主權的香港。歌曲結尾是男女生合唱唱出:
「1997 年/我悄悄地走近你/讓這永恆的時間和我們共度」,象
徵著苦盼了百年的分離,終於畫下句點。《公元 1997》還穿插了
許多 80 年代中英香港談判的歷史畫面,例如 1974 年毛澤東會見英
國首相希斯,1984 年 12 月 19 日鄧小平與訪問北京的英國首相柴
契爾夫人簽訂《中英聯合聲明》等,完整呈現中英香港談判的歷史
過程。《公元 1997》是由 80 年代初期曾在四川省南充市文聯,其

後創建四川嘉陵電視中心的靳樹增填詞，現任中國第二炮兵團副團長的肖白譜曲[96]。

相較於在春晚演出、從國家層次演繹的《公元 1997》，由中國大陸歌手艾敬演唱的《我的 1997》，則從庶民的角度描繪一般大陸民眾對香港回歸的熱烈期盼。歌曲透過吉他和弦伴奏，在艾敬清純嗓音的演繹下，以淺顯的歌詞娓娓道出演唱者離開家鄉瀋陽之後，陸續轉往北京、上海、廣州四處演唱飄泊的三段人生經歷，以及期盼 1997 年香港早日回歸，與摯愛的愛人暢遊香港的願望：「1997 快些到吧／八佰伴究竟是什麼樣／1997 快些到吧／我就可以去 Hong Kong／1997 快些到吧／讓我站在紅勘體育館／1997 快些到吧／和他去看午夜場……」

《我的 1997》是由香港大地唱片首位簽約的中國大陸歌手艾敬自行創作，收錄於 1992 年首先在台灣發行並引起廣大迴響的《我的 1997》專輯。《我的 1997》隨後在中國大陸、香港、馬來西亞、新加坡及日本發行，並屢獲佳評[97]。《我的 1997》原本是幾近艾敬獨白式的人生憧憬描繪，歌詞寓意著期盼著香港回歸後與愛人暢遊香港，但是從獲選為上海文廣傳媒集團舉辦的「東方風雲榜」第一屆十大金曲，說明了中國官方試圖收編這首在華文音樂市場廣為傳唱的流行歌曲，轉喻文本意義成為北京當局對九七香港回歸的渴望。

流行音樂同樣見證了中國大陸民眾喜迎澳門回歸的喜悅，《七子之歌－澳門》就是一首深具代表性意義的歌曲。《七子之歌－澳

---

[96] 「靳樹增」，百度百科，2009 年 9 月 12 日，http://baike.baidu.com/view/2078697.htm；「肖白」，百度百科，2009 年 9 月 12 日，http://baike.baidu.com/view/2165474.htm。

[97] 李宏杰，「中國搖滾手冊第一部分　艾敬（1）」，讀吧，2007 年 4 月 28 日，http://www.du8.com/novel/html/20070428/494/index.html。

門》是 1998 年中央電視台為了迎接澳門回歸製作的電視劇《澳門歲月》主題曲，由江澤民題寫片名，李海鷹作曲，歌詞則取自原本是中國民主同盟早期領導人聞一多於 1925 年代作《七子之歌》的一篇，內容描述中華「七子」－澳門、台灣、香港、九龍、威海衛、廣州灣、旅大（旅順與大連），淪落到英、法、日、俄等帝國主義列強手中。聞一多創作的《七子之歌－澳門》詩詞，是反映當年中國面臨帝國主義列強侵凌割地賠款的窘態，而《七子之歌－澳門》則適逢澳門回歸之際得以傳唱[98]。

　　《七子之歌－澳門》由澳門土生土長的小女孩容韻琳在 1999 年央視春晚演唱，小女孩清純嘹亮的聲音，配合鼓、鑼、二胡、古箏等古典民族樂器合奏，營造出溫馨又略帶傷感的氛圍，召喚了澳門民眾對回歸中國的殷殷期盼：「你可知 Ma-cau 不是我真姓／我離開你太久了母親／但是他們掠去的是我的肉體／你依然保管我內心的靈魂……那三百年來夢寐不忘的生母啊／請叫兒的乳名／叫我一聲澳門／母親啊母親／我要回來……」

　　2001 年中國申奧運成功，對曾經經歷六四事件後西方國家圍堵經驗的政權來說，這除了顯示西方國家對中國崛起的接納，從而使其合法性更加穩定外，也反映了多年來中國渴望舉辦奧運焦慮的消解。由於 2008 年奧運的舉辦，是 90 年代以來中國官方、民間持續高漲民族主義的最高潮，在民族主義商品兼具「政治正確」與暴利可圖的情形下，使得官方與民間的流行音樂工作者紛紛投入奧運流行歌曲的製作、演出，《站起來》這首作為 2008 年北京奧運會獻禮片《一個人的奧林匹亞》主題曲，最足以說明此一現象。

---

[98] 杜桂，「從〈五子之歌〉到〈七子之歌〉」，中國經濟網，2009 年 6 月 9 日，http://cathay.ce.cn/history/200906/09/t20090609_19276579.shtml。

　　《站起來》在北京奧運會獻禮片中，是由成龍（香港）、王力宏（台灣）、韓紅（中國大陸）、孫燕姿（新加坡）4 人演唱，並由成龍、陳奕迅、容祖兒（香港）、譚晶（中國大陸）在 2009 年央視春晚再次合唱[99]。這些歌手分別出身中國大陸、港台、新加坡，都是華人流行音樂市場深具影響力的流行歌手；至於韓紅、譚晶兩位來自中國大陸的當紅流行歌手，都分別任職黨政表演機構，韓紅身兼解放軍空軍政治部文工團副團長，譚晶則身兼總政歌舞團獨唱演員、國家一級演員。《站起來》譜曲者是任職中國電影家協會會員、電影《建國大業》原聲音樂創作舒楠；作詞者則是負責北京奧運會歌曲徵集評選工作，擔任北京奧組委文化活動部奧運會文化活動處處長的王平久[100]。

　　從《站起來》詞曲創作者及演唱者的安排，說明中國官方試圖藉由中國大陸、港台等地當紅流行歌手的共同演繹，描述：「站起來／我的愛牽著山脈／奔跑才有了期待／起點寫著我的未來／Hey ya……／Hey ya／終點沒有成敗……」，營造出北京奧運的舉辦是全世界所有「中國人」共同的驕傲，並試圖呼應 1949 年 10 月 1 日毛澤東以高亢音調說出的「中國人站起來了」。

（四）唱響民族團結

　　1989 年六四事件後，為了對抗以美國為首西方國家對中國的圍堵，北京當局在 1997 年香港回歸、1999 年澳門回歸、2001 年申奧成功、2008 年北京奧運上，成功地向全世界展示，凝聚了中國

---

[99] 「站起來」，百度百科，2010 年 1 月 3 日，http://baike.baidu.com/view/1721636.htm。

[100] 「王平久」，百度百科，2010 年 1 月 3 日，http://baike.baidu.com/view/1814495.htm。

人的國族認同。至於如何對中國大陸內部廣大的民眾塑造國族認同，一個有效的方式就是營造內部民族團結。中國傳統以來歷史攸久、多元豐富，深具民族特色的各地通俗樂曲，就成了中國官方施展音樂政治性運用的最佳素材。

營造中國大陸內部民族團結的流行音樂，最主要的就是凸顯 56 個民族對黨國的熱愛，其中以出身苗族背景的宋祖英演唱的《愛我中華》最具代表性。《愛我中華》這首歌是 1991 年由喬羽作詞、徐沛東作曲，作為第 4 屆中國少數民族運動會創作的歌曲，採用廣西、雲南等地少數民族音調。〈愛我中華〉除了在 1999 年、2000 年連續兩年在央視春晚登台演出外，也被編入中國大陸初中與小學的音樂教材[101]。

宋祖英風格清新、旋律優美的獨特嗓音，長期以來是央視春晚最受觀眾熱愛的歌星，在大陸民眾間享有廣泛知名度，並具備多項黨政軍職。由宋祖英這位苗族歌手以北京話唱出《愛我中華》，強調：「56 顆星座／56 枝花／56 族兄弟姊妹是一家／56 族語言／匯成一句話／愛我中華……」，一則營造 56 個民族和諧融合、對黨國建設的謳歌，二則向全世界展示中國內部民族緊密團結的形象，凸顯中國民族主義。在此種情形下，宋祖英清新、嘹亮的獨特嗓音，就成為國家話語的優質發聲器，同時也讓民眾在聆聽、傳唱音樂的過程，接受黨國的意識形態。

類似《愛我中華》的流行歌曲，還包括了呂繼宏、李丹陽於 2003 年央視春晚演唱的《中華美中華親》，將 56 個民族譬喻成「56 朵鮮花」。歌詞唱道：「中華美呀／中華親／56 朵鮮花哎／根連根呦／中華美啊／中華親／56 個民族哎／心連心／紅牡丹連著金達萊……紫荊花連著格桑花……中華大花園華美如錦……」值得注

---

[101] 夏恩博，「愛我中華」，中國廣播網，2009 年 4 月 25 日，http://211.89.225.4:82/gate/big5/www.cnr.cn/09zt/aggq/gqzs/200904/t20090425_505314081.html。

意的是，牡丹花在 1995 年被選為中國國花，自古以來即以雍容華
貴、端莊嚴謹著稱；金達萊生長於中國大陸東北、華北、山東等
地，是延邊朝鮮自治州州花；紫荊花生長於中國大陸雲南、兩廣、
福建、海南等地，是香港行政區區花；格桑花則是西藏首府拉薩
市市花[102]，由此可見作詞者以富含各地區意義的花朵隱喻各民
族，同時在「根連根、心連心」情況下，共同將「中華大花園」
灌溉成「華美如錦」。

西藏議題近年來一向是北京當局戒慎恐懼，同時是國際傳媒關
注的焦點。為了營造漢藏民族和諧，中國大陸流行音樂裡也流傳著
頗多從北京當局大漢民族主義觀點下凝視的西藏面貌。

2006 年 7 月 1 日青藏鐵路通車後，中共中央總書記胡錦濤發
表講話，盛讚這是中國社會主義現代化建設取得的又一個重大成
就，也實現幾代中國人的心願[103]。由獲得 2006 年深圳最佳女歌手
徐千雅以高亢嘹亮的嗓音演唱的《坐上火車去拉薩》，生動的召喚
藏胞對青藏鐵路通車的歡欣鼓舞：「終於盼來啊／這條天路／像巨
龍飛在高原上／穿過草原啊／越過山川／載著夢想和吉祥／幸福
的歌啊一路的唱／唱到了唐古喇山／坐上了火車去拉薩／去看那

---

[102] 1994 年，經中國人大提出，中國花卉協會帶頭成立國花評選領導小組，由
全國人大副委員長陳慕華擔任名譽組長，並由專家學者組成國花評選專家
組，審定國花評選條件，迄 1995 年，經該小組決定一致同意以牡丹為國花。
參見：法務部調查局展望與探索雜誌社，「第壹類　總論」，中國大陸綜
覽－97 年版（台灣：法務部調查局，2008 年），頁 25；「金達萊」，百
度百科，2009 年 10 月 13 日，http://baike.baidu.com/view/54618.htm；「紫
荊花」，百度百科，2009 年 10 月 13 日，http://baike.baidu.com/view/39083.
htm；「格桑花」，百度百科，2009 年 10 月 13 日，http://baike.baidu.com/view/
332117.htm。

[103] 胡錦濤，「在青藏鐵路通車慶祝大會上的講話」，新華網，2006 年 7 月 1
日，http://big5.xinhuanet.com/gate/big5/.../2006-07/01/content_4780424.htm -
54k -。

神奇的布達拉宮／去看那最美的格桑花呀……」《坐上火車去拉薩》
是由知名作曲家及音樂製作人何沐陽譜曲，並獲得 2007 年「雪碧
中國原創音樂排行榜」內地金曲獎。徐千雅《坐上火車去拉薩》的
MTV 是由北京大音華典唱片公司出資拍攝，主要是配合 CD 專輯
的銷售，以及增加徐千雅的曝光率[104]。

　　《坐上火車去拉薩》也被搜錄在哈尼族女歌手米線的《情迷唐
古拉》專輯中。米線被雲南山水孕育的獨特歌喉，發出的高亢遼遠、
質樸、乾淨的自然之聲，清越委婉千轉百回，讓聆聽者對西藏充滿
無限的想像與迷戀[105]。事實上，2007 年 4 月發行的《情迷唐古拉》
專輯，搜錄了 14 首傾訴西藏雪域高原的歌曲，呈現米線天籟般的
聲音或者男女情歌對唱方式，唱片公司既趕上了 2006 年 7 月 1 日
青藏鐵路通車後掀起的西藏熱，又迎合了北京凝視下「純潔」、「和
諧」西藏的觀點[106]。

　　由中國大陸搖滾樂手鄭鈞創作與演唱的《回到拉薩》，歌詞提
及：「……我美麗的雪蓮花／純淨的天空飄著一顆純淨的心／不必
為明天愁／也不必為今天憂／來吧／來吧／我們一起回拉薩／回
到我們已經闊別很久的家……」，原義是描寫 90 年代大陸青年面
臨升學、就業、婚姻等壓力的處境，將西藏想像成遙遠、夢幻的「香
格里拉」，足供遁世出逃的理想國度。這首具備搖滾樂曲元素，樂
曲中穿插藏族旋律以及女聲吟唱的《回到拉薩》，由非藏族的鄭鈞
演唱，並獲選為上海文廣新聞傳媒集團舉辦的第 2 屆「東方風雲榜」
十大金曲，恰恰在於音樂文本內容與北京當局從大漢民族主義觀點

---

[104] 「徐千雅」，百度百科，2010 年 1 月 7 日，http://baike.baidu.com/view/336380.
html。

[105] 「米線」，前引文。

[106] 2010 年 4 月 23 日，e-mail 訪談中國大陸跨國性及港台音樂集團資深製作人
所得。

下凝視的「純淨」、「和諧」西藏面貌不謀而合。這也說明了中國官方試圖將《回到拉薩》文本的意義，透過黨國控管的演出場域，轉喻成黨國當局試圖灌輸的唱響民族團結。

（五）鼓舞激勵人心

中國大陸自然災害極多，在協助災民及早走出創傷的巨大陰影，流行音樂往往扮演了撫慰、療治的功能。2008 年初春襲捲大陸華南各省的雪災，以及 2008 年 5 月的汶川大地震發生後，中國大陸流行音樂界立即製作、發行、傳唱了多首賑災歌曲，藉此撫慰平順災民重創心理，並鼓舞激勵災民重新站起。

《大雪無情人有情》是在雪災發生後不久，由著名軍旅作曲家印青作曲、西南作詞，解放軍總政治部於 2 月 3 日連夜錄製完成，並由蔡國慶、韋唯、白雪、廖昌永、韓磊於 2008 年的央視春晚演出[107]。《大雪無情人有情》歌詞裡毫不掩飾地譜寫黨國的關切：「當春天正向我們走來／暴雪把南方的一片土地覆蓋／多少回鄉的人們歸心似箭／多少搶險的人們熱血澎湃／風雪中黨的聲音傳來／千百萬人牽著手抗雪災／冰雨中黨的溫暖傳來／心貼心傳遞著愛／大雪無情人有情／萬眾一心連著中南海……」

汶川大地震發生後，災情震撼全球，北京奧運組委文化活動部奧運會文化活動處處長王平久有感而發譜寫了《生死不離》這首詩，著名作曲家舒楠感同身受，特地為這首詩譜曲，並由香港資深藝人成龍緊急趕赴北京錄製，一同為災區民眾祈福。5 月 14 日晚間，央視主持人白岩松在抗震救災直播節目朗頌這首詩，立刻引起

---

[107] 「總政推出首部賑災歌曲：大雪無情人有情」，北京青年報，2008 年 2 月 3 日， http://www.big5.xinhuanet.com/gate/big5/.../mil/2008-02/03/content_7559013.htm - 。

熱烈迴響，隔日在網上被網友迅速轉帖。歌詞中寫到：「無論你在哪裏／我都要找到你／血脈能創造奇跡／你的呼喊就刻在我的血液裏／生死不離／我數秒等你消息／相信生命不息／我看不到你／你卻牽掛在我心裡……」這句句撼動人心的歌詞，透過成龍深情動人的演唱，為無數災民民眾和救災人員加油打氣[108]。同時，《生死不離》獲選為 2008 年第 9 屆「CCTV－MTV 音樂盛典」、「9＋2 音樂先鋒榜」2008 年度最佳先鋒公益歌曲。

　　同樣面對汶川大地震的慘烈災情，中國大陸著名偶像歌手陳楚生以一周時間創作錄製了《與你同在》。歌詞寫道：「與你同在／風雨中每一天／堅強的信念／是夢魘的祭奠／與你同在／生命中每一天／擁抱著明天／希望就在眼前……你睜開眼看啊／繁星在烏雲中掙扎／手牽著手／我們衝破這黑暗……」透過陳楚生在湖南衛視「五月的燭光」等國家舉辦的川震賑災演唱會深情的演出，傳達黨國對災民關懷的想像[109]。《與你同在》同時獲得 2008 年「雪碧中國原創音樂排行榜」總選獲獎、2008 年「北京流行音樂典禮」完全獲獎。

　　《愛的擁抱》是由中國大陸著名偶像歌手李劍演唱，其好友同時是廣東飛樂影視發掘的歌手西域刀郎作曲。2008 年 1 月推出後，2 月即獲得「9＋2 音樂先鋒榜」，並停留在榜內長達 8 周之久，2 至 3 月在「中國歌曲排行榜」、「9＋2 音樂先鋒榜」、「Music Radio 中國 TOP 排行榜」、「華語流行音樂潮」、「亞洲新勢力」等多個音樂排行榜獲得冠軍寶座，並停留長達 8 周之久[110]。《愛的擁抱》

---

[108]「成龍演唱生死不離」，雅虎網，2008 年 5 月 19 日，http://www.tw.myblog.yahoo.com/jw!Pfnfs0qQHBY8jnH1lGhTxRI-/article?mid=3795 - 。

[109]「試聽：陳楚生與你同在」，中國新聞網，2008 年 6 月 3 日，http://www.cns.hk:89/yl/kong/news/2008/06-03/1270561.shtml。

[110]「李劍演藝紀錄」，我愛你音樂網，2009 年 8 月 24 日，http://www.yinyue521.

歌詞中提到：「就我們奔向／太陽升起的方向……愛的擁抱／請把手給我／再也不要閃躲／忘掉所有陌生目光／其實我們都一樣需要溫暖／就像一個朋友／在寒冷的夜裡為你守候／沖淡一切黑暗／肩並肩緊緊相擁……」，藉由李劍在「517 全城抗震救災募捐大行動」、廣東電視台主辦義演籌款活動、央視慈善晚會，以及「中華情」、「同一首歌」等大型籌款義演活動，充分傳達了黨國對汶川大地震災民的由衷關懷。《愛的擁抱》同時也獲選「9＋2 音樂先鋒榜」2008 年度最佳先鋒公益歌曲。

　　除了因應雪災、震災緊急製作的賑災歌曲外，一首由中國大陸歌壇宿將那英、解小東，在 2003 年中國大陸抗擊「非典」期間慰問抗典前線人員的《姐妹弟兄》，由於歌詞溫馨、旋律感人，當時曾鼓勵感動了廣大群眾。汶川大地震後，那英、解小東在由中國扶貧基金會主辦的「眾志成城　抗震救災」大型賑災文藝晚會，再度合唱《姐妹弟兄》，現場兩人十指相扣、眼含淚水，令在場觀眾無不動容[111]。《姐妹弟兄》曾經獲得 2004 年 6 屆「CCTV-MTV 音樂盛典」內地年度最受歡迎歌曲，並曾在 2004 年春晚、抗擊非典、2008 年「中華情」川震賑災晚會，以及 2008 年情滿中國抗擊冰雪專題文藝晚會演出。

　　從賑災歌曲的製作者與演出者的背景看來，除了任職於職黨國表演機構的歌手之外，活躍於當前華文流行音樂市場的歌手也紛紛投入，這些歌曲由於「政治正確」，肩負黨國當局及時鼓舞激勵人心的作用，因此經常安排在各項賑災公益晚會演出，而流行歌手樂

---

com/musiclist/17629.shtml。

[111] 「那英、解小東參加義演為賑災合作演唱〈姐妹弟兄〉」，搜狐音樂網，2008 年 5 月 16 日，http://www.music.yule.sohu.com/20080516/n256899633.shtml - *119k* - 。

於參加，因為對其市場形象有正面助益，進而商業演出暴增。黨國與流行歌手的利益在此「合謀」了。

五、結論

誠如霍爾（S. Hall）等文化研究學者指出，人們在消費流行文化的時候，往往被其外在的物質性質和感性特點所吸引，從而忽視隱藏其中的意識形態，因此經過官方正當化程序審核的流行文化傳佈到社會大眾時，其中隱藏的意識形態便輕而易舉地征服群眾，並成為群眾追求流行文化產品的日常生活實踐的一部分。事實上，歷來的意識形態製造者為了發揮意識形態的功效，最注意的就是使普羅大眾「誤認」和「無視」流行文化中的意識形態成分[112]。

中共音樂工作者早在延安時期就選擇一些原本在民間廣為傳唱的民歌，填上蘊藏黨國意識的新詞，展現全新的政治意義，使得群眾在聆聽、傳唱、分享音樂的過程中，不設防地接受隱藏其中的黨國意識。《東方紅》這首歌曲的產製過程，就是絕佳案例。這首歌其實源自於陝北民歌《騎白馬》，經過陝西農民歌手李有源在舊曲的基礎上創作了新詞，改編成《移民歌》，接著被魯迅藝術學院音樂系民歌採風組編進《陝北民歌選》，最後在中共音樂工作者劉熾和王大化等人，為這首歌曲填上新詞，改名《東方紅》，內容則為高度歌頌毛澤東個人崇拜。這首改編的《東方紅》，首次於1945年11月在瀋陽由東北文藝工作團公演，從此它成為中國大陸流傳最廣的歌曲[113]。《東方紅》的產製過程，也鮮明地驗證中共在通俗

---

[112] S. Hall, *Popular Culture and the State* (Milton Keynes: Open University Press, 1986), pp. 22～49; 高宣揚，流行文化社會學，頁315。

[113] 洪長泰，新文化史與中國政治，頁208～210。

音樂產製過程中，發揮了葛蘭西所謂的文化有重新命名權力以及創造官方說法的權力。

1942 年 5 月 23 日，毛澤東發表著名的「在延安文藝座談會上的講話」，具體規定文藝的基本方向是「工農兵方向」，文藝家只能以此方向作為創作原則和創作內容，心甘情願地做革命的「齒輪和螺絲釘」[114]。「講話」的精神從此成為中共音樂創作原則的上綱。1949 年中共建政後，為了持續發揮音樂的政治性力量，中共有系統地收編城市民間藝人，同時依照行政體制建立由政府統一管理的音樂表演團體，從而統一音樂的宣傳口徑，更使得民間社會不存在與黨國不同調的異聲。這些都清楚說明中共明瞭音樂作為統治階級文化霸權或意識形態國家機器的巨大作用，在明確音樂的官方創作原則下，運用集體化的音樂生產、演出，從而發揮了音樂召喚群眾認同黨國革命建設的功能。

90 年代後，面對著中國大陸流行音樂多元紛雜、眾聲喧譁的環境，中國官方並沒有放棄流行音樂作為統治階級文化霸權或意識形態國家機器的信念，仍然透過黨國「供養」的演唱者，例如廖紅、毛阿敏、宋祖英、韓紅等這些國家優質發聲器，以及具備黨政軍職務的詞曲創作者，並經由央視春節晚會、官方舉辦許可音樂排行榜、紀念節慶音樂演唱會、賑災目的音樂會等黨國控管的演出場域，賦予流行音樂的黨國意識，從而達到召喚民眾成為黨國強勢意識的成員。此種作法相當程度符合托爾斯泰所說的：「音樂應該是國家的事，這種具有危險魔鬼力量的音樂，必須由國家控制。」[115]

---

[114] 高華，紅太陽是怎樣升起的－延安整風運動的來龍去脈，頁 351～352。

[115] 轉引自：邱怡嘉，「瘋狂的節奏：中國大陸文革歌曲之研究」，世新大學口語傳播系碩士論文（2007 年），頁 6。

　　本文透過官方舉辦、「輿論導引」功能十足的特定節慶、活動音樂會，或者以商業活動包裝、其實是官方在背後主導的音樂排行榜，或者蘊藏強烈黨國意識的央視春晚節目的流行音樂文本分析，可以發現其中蘊藏了歌頌黨國成就、塑造典型人物、凝聚國族認同、唱響民族團結、鼓舞激勵人心 5 大意義。如同阿圖塞將意識形態定義為「再現個體和他們真實生活情況間的想像關係」，並認為意識形態具備召喚個體成為特定意識形態中的主體，當前中國大陸流行音樂蘊藏的 5 種黨國意識，事實上就是試圖再現群眾和黨國間的想像關係，召喚群眾進入黨國邀約（invite）的主體位置。這也驗證了費里夫指出的，流行音樂是一種安置（placing）的經驗，它用特定的方式召喚聆聽者進入與演出者與歌迷的情緒中，從而產生認同與排異的知覺。同時，也呼應了阿達利指出音樂的政治經濟效力，是足以控制社會暴力、消解任何反對意見，以音樂語言建構並強化統治階級的地位。

　　相當值得觀注的是，為了讓民眾在聆聽流行音樂時更容易接受隱藏其中的黨國意識，中國官方也開始收編華文音樂市場或者中國大陸流行音樂市場當紅歌手，例如成龍、陳奕迅、容祖兒、王力宏、孫燕姿、那英、解小東、艾敬、陳楚生、李劍等，在上述黨國控管的演出場域，以其市場巨大的影響力，進一步強化流行音樂裡的黨國意識。更巧妙的是，中國官方開始收編一些原本並非作為傳達黨國意識，但在流行音樂市場走紅的歌曲及歌手，例如周杰倫的《龍拳》、《本草綱目》、S.H.E 的《中國話》、艾敬的《我的 1997》、鄭鈞的《回到拉薩》，在上述黨國控管的演出場域演唱，進而將其文本意義轉喻成黨國當局試圖傳達的意識形態。特別的是，2009 年在春晚演出的《本草綱目》，是選擇由大陸網友製作、受到廣大網友熱愛，由周杰倫、宋祖英合唱的《本草綱目 MIX 辣妹子》版本。

　　或者，中國大陸流行音樂市場製作人也開始選擇一些原本由具備黨政軍職務歌手在央視春晚演繹的歌曲，重新改編旋律，將流行、民謠等元素融入老歌中，再由流行歌手重新演繹，更加發揮了這些歌曲的傳唱。由中國大陸、港台流行歌手阿蘭、米線、龔玥、卓依婷重新演繹的《天路》、《桃花盛開的地方》、《走進新時代》、《好日子》，就是鮮明的例子。甚且，中國大陸流行音樂市場製作人也敏銳地掌握黨國官方重視的政治、社會事件，製作迎合主旋律的流行歌曲或專輯，例如，徐千雅演繹的《坐上火車去拉薩》、米線演繹的《情迷唐古拉》專輯，扣緊了青藏鐵路的通車，而陳楚生演繹的《與你同在》、李劍演繹的《愛的擁抱〉則是為汶川大地震而作[116]。

　　從葛蘭西「爭霸／霸權」的理論觀之，說明了中國官方已經注意到如何適時掌握流行音樂市場的迅速變遷，選擇性與局部性收編某些不同於黨國「供養」的演唱者，或者篩選一些在流行音樂走紅的歌曲，運用黨國控管的演出場域，將音樂文本適時地轉喻，從而達到傳達黨國意識的目的。同時，黨國當局的上述方式，也吸引流行音樂市場製作人主動投入將一些蘊藏黨國意識的老歌重新改編旋律，並由流行歌手重新演繹，或者製作迎合主旋律的流行歌曲，依照「政治正確，商演不斷」的邏輯，進而擴大了這些歌曲的傳唱。這也使得 90 年代以來，中國大陸流行音樂蘊藏的黨國意識是處於流變中的狀態。

---

[116] 2010 年 4 月 23 日，e-mail 訪談中國大陸跨國性及港台音樂集團資深製作人所得。

參考文獻

「CCTV－MTV 音樂盛典」，維基百科，2009 年 6 月 25 日，http://zh.wikipedia.org/wiki/CCTV-MTV音樂盛典。

「Music Radio 中國 TOP 排行榜介紹」，百度娛樂，2008 年 2 月 26 日，http://yule.baidu.com/music/c/2008-02-26/15564464557.html。

「大陸原創音樂在台灣受歡迎」，中國新聞網，2008 年 12 月 11 日，http://www.chinanews.com.cn/tw/lajl/news/2008/12-11/1482211.shtml。

「中國公主唱響巴黎　女高音麼紅暢談〈圖蘭朵〉」，新浪網，2005 年 5 月 29 日，http://news.xinhuanet.com/overseas/2005-05/29/content_3016307.htm。

「中國歌曲排行榜介紹」，新浪音樂，2008 年 9 月 10 日，http://ent.sina.com.cn/y/2008-09-10/19112164331.shtml。

「五個一工程獎」，百度百科，2009 年 8 月 12 日，http://baike.baidu.com/view/1252844.htm。

「巴桑」，百度百科，2009 年 8 月 25 日，http://baike.baidu.com/view/304689.htm。

「毛阿敏」，百度百科，2010 年 1 月 3 日，http://baike.baidu.com/view/9434.htm。

「王平久」，百度百科，2010 年 1 月 3 日，http://baike.baidu.com/view/1814495.htm。

「王佑貴」，百度百科，2010 年 1 月 3 日，http://baike.baidu.com/view/2300918.htm。

「付林」，百度百科，2010 年 1 月 3 日，http://baike.baidu.com/view/156101.htm?fr=ala0_1。

「央視賑災晚會節目單網上曝光　傳王菲獻唱」，新浪娛樂，2009 年 5 月 6 日 http://ent.sina.com.cn/v/m/2009-05-06/11572505419.shtml。

「石順義」，百度百科，2009 年 8 月 25 日，http://baike.baidu.com/view/1046665.htm。

「印青」，百度百科，2010 年 1 月 2 日，http://baike.baidu.com/view/667103.htm。

「在那桃花盛開的地方」，百度百科，2009 年 1 月 2 日，http://baike.baidu. com/view/877009.html。

「成龍演唱生死不離」，雅虎網，2008 年 5 月 19 日，http://www.tw.myblog. yahoo.com/jw!Pfnfs0qQHBY8jnH1lGhTxRI-/article?mid=3795 -。

「米線」，百度百科，2010 年 4 月 4 日，http://baike.baidu.com/view/ 1964.html。

「米線－情迷唐古拉」，百度百科，2010 年 4 月 4 日，http://www.baidu.com /s?cl=3&wd=%C3%D7%CF%DF%C7%E9%C3%D4%CC%C6%B9%C 5%C0%AD&fr=ikw1rs0。

「西部大開發」，新華網，2009 年 8 月 25 日，http://news.xinhuanet.com/ ziliao/2005-11/02/content_3719691.htm。

「宋青松」，百度百科，2010 年 1 月 3 日，http://baike.baidu.com/view/ 2541107.htm。

「宋祖英」，百度百科，2010 年 1 月 2 日，http://baike.baidu.com/ view/13519.htm。

「李劍演藝紀錄」，我愛你音樂網，2009 年 8 月 24 日，http://www. yinyue521.com/musiclist/17629.shtml。

「肖白」，百度百科，2009 年 9 月 12 日，http://baike.baidu.com/view/ 2165474.htm。

「走進新時代」，百度百科，2009 年 1 月 2 日，http://baike.baidu.com/view/ 870831.htm。

「車行」，百度百科，2010 年 1 月 2 日，http://baike.baidu.com/view/1006188. html?wtp=tt。

「那英、解小東參加義演為賑災合作演唱〈姐妹弟兄〉」，搜狐音樂網， 2008 年 5 月 16 日，http://www.music.yule.sohu.com/20080516/ n256899633.shtml - 119k -。

「亞洲新勢力‧金曲榜招商」，268 廣告超市，2008 年 9 月 2 日，http://www. 268mt.cn/_d268946099.htm。

「卓依婷」，卓依婷官方網站，2010 年 3 月 26 日，http://www.timitimi.com/。

「屈原」，互動百科，2010 年 1 月 2 日，http://www.hudong.com/wiki/屈原。

「東方風雲榜簡介」，東方風雲榜，2009 年 6 月 29 日，http://yule.smgbb. cn/ecms/dffyb/index.html。

「金達萊」，百度百科，2009 年 10 月 13 日，http://baike.baidu.com/view/54618.htm。

「阿蘭‧達瓦卓瑪」，維基百科，2010 年 3 月 26 日，http://zh.wikipedia.org/zh-tw/%E9%98%BF%E8%98%AD%C2%B7%E9%81%94%E7%93%A6%E5%8D%93%E7%91%AA。

「徐千雅」，百度百科，2010 年 1 月 7 日，http://baike.baidu.com/view/336380.html。

「格桑花」，百度百科，2009 年 10 月 13 日，http://baike.baidu.com/view/332117.htm。

「站起來」，百度百科，2010 年 1 月 3 日，http://baike.baidu.com/view/1721636.htm。

「張也」，百度百科，2010 年 1 月 2 日，http://baike.baidu.com/view/157514.htm?fr=ala0_1_1。

「梁詠琪獻唱〈走進新時代〉」，文匯報，2009 年 10 月 4 日，http://paper.wenweipo.com/2009/10/04/EN0910040002.htm。

「紫荊花」，百度百科，2009 年 10 月 13 日，http://baike.baidu.com/view/39083.htm。

「愛國歌曲激情唱響山城」，CCTV，2009 年 6 月 18 日，http://big5.ce.cn/ztpd/xwzt/guonei/2009/mf/mf1/200906/18/t20090618_19349202.shtml。

「試聽：陳楚生與你同在」，中國新聞網，2008 年 6 月 3 日，http://www.cns.hk:89/yl/kong/news/2008/06-03/1270561.shtml。

「鄔大為」，百度百科，2010 年 1 月 2 日，http://baike.baidu.com/view/699712.htm。

「靳樹增」，百度百科，2009 年 9 月 12 日，http://baike.baidu.com/view/2078697.htm。

「蔣開儒」，百度百科，2010 年 1 月 2 日，http://baike.baidu.com/view/948952.htm?fr=ala0_1。

「總政推出首部賑災歌曲：大雪無情人有情」，北京青年報，2008 年 2 月 3 日，http://www.big5.xinhuanet.com/gate/big5/.../mil/2008-02/03/content_7559013.htm -。

「鐵源」，百度百科，2010 年 1 月 2 日，http://baike.baidu.com/view/699707.htm。

「龔玥」，百度百科，2010 年 3 月 26 日，http://baike.baidu.com/view/1067095.html?wtp=tt。

王思琦，「1978～2003 年間中國城市流行音樂發展和社會文化環境互動關係研究」，福建師範大學音樂學博士論文（2005 年）。

王炬，「我國音像產業發展狀況分析」，出版發行研究（北京），第 8 期（2006 年 8 月），頁 22。

任麗華，「社會轉型期中國流行音樂及其文化心理蘊涵」，西南師範大學音樂學院（2003 年）。

吳玉山，「宏觀中國：後極權資本主義發展國家－蘇東與東亞模式的揉合」，徐斯儉、吳玉山主編，黨國銳變－中共政權的菁英與政策（台北：五南圖書出版公司，2007 年），頁 309～320。

何川，中共新聞制度剖析（台北：正中書局，1994 年）。

何曉兵，「中國音樂電視興起的原因及其特徵（下）」，中國音樂（北京），第 2 期（2002 年 4 月），頁 9。

宋素鳳等譯，Jacques Attali 著，噪音：音樂的政治經濟學（台北：時報出版社，1995 年）。

李宏杰，「中國搖滾手冊第一部分　艾敬（1）」，讀吧，2007 年 4 月 28 日，http://www.du8.com/novel/html/20070428/494/index.html。

李妍，「從央視春晚英倫組合節目看網絡民意傳播」，新聞愛好者（河南），22 期（2009 年 11 月），頁 63～64。

李根芳、周素鳳譯，John Storey 著，文化理論與通俗文化導論（台北：巨流圖書有限公司，2005 年）。

杜桂，「從〈五子之歌〉到〈七子之歌〉」，中國經濟網，2009 年 6 月 9 日，http://cathay.ce.cn/history/200906/09/t20090609_19276579.shtml。

杜燕，「香港的割讓與香港問題談判、回歸」，中國新聞網，2007 年 5 月 30 日，http://www.chinanews.com.cn/ga/kong/news/2007/05-30/946993.shtml。

肖怡，「光聲電影中的本土變奏－中國聲樂電視美學的民族化探析」，南昌大學人文學院影視藝術研究中心碩士論文（2007 年）。

周星，「中國音像產業現狀與發展分析」，現代傳播（北京），總第 138 期（2006 年第 1 期 1 月），頁 8～9。

周倩漪，「解讀流行音樂性別政治：以江蕙和陳淑樺為例」，中外文學，290 期（1996 年 7 月），頁 32。

居其宏，20 世紀中國音樂（青島：青島出版社，1993 年）。

岳春梅，「中國大陸流行歌曲研究（1980～2005）」，西南大學文學理論
　　批評與文化研究碩士論文（2006 年）。

林芳玫，解讀瓊瑤愛情王國（台北：商務印書館，2006 年）。

法務部調查局展望與探索雜誌社，「第壹類　總論」，中國大陸綜覽～97
　　年版（台灣：法務部調查局，2008 年），頁 25。

邱怡嘉，「瘋狂的節奏：中國大陸文革歌曲之研究」，世新大學口語傳播
　　系碩士論文（2007 年）。

洪長泰，新文化史與中國政治（台北：一方出版社，2003 年）。

胡淑棻，「當代中國流行音樂文化的發展－以文本觀照流行文化的變遷」，
　　政治大學東亞研究所碩士論文（2005 年）。

胡錦濤，「在青藏鐵路通車慶祝大會上的講話」，新華網，2006 年 7 月 1
　　日，http://big5.xinhuanet.com/gate/big5/.../2006-07/01/content_4780424.
　　htm - 54k - 。

夏恩博，「愛我中華」，中國廣播網，2009 年 4 月 25 日，http://211.89.
　　225.4:82/gate/big5/www.cnr.cn/09zt/aggq/gqzs/200904/t20090425_5053
　　14081.html。

祖薇，「央視明轉播抗災晚會　白岩松主持〈情感中國〉」，新華網，2008
　　年 3 月 1 日，http://news.xinhuanet.com/ent/2008-03/01/content_7695550.
　　htm。

馬傑偉，電視文化理論（台北：揚智文化，2000 年）。

高宣揚，流行文化社會學（北京：中國人民大學出版社，2006 年）。

高華，紅太陽是怎樣升起的－延安整風運動的來龍去脈（香港：中文大學
　　出版社，2000 年）。

國家廣電總局電視司、中國傳媒大學，中國電視劇年度發展報告 2005～
　　2006（北京：中國傳媒大學出版社，2007 年）。

張育章譯，Reedee Garofalo 著，「自主性是如何相對的：民眾音樂、社會
　　形構與文化抗爭」，島嶼邊緣，第 11 期（1994 年 6 月），頁 41～47。

張美君，「回歸之旅：80 年代以來香港流行曲中的家國情」，陳清僑編，
　　情感的實踐：香港流行歌詞研究（香港：牛津大學出版社，1997 年），
　　頁 52。

張燊，「中國當代流行歌曲演唱風格發展脈絡及其相關問題研究」，福建
　　師範大學音樂學碩士論文（2004 年）。

張錦華，傳播批判理論（台北：黎明文化事業公司，1994年）。

張錦華等譯，John Fiske 著，傳播符號學理論（台北：遠流出版公司，1990年）。

梁文韜，「鄧小平理論與中國大陸社會主義發展的前景」，陳祖為、梁文韜主編，政治理論在中國（香港：牛津大學出版社，2001 年），頁248～250。

郭建民，聲樂文化學（上海：上海音樂出版社，2007年）。

陳志菲，「中國當代頌歌的文化形態（1949～1979）」，廣州暨南大學文學碩士論文（2005年）。

曾遂今，音樂社會學概論（北京：文化藝術出版社，1997年）。

曾慧佳，從流行歌曲看台灣社會（台北：桂冠圖書股份有限公司，2000年）。

黃煜、李金銓，「90 年代中國民族主義的媒介建構」，李金銓，超越西方霸權－傳媒與文化中國的現代性（香港：牛津大學出版社，2004年），頁102～110。

葉毅，「一線歌手發片寥寥 頒獎典禮是非從未間斷 內地音樂頒獎典禮步入熊市」，信息時報（廣州），2008年11月2日，第B02版。

潘知常，「第3章 宋祖英：『東方茉莉』的表演政治」，潘知常主編，最後的晚餐－CCTV春節聯歡晚會與新意識形態，2007年2月15日，http://pan2026.blog.hexun.com/7839916_d.html。

蔣波，「『八一』國家大戲院好戲連台 全面展示軍旅文化」，人民網，2009 年 7 月 29 日，http://ent.people.com.cn/BIG5/42070/46955/9746767.html。

羅世宏等譯，Chris Barker 著，文化研究－理論與實踐（台北：五南出版社，2006年）。

羅艷妮，「大眾傳播媒介在新時期中國流行音樂發展中的作用」，武漢音樂學院碩士論文（2006年）。

Adorno, T., "On Popular Music," in John Storey ed., *Cultural Theory and Popular Culture*, 2nd ed. (Hemel Hempstead: Prentice Hall, 1998), pp. 196~208.

Althusser, L., "Ideology and Ideological State Apparatuses," *Lenin and Philosophy and other Essays* (London: New Left Books, 1971), pp. 143, 162.

Baranovitch, Nimrod, *China's New Voice: Popular Music, Ethnicity, Gender, and Politics, 1978~1997* (Berkeley: University of Press, 2003).

Frith, S., "Toward an Aesthetic of Popular Music," in Richard Leppart & Susan McClary eds., *Music and Society: The Politics of Composition, Performance, and Reception* (Cambridge: Cambridge University Press, 1987), pp. 130~148.

Galikowski, Maria, *Art and Politics in China 1949-1984* (Hong Kong: The Chinese University Press, 1998).

Hall, S., *Popular Culture and the State* (Milton Keynes: Open University Press, 1986).

Jones, Andrew F., *Like a Knife: Ideology and Genre in Contemporary Chinese Popular Music* (Ithaca, N.Y.: East Asian Program, Cornell University, 1992).

Lovell, Terry, "The Social Relations of Cultural Production: Abscent Center of A New Discourse," in Simmon Clark et al. eds., *One-Dimensional Marxism: Althusser and The Politics of Culture* (London: Allison and Busby, 1980), pp. 44, 250.

Lull, James, *Popular Music and Communication* (London: Sage Publications, 1992).

Shuker, R., *Understanding Popular Music* (London: Routledge, 1994).

Willamson, J., *Decoding Advertisements: Ideology and Meaning in Advertising* (London: Marion Boyars, 1978).

（本文曾刊載於中國大陸研究，第 53 卷第 3 期，2010 年 9 月。）

第三章 從中國大陸主旋律電影到有主旋律意識的中國大陸商業電影

《摘要》

中國大陸主旋律電影長期來扮演宣揚黨國意識的載體，獲致相當成效。近年來，主旋律電影開始借用商業電影手法，票房上屢獲佳績，從而擺脫了過往作為說教意味濃厚的政治視聽教材，轉型成為觀眾喜聞樂見的商業電影。這些類型上歸屬於商業電影的主旋律電影，以其高票房的影響力，進一步強化了隱藏其中的黨國意識。
（關鍵詞：中國大陸電影、主旋律電影、文化霸權、意識形態國家機器、流行文化）

一、研究動機與目的

電影作為中國共產黨宣揚黨國意識的工具，在建立政權以及國家建設的過程裡，長期來發揮了重要的功能。1949 年，由東北電影製片廠生產的《橋》，就具體而微地說明電影作為黨國意識形態的載體。《橋》的第一個意義，在於說明中國大陸電影不再是單純的文化製品，彰顯了它的反消費性，這是它區別於資本主義電影第一個重要標誌。《橋》的第二個重要性產生於對它的觀看中。該片

在南京新都戲院舉辦隆重的首映禮，並由 23 個單位發動職工代表
2000 餘人舉行盛大遊行，使得電影的放映成為一種在革命宣傳語
境中高度儀式化的行為[1]。《橋》這部電影的反消費性與儀式化觀
看行為，為往後主旋律電影的運作立下範本。

　　從 1953 年第一個 5 年計畫開始，中國大陸電影出現革命戰爭
題材的高潮，例如彰顯革命歷史題材的「獻禮片」等影片[2]。這些
電影事實上都可視為主旋律電影的雛型。不過，主旋律電影的口號
是在 1987 年 3 月，時任電影局長滕進賢在全國電影工作會議上，
首次提出了「突出主旋律，堅持多樣化」。當時提出這個口號的目
的是強化主旋律，對抗資產階級自由化思潮的影響和商業化浪潮的
衝擊[3]。1989 年六四天安門事件後，中國官方為了有效防範階級自
由化思潮再起，以及圍堵西方國家的和平演變，主旋律電影的意識
形態教化功能再度被賦予重責大任[4]。

　　1994 年 1 月 24 日，江澤民在全國宣傳工作思想會議上，將電
影界 1987 年提出的「突出主旋律，堅持多樣化」的口號，規範為
「弘揚主旋律，提倡多樣化」的文藝思想，提出要「以高尚的精神
塑造人，以優秀的作品鼓勵人」，給文藝工作者提出明確的要求和
目標，倡導影視作品首先要起到鼓勵人心、正面引導的作用[5]。緊

---

[1]　《橋》的內容描寫東北某鐵路工廠依靠工人技術攻關，在 15 天內造出修橋
　　需用的全部橋座、全部鉚釘的任務。參見：馬軍驤，「革命電影的修辭策
　　略」，劉青峰編，文化大革命：史實與研究（香港：中文大學出版社，1996
　　年），頁 400～401。

[2]　馬軍驤，「革命電影的修辭策略」，頁 403；王曉玉，中國電影史綱（上
　　海：上海古籍出版社，2003 年），頁 115。

[3]　李道新，中國電影批評史（北京：北京大學出版社，2007 年），頁 451；
　　陸紹陽，「主旋律影片的發展及其社會價值」，藝術評論（北京），第 10
　　期（2007 年 10 月），頁 36。

[4]　陸紹陽，「主旋律影片的發展及其社會價值」，頁 36。

[5]　同前註。

接著，中共中央在 1996 年至 1998 年間連續召開了 3 次電影工作會議，並要求在 95 計畫期間，電影界每年拍出 10 部符合「黨的文藝方針原則」電影[6]。

　　在黨國集體化的生產下，這些國營電影製片廠生產電影的主題，主要集中在 4 種類型：1.憶苦思甜：群眾回憶「舊社會」的苦，感戴「新社會」的恩；2.歌頌革命建國的艱辛歷程；3.樹立「先進階級」的正面形像，作為群眾仿效的楷模；4.作為紀念特定政治節慶儀式化的「獻禮片」。電影從而成為統治階級灌輸意識形態的宣傳機器，召喚群眾進入黨國邀約的特定位置。由於劇中人物過於概念化，缺乏類型化策略與商業化包裝，電影的說教功能被大幅強化，電影的娛樂、審美功能則付諸闕如。除了少數影片能夠進入主流電影消費外，多數往往成為發揮輿論導向與精神文明建設的意識形態載體，而非具有商業票房的文化商品。

　　2002 年中共第 16 次全國代表大會以後，中國大陸政府明確將文化產業納入了國家發展的宏觀戰略格局中，電影則被視為其中重要一環，亦即電影的產業定位使它與其他所有傳媒相比，更加接近娛樂化的概念。在這樣的背景下，電影主管部門加快了對中國大陸電影產業化進程的推動。2003 年初，中國國家廣電總局在北京召開了全國電影工作會議，在會議報告中，呼籲「全面貫徹 16 大精神，加快推進電影產業的改革發展創新」[7]。

　　2003 年全國電影工作會議後，中國大陸開始加速電影市場改革開放的進程，主旋律電影開始試圖擺脫過往直接說教的宣傳方

---

[6]　陸紹陽，「主旋律影片的發展及其社會價值」，頁 36；李道新，中國電影批評史，頁 443。

[7]　尹鴻，「中國電影產業改革備忘」，尹鴻自選集－媒介圖景、中國影像（上海：復旦大學出版社，2004 年），頁 215。

式，在製作上開始大量借用商業電影手法，同時在票房上屢獲佳績，從而成為宣揚黨國意識的贏利商品。例如，2009 年十一國慶同步在中國大陸、香港上映，作為「新中國」成立 60 周年的重點獻禮片《建國大業》，雖然演繹的內容蘊藏濃厚的黨國意識，但是由於集合大量中國大陸當紅明星，以及商業化的製作方式，創下 2009 年中國大陸國產電影的最高票房紀錄[8]。再如，2009 年 12 月在中港台三地上映、被香港知名導演陳可辛定位為「民營主旋律」電影的《十月圍城》，由於集合了中港台三地演員，加上劇情營造出孫中山抵港前的山雨欲來迫人氣氛以及護送過程的槍林彈雨，極度滿足了觀眾的視聽娛樂，在中港台三地分別創造了 3 億 8 千萬人民幣、8 千 5 百萬港幣、1 億台幣的亮麗票房[9]。而在觀眾為《十月圍城》劇中人物感動、落淚、扼腕、憤懣之餘，愛國主義的訴求就如此自然流暢地渲洩出來。

　　本文的研究動機就植基於此。究竟在何種情形下，使得中國大陸主旋律電影改弦易轍，開始採取商業化電影的製作方式？所謂商業化電影的製作方式，包括了哪些具體內容？或者，中國大陸電影市場是否已經出現一些在類型化上歸屬於商業電影，卻蘊藏了主旋律意識，使得中國官方的黨國意識能夠在此類電影中更為隱密地傳達，從而讓觀眾在不設防間輕易地接受隱藏其中的黨國意識？

　　為此，本文試圖論證近年來一些迥異於過往宣傳目的的商業電影，是藉由何種方式，將原本單純作為意識形態載體的主旋律電影，改變成為具有票房市場的賣座商品？

---

[8]　「建國大業公映　廣州創單片單場票房紀錄」，中國評論新聞網，2009 年 9 月 17 日，http://www.chinareviewnews.com/doc/1010/7/9/2/101079220.html?coluid=7&kindid=0&docid=101079220。

[9]　「十月圍城」，維基百科，2010 年 5 月 2 日，http://zh.wikipedia.org/zh-tw/%E5%8D%81%E6%9C%88%E5%9B%B4%E5%9F%8E。

其次，本文試圖檢視這些在劇情結構、觀眾訴求上看似類型化的商業電影，其文本是否蘊藏著主旋律意識？又呈現了何種型態的意義？

二、文獻回顧

電影生產本質上是一種意識形態的生產，它既受制於意識形態生產，也再生產著意識形態。法國馬克思主義思想家阿圖塞（L. Althusser）的理論研究範圍相當廣泛，雖然不涉及電影理論，但他的意識形態理論卻對電影的意識形態批評提供了重要的基礎。

阿圖塞在「意識形態與意識形態國家機器」一文中指出，將政治和意識形態兩者歸諸於上層結構，並以兩個辭彙來界定上層結構：壓制性國家機器（Repressive State Apparatuses）和意識形態國家機器（Ideological State Apparatuses）。前者指軍隊、警察、法律等系統，後者則包含各種意識形態、宗教、道德、倫理、教育、傳播媒介、文化（包括文學、藝術、運動）等組織機構和價值體系[10]。在此基礎上，阿圖塞進一步提出關於意識形態的 3 個命題：1.意識形態沒有歷史；2.意識形態是一種「表象」。在這種表象中，個體與其實際生存狀況的關係是一種想像關係；3.意識形態把個體召喚為主體[11]。

在「意識形態把個體召喚為主體」這一命題中，阿圖塞提出了召喚（interpellation）這個概念。在阿圖塞看來，意識形態國家機

---

[10] L. Althusser, "Ideology and Ideological State Apparatuses," *Lenin and Philosophy and other Essays* (London: New Left Books, 1971), p.143.

[11] 阿圖塞，「意識形態和意識形態國家機器」，李恒基、楊遠嬰編，外國電影理論文選（上海：上海文藝出版社，1995 年），頁 643～645。

器的基本職能就是讓個體進入社會機構並為其提供位置。他指出，社會制度先於個體而存在，個體只能通過規定的功能和角色進入社會制度，意識形態正是通過對個體與社會之間的想像關係來界定的實際存在狀況，從而實現意識形態把個體召喚為主體。這種召喚過程，從本質上來說，就是要讓個體臣服於主流意識形態，使個體不再對社會秩序構成威脅，絕對服從權威，志願接受驅使，成為國家機器的馴服臣民。而這也就是阿圖塞所說的，個體與其實際生存狀況之間的想像關係[12]。

阿圖塞的意識形態理論對電影研究產生了重大影響，特別是對電影作為純藝術的觀點提出了針鋒相對的挑戰，因為電影本身就被視為是一種意識形態。電影生產是商品生產，要體現資本的再生產，它的價值消費過程就是實現資本增值的過程。同時，由於電影能夠在廣泛程度上左右觀眾的意識，從表面上看電影似乎是對現實社會的機械複製，實際上是按照國家意識形態的規則虛構現實。明顯的，電影同其他意識形態方式一樣，把個體的人變為主體臣民，也就是把個體同化，以進行社會形態再生產[13]。

在具體的實踐上，1969 年 10 月法國最重要的電影刊物《電影手冊》上，刊載了該刊編委撰寫的長篇社論「電影‧意識形態批評‧批評」，強調電影批評應當把政治因素、經濟因素和意識形態因素加以綜合考慮，從而認清電影固有的政治性和意識形態性。1970年，《電影手冊》以編輯部名義發表的文章「約翰‧福特的『少年林肯』」裡指出，整個電影機制完全是一種意識形態機器，電影本身就是一種資產階級的再現方式，它所顯示的以及它的顯示方式只是資產階級生活的符號和結構；電影在西方社會中是為現存社會體

---

[12]　阿圖塞，「意識形態和意識形態國家機器」，頁 656。
[13]　彭吉象，影視美學（北京：北京大學出版社，2002 年），頁 129。

系進行「辯護」的主要媒介之一，它的功能是提供一種意識形態性的辯護。簡言之，誰控制了電影，誰的意識形態便會被複製[14]。

阿圖塞對意識形態的分析固然凸顯了意識形態再現體系的功能，但卻忽略了意識形態抗爭層面的解釋，從而缺乏對社會關係的推演。這也使得阿圖塞的文化研究被批評是方法學上的「狹隘文本主義」，也就是認為無論電影、電視節目、廣告等，都具有再製主控意識形態的功能，而閱聽人會被文本設定[15]。

葛蘭西提出的「爭霸／霸權」（hegemony）理論，恰恰可以補充阿圖塞意識形態分析流於機械決定論的缺憾。葛蘭西的「爭霸／霸權」理論的精義即在於，霸權的取得不能僅靠軍隊、警察、司法單位、行政科層等政治社會的剝削與鎮壓，霸權維繫的真正關鍵是掌權者，透過市民社會的教育機構、大眾媒體、宗教、家庭等文化意識形態機構或制度，塑造一套道德共識或價值標準，以取得文化領域的領導權。進一步論之，「爭霸／霸權」的意義，即在於統治者為了鞏固其霸權統治而從事的意識形態抗爭過程。為了贏取道德及文化的共識和領導權，統治者一方面透過市民社會散佈其既有的統治意識形態，另一方面面對市民社會中產生的反對意識形態，也必須不斷抗爭、妥協、包容或重構。霸權的概念因此必須以「爭霸」的過程來理解，這是一種「動態的平衡」，同時解釋了社會中衝突與共識的現象，宰制與抗爭的過程[16]。

---

[14] 彭吉象，影視美學，頁 130～131；李道新，中國電影批評史，頁 489；李天鐸、謝慰雯譯，Robert Lapsley & Michael Westlake 著，電影與當代批評理論（台北：遠流出版公司，1997 年），頁 30。

[15] Terry, Lovell, "The Social Relations of Cultural Production: Abscent Center of A New Discourse," in Simmon Clark, etc. *One-Dimensional Marxism: Althusser and The Politics of Culture* (London: Allison and Busby, 1980), p.44., 250.

[16] 張錦華，傳播批判理論（台北：黎明文化事業公司，1994 年），頁 67～100。

　　葛蘭西「爭霸／霸權」的理論，引發了 Chantal Mouffe 與 Ernesto Laclau 進一步用意識形態「構連、解構、重構」的語意分析，詮釋意識形態的抗爭過程，也從而拓展了「爭霸／霸權」對大眾媒體運作的分析。研究者開始從社會事實建構的觀點，分析所謂的「社會事實」，是如何被「建構、合法化、再產製」，以及如何經歷「攻擊、重構和轉換」。簡言之，此種意識形態分析強調語意類目的意義，必須從整體結構的關係位置上去解析[17]。

　　事實上，也有學者援引葛蘭西的「爭霸／霸權」作為文化研究的分析，認為採用「懷柔收編」一詞更能精確傳達 hegemony 的原義，並指出流行文化其實就是一處宰制者施行「懷柔收編」的場域。在此場域裡，宰制者經常適時配合社會變遷，選擇地與局部性吸收某些異質元素，以便稀釋反對力量，並更加強化鞏固原先的領導中心[18]。

　　主旋律電影一向是中國大陸傳媒研究中關注的議題，主要集中在期刊及論文。例如，尹鴻的「世紀之交：90 年代中國電影格局」；宋曉婷的「中國主旋律電影敘事研究（1987～2006）」；何天洋的「後現代語境下主旋律電影意識形態敘事策略的變化及其成因分析」；李宗彥的「論產業化進程中的主旋律電影（2002～2007）」；孔令玉的「主旋律電影的審美教育意義」[19]。近年來主旋律電影採

---

[17]　同前註。

[18]　林芳玫，解讀瓊瑤愛情王國（台北：商務印書館，2006 年），頁 293。

[19]　參見：尹鴻，「世紀之交：90 年代中國電影格局」，尹鴻自選集－媒介圖景、中國影像（上海：復旦大學出版社，2004 年），頁 104～121；宋曉婷，「中國主旋律電影敘事研究（1987～2006）」，浙江大學廣播電視藝術學碩士論文（2007 年）；何天洋，「後現代語境下主旋律電影意識形態敘事策略的變化及其成因分析」，貴州大學影視美學碩士論文（2007 年）；李宗彥，「論產業化進程中的主旋律電影（2002～2007）」，山東師範大學電影學碩士論文（2008 年）；孔令玉，「主旋律電影的審美教育意義」，

用商業化製作方式的現象，也開始為中國大陸傳媒研究關注。例如，劉占國的「主旋律電影的商業化突圍－馮小寧電影論」；張志恆的「從獻禮片看主旋律電影的市場化」；宣寧的「起舞在商業社會－淺析 20 世紀 90 年代以來中國大陸主旋律電影和藝術電影的商業化傾向」；錢才芙、邱明丰的「商業語境下的主旋律電影－《超強颱風》與好萊塢災難片的比較分析」；孫曉天的「主旋律電影市場化道路探尋」等[20]。大體上，這些論文的問題意識不夠聚焦，同時均未提出適宜的研究途徑與其觀察範圍對話論證，明顯欠缺理論高度。

三、轉變中的主旋律電影製作方式

　　大體上，中國大陸在 90 年代中期即已進入國家資本主義的發展階段。一方面，國有工業在全國工業總產值的比重低於 50％，但國家仍然擁有從事主要行業（如電訊與石油化工等）的國有企業控制性股權；另一方面，國家也容許愈來愈多的外資及本土資本家擁有自己的企業。這些都是國家資本主義的特性[21]。

四川師範大學影視美學碩士論文（2008 年）。

[20] 參見：劉占國，「主旋律電影的商業化突圍－馮小寧電影論」，河北師範大學影視文化評論碩士論文（2007 年）；張志恆，「從獻禮片看主旋律電影的市場化」，聲屏世界（江西），第 10 期（2009 年 10 月），頁 51~53；宣寧，「起舞在商業社會－淺析 20 世紀 90 年代以來中國主旋律電影和藝術電影的商業化傾向」，江漢大學學報（武漢），第 24 卷第 5 期（2005 年 10 月），頁 86～90；錢才芙、邱明丰，「商業語境下的主旋律電影－《超強颱風》與好萊塢災難片的比較分析」，四川職業技術學院學報（四川），第 19 卷第 2 期（2009 年 5 月），頁 62～64；孫曉天，「主旋律電影市場化道路探尋」，山東藝術學院藝術文化學院（山東），總第 109 期（2009 年 4 月），頁 44～48。

[21] 梁文韜，「鄧小平理論與中國大陸社會主義發展的前景」，陳祖為、梁文韜主編，政治理論在中國（香港：牛津大學出版社，2001 年），頁 248～250。

　　既然現階段的中國大陸政治經濟發展模式，是採行國家資本主義，作為發達產業的中國大陸電影業自然也是在國家資本主義制度下運作，因此資本主義下的電影生產、消費和播映方式，開始出現在中國大陸電影產業體制上，但是社會主義國家機器的作用並沒有弱化，相反的它在主導整個電影產業製作方式，依然扮演舉足輕重的角色。

　　從 2003 年全國電影工作會議後，中國大陸主旋律電影在國家資本主義制度下運作，開始採用商業化電影的製作方式，例如資金多元化、製作機構廣泛、演員明星化、爭取電影獎項，以提高票房盈收。但是電影產業肩負宣傳黨國意識形態的功能不但沒有弱化，反倒是加重了承擔角色。

（一）資金多元化

　　長期來，為了定期發行主旋律電影，中國官方每年透過電影專項資金、影視互濟基金、進口片發行收入提成、重大題材影片專項補助等各種形式，直接或間接投入的資金超過億元。同時，各地各級政府對主旋律影片也都有一定的資金投入，這些影片製作完成後，往往會在特殊政策的「關照」下，半強制性地進入院線放映，或者可以通過電視頻道以及其他非市場化形式在區域範圍、二級市場獲得一定回報。此外，主旋律影片還可以通過各種政府獎勵，以及電影頻道版權收入等方式獲得後續補貼[22]。

　　由於中國大陸電影影響力持續提升，吸引頗多資金進入電影業。例如，企業自有資金和社會資金的投入、影片預售融資、私募

---

[22] 尹鴻、詹慶生，「2007 年中國電影產業報告」，張曉明、胡惠林、章建剛、中國社會科學院文化研究中心、上海交通大學國家文化產業創新與發展研究基地，文化藍皮書：2008 年中國文化產業發展報告（北京：社會科學文獻出版社，2008 年），頁 70～75。

資金或股權融資、銀行貸款、國際化基金與風險投資，以及通過電影節、電影投資會等平台，實現針對個人專案的融資[23]。近年來，多部由民營電影企業開拍的蘊含主旋律意識的商業電影，均獲得銀行融資貸款。例如，2009 年 4 月，華誼兄弟傳媒集團獲得工商銀行 1.2 億元，用於拍攝《唐山大地震》等 4 部電影。2009 年 6 月，保利博納電影發行公司獲得工商銀行 5 千 5 百萬元貸款，用於《十月圍城》等 3 部電影的製作發行[24]。

（二）製作機構廣泛

　　由於投入中國大陸電影業資金日趨多元，使得中國大陸電影製作機構呈現多元化現象，以 2006 年 11 月至 2007 年 9 月通過國家廣電總局審查獲得電影放映許可證的 200 多部電影來看，可以發現以下幾種電影製作主體：

1、　國營電影企業：目前中國大陸組建完成的 6 大電影集團，分別是建立在過去 3 大電影基地，包括北京的中國電影集團公司、上海電影集團公司、以長春電影製片廠為基礎的長影集團公司，加上以廣東建立的珠江電影集團公司、以西安建立的西部電影集團公司和以成都建立的峨嵋電影集團[25]。其中，中國電影集團公司在 2008 年出版和發行國產影片 150 部，創造票房價值超過 12 億元，參與和協同發行的影片票房也接近 10 億元，加上近 8 億的進口影片票房，總票房達到

---

[23] 李道新，中國電影批評史，頁 489。

[24] 「盤點 2009 中國電影投融資：渠道多元化」，東北新聞網，2010 年 1 月 18 日，http://big5.lrn.cn/gate/big5/search.lrn.cn/detail_inforadar.jsp?channelid=17739&primarykeyvalue=URLID%3D1253629977&primaryrecord=1。

[25] 「我國組建 6 大電影集團以迎接 WTO」，大洋網，2001 年 6 月 29 日，http://gzdaily.dayoo.com/gb/content/2001-06/29/content_151278.htm。

27 億元，佔全國票房總量的 67％，是當前中國大陸電影業龍頭[26]。

2、　民營電影企業：目前中國大陸民營電影企業以華誼兄弟傳媒集團、保利博納電影發行公司、橙天娛樂集團為主要骨幹。華誼兄弟傳媒集團創立於 1994 年，2008 年出品和發行了《集結號》等影片，創造了近 7 億元的票房，佔全國國產電影票房的 1／4。保利博納電影發行公司於 2008 年，主導發行、聯合發行了 15 部影片，創造和聯合創造的總票房超過 4 億元[27]。3、合資製片：合資機構主要包括香港的銀都機構公司，以及成立於 2004 年的中影華納橫店影視公司等[28]。

　　長期以來，投入主旋律電影製作的電影公司是以國營電影企業為主，但隨著近年來中國大陸電影市場的蓬勃，民營電影企業也開始投入主旋律電影的製作。例如，作為「新中國」成立 60 周年的重點獻禮片《建國大業》，除了傳統國營電影企業中國電影集團公司出資製作，也包括民營的保利博納電影發行公司、北京華錄百納影視公司，以及香港寰亞電影公司、香港英皇電影（國際）公司。再如，2009 年 10 月 1 日上映、成為當年國慶檔票房冠軍的《風聲》，就是民營的華誼兄弟影業投資公司的年度巨製。

（三）演員明星化

　　明星的市場行銷一向是電影工業票房保證的重要手段之一。學者 Richard Dyers 在「明星」一書裡指出，一個明星的魅力並不能

---

[26]　尹鴻、石惠敏，「2008 年中國電影產業報告」，張曉明、胡惠林、章建剛，文化藍皮書：2009 年中國文化產業發展報告（北京：社會科學文獻出版社，2009 年），頁 159。

[27]　尹鴻、石惠敏，「2008 年中國電影產業報告」，頁 160。

[28]　尹鴻、詹慶生，「2007 年中國電影產業報告」，頁 65～66。

用個人獨特的吸引力來解釋，而在於明星象徵的特定意義。他認為，從符號學的角度分析明星與明星形象，讓我們知道明星的魅力並不是源自於明星個人天生、獨一無二、魔力般的特質，而是取決於一個明星與特定意識形態的關連，這層關連可以是階級、性別和種族或文化認同[29]。

　　近年來，一些蘊藏主旋律意識的商業電影，在演員的選角上也開始選取一些知名港台明星參與演出，以其出身不同國籍、地域隱藏的意識形態，折射出特定的政治聯想。例如，在《雲水謠》這部刻畫一對台灣戀人因為兩岸分隔被迫永世分離的絕戀，就挑選了中港台三地明星競技。由中國大陸當紅男星陳坤飾演男主角陳秋水，台灣演員徐若瑄飾演女主角王碧雲，隱喻著北京當局對台灣回歸的深情召喚，而由香港演員梁若施飾演穿針引線尋找陳秋水當年足跡的王碧雲姪女王曉芮，則隱喻著香港在過往以及當前兩岸交流中扮演的橋樑角色。

　　再如，中國大陸當紅女星李冰冰在一連接演《雲水謠》、《風聲》，分別獲得入圍 2007 年金雞獎最佳女主角、2007 年第 12 屆華表獎優秀女演員獎，以及第 46 屆金馬獎最佳女主角後，在中港台三地聲譽扶搖直上。至於中國大陸男演員因為不像女演員能夠與成龍、李連杰、劉德華等國際知名男星搭配，獲得這些蘊藏主旋律意識商業電影的青睞，就顯得相當關鍵。例如，先前推辭《鹿鼎記》的皇帝，甘願在《集結號》跑龍套的任泉，果然到演出《孔子》裡的顏回後立刻暴紅。張涵予原本在馮小剛導演的電影中擔任邊配，擊退劉德華主演《集結號》，已經成為大陸家喻戶曉的大明星[30]。

---

[29] 張雅萍譯，Joanne Hollows、Mark Jancovich 著，大眾電影研究（台北：遠流出版公司，2001 年），頁 106～107。

[30] 符立中，「主旋律電影誰與爭鋒」，旺報，2010 年 4 月 18 日，B2 版。

（四）爭取電影獎項

　　為了導引電影的創作符合黨國的意識形態，中國國家廣電總局長期來定期舉辦中國電影金雞獎[31]、大眾電影百花獎[32]、中國電影華表獎[33]等不同類型的電影評選活動，以及舉辦長春電影節[34]、金雞百花電影節、上海國際電影節[35]、珠海電影節[36]等獎項。長春電

---

[31] 金雞獎是中國電影專業性評選的最高電影獎，設立於1981年。由中國電影家協會每年組織專家評選，目的是獎勵突出的影片和電影界人員。參見：「中國電影金雞獎」，百度百科，2009年8月1日，http://baike.baidu.com/view/17577.htm。

[32] 百花獎是由《大眾電影》刊物每年舉辦讀者投票評出的中國電影最佳獎，於1962年建立，1963年後中斷，1980年恢復。從2005年起，金雞獎和百花獎隔年舉辦，因此亦有合稱金雞百花獎。參見：「大眾電影百花獎」，百度百科，2009年8月1日，http://baike.baidu.com/view/17590.htm。

[33] 華表獎，是中國政府電影獎項，因為獎盃造型根據華表而得名。其前身是中華人民共和國文化部優秀影片獎，由國家廣電總局每年對前一年完成的電影進行評選。華表獎是中國電影的最高榮譽獎，其獎盃採用的是北京天安門城樓前的華表造型。始評於1957年，中斷了22年後，從1979年繼續進行評獎活動，一年一屆。1994年開始啟用現名，2005年後正式改為2年一屆，與中國長春電影節隔年舉辦。參見：「中國電影華表獎」，百度百科，2009年6月29日，http://baike.baidu.com/view/30489.htm。

[34] 長春電影節，全名為中國長春電影節，創辦於1992年，由中國國家廣電總局、吉林省政府和長春市政府共同主辦，每2年舉辦一次，與中國電影華表獎隔年舉辦。參見：「中國長春電影節」，百度百科，2008年9月16日，http://baike.baidu.com/view/186999.htm。

[35] 上海國際電影節是中國國內第一個國際電影節，由中國國家廣電總局及上海市人民政府聯合主辦。1993年首次舉辦，1994年獲得國際電影製片人協會承認。參見：「上海國際電影節」，百度百科，2009年7月30日，http://baike.baidu.com/view/183216.htm。

[36] 中國珠海電影節創辦於1994年，原名中國珠海海峽兩岸暨香港電影節，由珠海市人民政府主辦。從1996年第2屆起改為現名，以加強中國大陸和台灣、香港、澳門地區電影界的交流與合作，逐步朝著國際華語電影節的目標發展。參見：「中國珠海電影節」，百度百科，2009年4月21日，http://baike.baidu.com/view/187000.htm。

影節與金雞百花電影節、上海國際電影節、珠海電影節，並稱為中國 4 大電影節。

　　伴隨著 2003 年中國大陸電影改革進程的加速，電影獎項也引入市場評價機制，改變過去那種「以領導為導向、以政府為市場、以獲獎為目的」的電影創作非正常現象。例如，2003 年，中國大陸電影政府最高華表獎的評獎，在參評條件、評選章程、入圍條件、評委組成、揭曉方式等方面，都借用了一些商業化慣例，首次納入了市場化標準，使得評選結果，出現了主旋律與主流商業電影並存的局面。這顯示了中國官方對電影功能認識的改變，在堅持電影產品意識形態導向的同時，也開始重視電影作為娛樂產品的特性[37]。

　　事實上，近年來一些蘊藏主旋律意識的中國大陸商業電影，在獲獎方面，除了參加中國官方舉辦的金雞獎、百花獎、華表獎之外，也開始參加港台舉辦的電影獎項比賽。例如，《集結號》在中港台三地電影獎項中，分別奪下第 29 屆百花獎最佳故事片、最佳導演、最佳男主角、最佳男配角；第 45 屆金馬獎最佳男主角及最佳改編劇本；第 28 屆香港電影金像獎最佳亞洲電影；第 29 屆金雞獎最佳故事片、最佳導演、最佳攝影、最佳音樂。這說明了一些蘊藏主旋律意識的中國大陸商業電影，除了藉由獲得中國官方頒發獎項承擔宣傳黨國意識形態的責任，也開始爭取港台兩地電影獎項，淡化隱藏其中的意識形態，試圖開發更多的港台觀眾。

---

[37] 尹鴻，「中國電影產業改革備忘」，尹鴻自選集－媒介圖景、中國影像，頁 219。

四、蘊藏主旋律意識的中國大陸商業電影

在電影資金來源、製作機構呈現多元化的情形下，中國大陸電影製作產量持續擴大，使得電影產品類型逐漸豐富。2006 年，中國大陸電影產量達到 330 部，產量位居全球第 4 位[38]。2008 年，中國大陸電影產量達到 406 部、全國國產電影票房達到 26.89 億元[39]。2009 年，中國大陸電影產量達到 456 部，全國城市電影票房收入達到 62.06 億元[40]。

在當前電影產業多元化資金來源與製作機構的支助下，近年來中國大陸電影試圖擺脫過往直接說教的宣傳方式，製作上開始借用大量商業電影手法，在票房上屢獲佳績，從而使其成為宣揚黨國意識的贏利商品。為了論證這些蘊藏主旋律意識的中國大陸商業電影，其文本潛藏了何種型態的意義，本文選取了 8 部在 2006 年至 2010 年間播出的電影作為觀察對象。

（一）紀錄革命建國

中國大陸主旋律電影文本裡體現革命建國艱辛意義者，一般稱之為「獻禮片」。「獻禮片」上映的時間，都是緊扣著各項蘊涵政治意義的節慶。例如，為了紀念 1991 年中國共產黨建黨 70 周年，1995 年世界反法西斯戰爭勝利 50 周年，1999 年中華人民共和國成立 50 周年，八一電影製片廠[41]先後推出的李前寬、肖桂云執導的

---

[38]　「中國傳媒產業發展報告 2007」，中國網，2007 年 12 月 13 日，http://big5. china.com.cn/city/zhuanti/07chuanmei/2007-12/13/content_9381451.htm。

[39]　尹鴻、石惠敏，「2008 年中國電影產業報告」，頁 155。

[40]　「2009 年中國電影產量進 500 部 票房收益超過 60 億」，新華網，2010 年 1 月 11 日，http://big5.xinhuanet.com/gate/big5/news.xinhuanet.com/overseas/ 2010-01/11/content_12788761.htm。

[41]　八一電影製片廠是中國唯一的軍隊電影製片廠。1951 年 3 月，以總政治部

《開國大典》、《重慶談判》，吳子牛的《國歌》，陳國興的《橫空出世》等作品[42]。

　　長期來，這些由肩負以影像紀錄黨國革命建設的八一電影廠出品，由於缺乏商業化的製作方式，往往淪為說教的政治教材。但是，2009年十一國慶上映、作為「新中國」成立60周年的重點「獻禮片」《建國大業》，雖然演繹的內容蘊藏濃厚的黨國意識，但是由於集合大量中國大陸、香港當紅明星，以及商業化的製作方式，上映後創下當年度中國大陸國產電影最高票房紀錄，令外界對這部肩負傳統「獻禮片」功能的主旋律電影刮目相看。

　　由中國電影集團公司、電影頻道節目製作中心、香港寰亞電影公司、香港英皇電影（國際）公司、北京華錄百納影視公司、北京保利博納電影發行公司共同製作的《建國大業》，導演陣容堅強龐大，網羅了多位導演，包括總導演韓三平、黃建新；分場導演陳凱歌、馮小剛、陳可辛；以及臨時導演姜文、唐國強、張國立[43]。更令外界矚目的，該片網羅了100位中港知名巨星（其中1位為新加坡籍、2位為美國籍），分別客串其中一角，雖然露出鏡頭往往只是短短數秒，卻吸引了多位巨星爭相軋戲，說明了該片具備「政治正確，商演不斷」的特性，對這些知名巨星的號召力自然非同小可。

　　在眾多超級巨星的加持下，《建國大業》上映後，至2009年10月5日，在中國大陸票房衝破3.34億元。此外，該片在香港上

軍事教育電影製片廠名義開始籌建，1952年8月1日正式建廠，命名為解放軍電影製片廠，1956年更名為八一電影製片廠，該廠以拍攝軍事題材影視片為主。參見：「八一製片廠」，百度百科，2010年5月2日，http://baike.baidu.com/view/26596.html?wtp=tt。

[42] 尹鴻，「世紀之交－90年代中國電影格局」，尹鴻自選集－媒介圖像、中國圖像（上海：復旦大學出版社，2004年），頁107～108。

[43] 「建國大業」，GRL Online 國際在線，2009年11月28日，http://big5.chinabroadcast.cn/gate/big5/gb.cri.cn/27224/2009/05/12/Zt111s2508029.htm。

映一週內票房已直逼 500 萬元，擊敗同期多部好萊塢大片，連日來成為單日票房冠軍[44]。不過，《建國大業》畢竟是部旗幟鮮明的主旋律電影，因此不乏是一些單位發出通知，要求組織幹部群眾前往觀看。四川威遠縣委甚至要求觀影面必須達到 80%以上，並需將觀影人數上報縣委，觀影活動還被納入本年度各單位精神文明創建活動的考核內容之一[45]。而這也說明了商業票房長紅的主旋律電影《建國大業》，還享有傳統透過機構動員觀片的收益。

　　《建國大業》劇情描述 1945 年 8 月抗戰勝利，中共主席毛澤東應國民黨主席蔣介石之邀飛赴重慶，與蔣介石舉行和平談判，在與民盟主席張瀾等民主黨派領導人士密切協商配合下，國共雙方簽訂《雙十協定》。之後，中共於 1948 年 5 月發表「五一宣言」，倡議迅速召開新的政治協商會議，成立民主聯合政府。緊接著，中共在戰場上節節勝利的同時，一個反對國民黨統治的民主統一戰線也不斷發展壯大，大批民主人士宋慶齡、李濟深、張瀾在共產黨的邀請和安排下，從「蔣管區」、香港、國外紛紛奔赴「解放區」。1949 年 9 月 21 日，中國人民政治協商會議第一屆全體會議在北京隆重召開。此後 9 天，中華人民共和國於 10 月 1 日成立[46]。

　　《建國大業》整個劇本結構集中在毛澤東與宋慶齡、李濟深、張瀾，這三位後來當選為中國國家副主席的非中共人士的聯繫上。由唐國強飾演的毛澤東、由許晴飾演的宋慶齡、由金鑫飾演的李濟深、由王冰飾演的李濟深，以及由張國立飾演的蔣介石、陳坤飾演

---

[44] 同註 8。

[45] 「韓三平豪言《建國大業》票房望超 4.5 億」，星島環球網，2009 年 9 月 16 日，http://www.stnn.cc:82/gate/big5/ent.stnn.cc/ent_film/200909/t20090916_1126985.html。

[46] 「建國大業」，維基百科，2010 年 2 月 16 日，http://zh.wikipedia.org/zh-tw/%E5%BB%BA%E5%9C%8B%E5%A4%A7%E6%A5%AD。

的蔣經國，將這些領袖人物塑造的更為人性化、生活化，充分展示出領袖人物的內心世界。《建國大業》獲得第 29 屆香港電影金像獎最佳亞洲電影提名[47]。新華網的評論認為，講政治和賺鈔票在《建國大業》這部片子上實現了理想的結合。香港影評人張中數則認為，《建國大業》延請著名演員及商業行銷，「使主流影片真正融入到大眾的觀影主流中去，獲得更多的觀眾」[48]。

　　作為「獻禮片」的主旋律電影，在有關抗戰時期中共地下黨員英勇事蹟的紀錄上從未缺席過。例如，根據真人真事改編的《革命家庭》、《永不消逝的電波》。而 2009 年 10 月 1 日中國國慶期間上映的《風聲》，同樣是描述抗戰期間中共地下黨員英勇事蹟，在網羅多位知名導演、演員的精彩執導、飆戲，並以諜報片一貫扣人心弦的懸念貫穿下，至 10 月 8 日國慶長假結束，票房已達到 1.5億元，成為國慶檔票房冠軍。單在北京和上海地區每天就有近 2千 4 百場次排映，全國各地影院也是以《風聲》為主打片。同時，大陸網友給《風聲》分別打出了 8.3 和 8.1 的超高評分，網友自發的評價讓《風聲》坐穩近幾年華語片口碑之冠[49]。香港方面，創下94 萬元票房；台灣方面，迄 2009 年 10 月 26 日累積票房為 208 萬元[50]。

　　《風聲》由華誼兄弟影業投資公司、上海電影集團、天津電視台製片，由華誼兄弟影業投資公司、英皇電影（國際）公司發行，

---

[47] 同前註。

[48] 張中數，「我的建國，我的大業」，香港影評人協會，2009 年 12 月 17 日，http://www.filmcritics.org.hk/taxonomy/term/1。

[49] 「靠個體觀眾，風聲直逼建國大業」，中國評論新聞網，2009 年 10 月 6日，http://www.chinareviewnews.com/doc/1010/9/6/2/101096211.html?coluid=0&kindid=0&docid=101096211&mdate=1006092159。

[50] 「週末香港票房出爐 風聲 4 天票房入賬近百萬」，百度貼吧，2009 年 10月 16 日，http://tieba.baidu.com/f?kz=657452416。

是華誼兄弟影業投資公司的年度巨製。由陳國富、高群書擔任導演。《風聲》演員網羅了中國大陸當紅演員周迅、李冰冰、張涵予、黃曉明，分別飾演汪偽政府通訊員的顧曉夢、解碼專家李寧玉、軍隊隊長吳志國、日本皇軍武田。而近年來走紅中國大陸影視圈、於2010年央視春晚登台演出的台灣藝人蘇有朋，犧牲形象在《風聲》裡飾演同志角色的總司令副官白小年，目的也是為了開拓中國大陸票房。周迅與李冰冰雙雙入圍第 46 屆金馬獎最佳女主角，結果李冰冰技高一籌，勇得最佳女主角。另外，該片還入圍第 46 屆金馬獎最佳改編劇本、最佳視覺效果、最佳美術設計和最佳造型設計等5 個獎項[51]。

　　《風聲》劇情描述 1942 年汪精衛政府統治下的南京。在通訊員顧曉夢、解碼專家李寧玉、軍隊隊長吳志國、總司令副官白小年及軍機處處長金生火 5 人中，有一人是代號「老鬼」的地下抗日分子，負責發出密報聯絡志士。有一次，「老鬼」誤信日本人情報，錯誤通知志士在某時某地集合盡剿日軍。5 人因為涉嫌為地下抗日運動傳遞訊息，被以武田為首的日本皇軍逮捕，軟禁在城郊的一個城堡內。為了查出真兇是誰，武田先後嚴刑拷打各人。5 人為求自保，同時互相背叛出賣。無辜的白小年、金生火先後死於非命。最後只有李寧玉和吳志國重傷生還，成功逃離城堡，顧曉夢則被日軍殺死，但亦以繡在內衣上的摩斯密碼傳出訊息。抗戰後，李寧玉才發現顧曉夢和吳志國都是地下抗日志士，他們表面上互相指控，實際上是保送另外一個活著走出城堡，以通知其他人行動取消[52]。

---

[51] 「金馬影展－金馬獎入圍影片－風聲」，痞客幫部落格，2010 年 5 月 17 日，http://tghff2009.pixnet.net/blog/post/1437034。

[52] 「風聲鶴唳」風聲官方網站，2009 年 10 月 23 日，http://www.themessage.com.

　　《風聲》的劇情從頭至尾緊扣著一個懸念，就是誰是「老鬼」、「老槍」，由於環環相扣的懸疑設置工整、流暢，劇中人物戲份分配得當，從而牽引著觀眾緊張的情緒，充分顯示導演高群書、陳國富組合對劇情的掌控能力。影片的結局非常沉穩和老練，在「老鬼」現身後仍用大量篇幅逐步解開之前設置的懸念，並不失時機地闡釋對信仰、理想、情感的人性表達。特別是擅長寫實風格的高群書對影片中各種刑罰的運用，其殘酷程度在國產主旋律電影中可說空前絕後。最有代表性的是劉葳葳胸部被猛犬撕咬，李冰冰被尺量裸身，張涵予被「六爺」針炙，周迅騎鋼絲索撕裂下體，濃烈的血腥氣，大膽的性暗示，使國產主旋律電影達到了從未有過的高潮體驗[53]。

　　歌頌中國人民解放軍從 1927 年 8 月 1 日「南昌起義」至中共政權成立初期，經歷的國民黨五次圍剿、兩萬五千里長征、抗戰以及國共內戰等英勇事跡，長期來一直是中國大陸主旋律「獻禮片」電影的重點題材。例如，2006 年適逢紅軍長征勝利 70 周年等重要歷史時刻，八一電影製片廠推出《我的長征》，以長征途中一位紅軍小戰士王瑞與同在隊伍中的一家人悲歡離合為主線，串聯起主人公整個情感經歷和心路歷程[54]。而同樣由八一電影製片廠拍攝，2007 年 12 月 20 日上映的《八月一日》，敘述在周恩來領導下，以及賀龍、葉挺的兩支部隊發動「南昌起義」，從而建立了中國共產黨獨立領導下的第一支革命武裝力量[55]。

---

　　tw/。
[53] 「捉鬼遊戲，見仁見智」，南都娛樂週刊，353 期，2009 年 9 月 23 日，http://www.smweekly.com/Print/Article/8709-0.shtml。
[54] 「《我的長征》見面會　翟俊傑長征到大學生電影節」，中國影視資料館，2007 年 4 月 15 日，http://hk.cnmdb.com/newsent/20070415/1000875。
[55] 「八月一日」風行 FUNSHION，2010 年 4 月 8 日，http://www.funshion.com/

　　由華誼兄弟影業投資公司製作、天映娛樂公司發行，以賀歲片
走紅中國大陸影壇的知名導演馮小剛執導、知名中國大陸演員張涵
予擔綱演出，2007 年 12 月 20 日於中國大陸上映的《集結號》，
在商業化戰爭片的包裝下，吸引了大批影迷，截至 2010 年 4 月 25
日，票房已達 2.49 億元[56]。該片也曾在港台上映後，分別創下 48
萬港幣[57]、數 10 萬台幣的票房[58]。

　　《集結號》演員戲份主要集中在張涵予身上，他將劇中谷子地
連長的角色詮釋地絲絲入扣。該片在中港台三地電影獎項中，分別
奪下第 29 屆百花獎最佳故事片、最佳導演、最佳男主角、最佳男
配角；第 45 屆金馬獎最佳男主角及最佳改編劇本；第 28 屆香港電
影金像獎最佳亞洲電影；第 29 屆金雞獎最佳故事片、最佳導演、
最佳攝影、最佳音樂[59]。

　　《集結號》劇情描述 1948 年淮海戰役時，中國人民解放軍中
原野戰師獨 2 師 139 團 3 營 9 連的指揮官谷子地，在一次阻擊戰中，
團長劉澤水命令他聽到集結號後才可撤退，因此他率領 47 人拖住
兵力若干倍的國軍 85 軍某部隊，擊退其 3 次，最後只他一人生還，
餘皆陣亡。谷子地重傷暈死前，都沒有聽到集結號聲。谷子地返回
解放軍後，由於戰事連綿，部隊多次改編，無從找到原部隊並證實

media/64169。

[56]　「中國內地影史票房排行榜」，帆船的博客，2010 年 5 月 1 日，http://www.
mtime.com/my/john87421/blog/1443105/。

[57]　《集結號》在香港票房，截至 2008 年 1 月 8 日累計 48 萬港幣。參見：「集
結號香港票房」，百度百科，2010 年 5 月 2 日，http://zhidao.baidu.com/question/
43599097.html?si=4。

[58]　「《集結號》描述徐蚌會戰，背景敏感引爭議」，今日新聞網，2008 年 12
月 8 日，http://www.nownews.com/2008/12/08/91-2377180.htm。

[59]　「集結號」，維基百科，2010 年 4 月 1 日，http://zh.wikipedia.org/zh-hant/
%E9%9B%86%E7%BB%93%E5%8F%B7。

陣亡戰友的戰功。谷子地對年輕炮兵營長趙二斗傾訴後，無奈的以炊事兵身分留在炮兵部隊。後來該營參加抗美援朝戰爭，谷子地英勇拯救誤踩地雷的趙二斗，確保其完成炮擊重要橋樑的任務，但受傷並影響了視力[60]。

戰後，谷子地繼續找尋原部隊和戰友屍骨，藉著已晉升為團長的趙二斗的協助，他終於找到看守劉澤水（已犧牲）下葬烈士陵園的原團部司號員，才知道由於主力部隊遭到突擊，集結號的命令始終未曾下達。若干年後，谷子地終於找到原團政委，證實了他及戰友們的戰鬥經歷，也找到他藏放戰友們屍骨的煤洞。通過軍區的認可，所有 47 名犧牲戰士追認為革命烈士，9 連全部官兵授予解放獎章，並在他們曾經戰鬥的地方矗立紀念碑[61]。

有別於過往歌頌中國人民解放軍英勇事蹟的主旋律電影，描述的情節與刻畫的主角人物流於刻板與教條，《集結號》除了陳述谷子地在雙方兵力懸殊的情況下，依然堅持奮戰到底為國捐軀的解放軍正面形像外，也凸顯谷子地在尋找原來部隊和戰友屍骨時對既存體制的衝撞，同時更藉由探討陣亡將士和失蹤將士（其實大多屍骨無存）的撫恤區別，揭露中共建政後有關烈士身分認定的審查上時有爭議。

（二）宣揚愛國主義

90 年代以來，面對著以美國為首西方國家的「和平演變」，以及西方國家傳媒「妖魔化中國」的攻勢，中國官方開始運用傳媒發起聲勢浩大的「愛國主義教育運動」。主旋律電影作為傳媒的重要組成部份，自然肩負起宣傳愛國主義任務。例如，表現歷史人物

---

[60] 同前註。
[61] 同前註。

題材的《孫中山》、《孫文少年行》、《一代天驕成吉思汗》、《劉天華》，或是表現歷史事件題材如《鴉片戰爭》、《我的 1919》，這些主旋律電影都以愛國主義的歷史虛構來加強國家主義的現實意識，以歷史的書寫巧妙地轉化為對現實政治意識形態建構的支撐和承傳[62]。

　　由於中共在歷史上將孫中山定位為「革命先行者」，香港是孫中山當年在香港行醫濟世、擘畫革命的根據地，對於 97 回歸中國後加緊愛國主義補課的港人來說，這些根據地恰恰成為絕佳補課地點，而孫中山是中華民國的國父，因此這位兩岸三地官方、民間共同接受的歷史人物，自然成為主旋律電影取材的絕佳範本。

　　由保利博納電影發行公司、人人電影公司製片、我們製作公司攝製、發行，陳德森導演、陳可辛監製的《十月圍城》，由於劇中從平民百姓的視角展現孫中山革命運動激盪的愛國主義情懷，營造孫中山抵港前山雨欲來迫人的緊張氣氛，再加上長達 70 分鐘的激烈交鋒戰，2009 年 12 月上映之後，投資 1 億 5 千萬元，迄 2010 年 2 月 11 日在中港台三地，分別開出 3 億 8 千萬人民幣、8 千 5 百萬港幣、1 億台幣的亮麗票房[63]。

　　《十月圍城》描述 1906 年 10 月，孫中山準備赴港與 13 省的革命黨人會面，商討未來數年的起義大計，但清廷早已在香港埋伏一隊由閻孝國（中國大陸演員胡軍飾演）率領的清軍，企圖行刺孫中山（中國大陸演員張涵予飾演），由陳少白（香港演員梁家輝飾演）帶領的一隊包括販夫走卒、富商巨賈、賭徒乞丐以及革命志士的各路英雄好漢，為了保護孫中山不惜犧牲自己的性命。最後會面在千鈞一髮中完成，但各路英雄好漢亦傷亡慘重。

---

[62] 尹鴻，「世紀之交－90 年代中國電影格局」，頁 108。
[63] 同註 9。

　　由於演繹兩岸三地官方、民間能夠共同接受的歷史人物孫中山，《十月圍城》安排了中港台三地明星同台競技。其中，飾演富商李玉堂的中國大陸演員王學圻以其精湛的演技，獲得第 4 屆亞洲電影大獎男主角、香港電影評論學會大獎男主角；而飾演李玉堂家僕鄧四弟的香港演員謝霆鋒，則獲得第 4 屆亞洲電影大獎男配角[64]。該片在 2010 年第 29 屆香港金像獎大放異彩，勇奪最佳電影及最佳導演兩項大獎，最佳男配角、最佳攝影等 6 項獎項，以及最佳編劇、最佳男主角等 9 項提名[65]。

　　《十月圍城》其他知名演員還網羅中國大陸明星范冰冰（飾演李玉堂妻子月茹）、超女偶像歌手李宇春（飾演被清廷通緝而逃到香港的將領方天之女方紅），香港明星黎明（飾演武功高強，淪落為乞丐的富家公子劉郁白）、香港明星甄子丹（飾演賭徒、月茹的前夫沈重陽）、香港明星曾志偉（飾演香港華人總探長史密夫），以及台灣新興偶像明星王柏傑（飾演李玉堂之子、陳少白學生的李重光），使得全片星光熠熠，劇力萬鈞。

　　《十月圍城》監製陳可辛就將該片定位為一部「民營主旋律」電影。中國大陸電影評論指出：「相比於傳統的主旋律電影，《十月圍城》的愛國主義表現得相當自然流暢、水到渠成，沒有說教式、口號式語言，卻能讓普通觀眾在不知不覺中經受精神洗禮、感受博大情懷，這正是現今國產主旋律電影很少能做到的。」評論也認為：「《十月圍城》將愛國主義精神具體到各種各樣的情感之中，從販夫走卒到富商巨賈，從賭徒乞丐到革命志士，父子之情、主僕之情、男女之情、知遇之情、同志之情都體現在電影中，這所有的情完美

---

[64] 「十月圍城」，百度百科，2010 年 5 月 3 日，http://baike.baidu.com/view/2181547.html。

[65] 同前註。

融合在一起，則變成了每一個中國人家國天下的大情懷……當我們習慣了主旋律電影恢弘的氣勢、壯闊的場面、空洞的說教、生硬的台詞之後，《十月圍城》的出現無疑改變了我們對主旋律電影的慣性認知。從這方面講，《十月圍城》必將能夠開啟中國內地主旋律電影新的一頁。」[66]

（三）弘揚中華道統

中共總書記胡錦濤主政以來，基於改善改革開放以來社會內部矛盾的激化，以及在對外關係營造一個和平睦鄰的國際環境，因此在 2006 年中共 16 屆 6 中全會，提出構建社會主義和諧社會理論。提出「和為貴」，代表中華文化道統的孔子學說就成了中國當局援引作為「和諧社會」的理論基礎，具體的落實措施就是在全球廣設孔子學院。

2004 年 11 月 21 日，全球第一所孔子學院在韓國首都首爾掛牌。截至 2009 年 11 月，中國大陸已在全球 88 個國家（地區），建立 282 所孔子學院和 272 個孔子課堂。2007 年 4 月，孔子學院總部在北京掛牌。孔子學院最重要的一項工作就是提供世界各地漢語學習者，權威的現代漢語教材，以及最正規、最主要的漢語教學管道[67]。事實上，中國當局在全球廣設孔子學院，目的更在於向全球宣示中國的崛起是和平的崛起。

除了在全球廣設孔子學院之外，孔子也成為主旋律電影選材的絕佳範本。由大地時代電影文化傳播（北京）公司、中國電影集團

---

[66]　「十月圍城電影評論」，騰訊網，2010 年 4 月 1 日，http://view.news.qq.com/a/20091220/000010.htm。

[67]　「孔子學院」，百度百科，2010 年 5 月 3 日，http://baike.baidu.com/view/44373.html。

公司製作，胡玫導演、崔寶珠監製，紀念孔子 2560 歲生日，拍攝歷時 3 年、耗資 1.5 億元，分別於 2010 年 1、2 月在中港台上映的《孔子》，雖然題材宏大，男主角周潤發在香港很有市場號召力，但由於上檔日期與好萊塢巨片《阿凡達》撞期，口碑與票房結果不如預期，香港上映首日票房約 37 萬港幣，最終成績大約在 400 萬港幣左右[68]。中國大陸票房方面，根據新浪網路娛樂 2010 年 1 月 26 日報導，影片首週末票房至少在 3 千 8 百萬元以上，重點場均上座率超過 80%[69]。

　　《孔子》劇情描述孔子 51 歲出任中都宰，一直到他 73 歲病逝的經歷，他為了尋找機會實現政治主張，帶著子路、子貢、顏回等弟子周遊列國，但理想的背後充滿國家爭霸的權謀、宮廷政治的黑暗。該片挑選了最有戲劇性的墮三都、夾谷會盟、齊魯大戰、武子台平叛、周遊列國、子見南子、陳蔡絕糧、孔子回國以及韋編三絕等改編而成[70]。《孔子》全片集戰爭、動作、謀略，與孔子感人的君臣、家庭、師生之情於一身，同時重現春秋亂世中最著名的 4 大戰役：墮三都的浩壯、夾谷會盟的兇險、齊魯大戰的慘烈、武子台平叛的火攻，處處展現決戰春秋的氣勢，帶給觀眾無比的感動和壯觀的視覺饗宴[71]。

---

[68]　「孔子」，維基百科，2010 年 3 月 25 日，http://zh.wikipedia.org/zh-hant/%E5%AD%94%E5%AD%90_(%E9%9B%BB%E5%BD%B1)；「香港票房綜述(2010-1-28)」，新浪娛樂，2010 年 1 月 28 日，http://ent.sina.com.cn/m/2010-01-30/18042861789.shtml。

[69]　「孔子票房成添頭」，大紀元報網站，2010 年 1 月 24 日，http://www.epochtimes.com/b5/10/1/24/n2797243.htm。

[70]　「孔子」，電影孔子官方網站，2010 年 1 月 20 日，http://confucius.pixnet.net/blog/post/2927067。

[71]　同註 69。

　　《孔子》由《喬家大院》的導演胡玫執導，《臥虎藏龍》的攝影鮑德熹、《投名狀》的造形設計奚仲文、中國大陸頂尖音樂家《大紅燈籠高高掛》趙季平操刀配樂。演員方面網羅了周潤發（飾演孔子）、任泉（飾演顏回）、陸毅（飾演季孫肥）、陳建斌（飾演季孫斯）、周迅（飾演南子）[72]。

（四）塑造典型人物

　　在中共歷史中，典型人物的塑造一向是中共傳媒宣傳的重點，也是社會主義政權標榜道德崇高的基礎。在中共的宣傳工作中有一句名言：「榜樣的力量是無窮的。」[73]基於主旋律電影具備宣傳、教化的功能，由中共宣傳部門刻意塑造的典型人物，自然也成為中國大陸主旋律電影取材最佳範本，大致上包括：1.具有民族氣節和高尚情操的歷史人物，例如《英雄鄭成功》、《詹天佑》、《魯迅》等；2.中國革命先驅者和領導人物，例如《毛澤東的故事》、《周恩來》、《鄧小平》、《青年劉伯承》等；3.黨和政府的各級優秀領導幹部，例如《焦裕祿》、《孔繁森》、《生死牛玉儒》等；4.具有傳統美德、先進思想或獻身精神的平凡人物，例如《天狗》、《馬背上的法庭》、《東方大港》等。

　　近來年，伴隨著中國官方對於國民政府在抗日期間貢獻的正面看待，中國大陸主旋律電影也不吝於從中找尋足以作為典型人物的題材。由上海電影集團公司出品、中國電影集團公司和華夏聯合推廣發行，高群書導演的《東京審判》就是鮮明的範例。《東京審判》於 2006 年 8 月 16 日東京大審判 60 周年之際推出，當時正值日本右翼勢力作出傷害中國大陸人民民族情感事件，由上海電影集團公

司發起的「毋忘在莒，愛我中華，《東京審判》全國總動員」活動，
同時在中國大陸國內 6 條主要院線北京新影聯、北京中影星美、上
海聯和院線、南方新幹線、萬達院線、四川太平洋院線的聯合助推
下，短短時間內即取得 2 千萬元的票房成績[74]。《東京審判》網羅
多位港台知名演員，包括劉松仁、曾志偉、朱孝天、林熙蕾，分別
飾演遠東軍事法庭中的中國大法官梅汝璈、返回日本的原侵華日軍
軍官和田正夫、全程跟蹤報導東京審判的《大公報》記者肖南，以
及肖南的戀人和田芳子。

　　《東京審判》劇情描述二戰結束後，為了審判日本戰犯，1946
年由 11 個國家、11 名法官組成的遠東國際軍事法庭齊聚東京。受
中國國民政府委任，作為遠東國際大法庭的中國法官梅汝璈於 3
月 20 日飛抵東京；《大公報》記者肖南則負責遠東國際軍事法庭
的全程追蹤報導。由於面對日方檢察官的頑強詭辯，以及各國法官
的偏見與刁難，在長達 2 年的審訊中，梅汝璈與其他中國檢察官們
為此展開多場脣槍舌戰的辯論，終於使遠東國際大法庭做出判決，
將東條英機為首的 7 名戰犯處以絞刑[75]。影片藉由描述中國法官梅
汝璈智慧、膽識的表現，塑造了中國人在國際舞台上第一次成功地
用法律武器捍衛自己尊嚴的故事[76]。

　　由於主旋律意識旗幟鮮明，《東京審判》獲得第 12 屆中國電
影華表獎最佳故事片、2007 年第 26 屆金雞獎最佳編劇[77]。中國大

---

[74] 「電影東京審判：故事梗概」，狐搜娛樂，2006 年 8 月 16 日，http://yule.
sohu.com/20060816/n244829069.shtml；孫曉天，「主旋律電影市場化道路
探尋」，山東藝術學院學報，總第 109 期（2009 年 4 月），頁 47。

[75] 「遠東國際大審判」，搜狐娛樂，2006 年 10 月 17 日，http://yule.sohu.com/
s2005/yuandong.shtml。

[76] 同前註。

[77] 「東京審判」，維基百科，2010 年 3 月 18 日，http://zh.wikipedia.org/zh-tw/
%E4%B8%9C%E4%BA%AC%E5%AE%A1%E5%88%A4_(2006%E5%B9%

陸著名導演謝晉讚譽《東京審判》是「每一個中國人都應該看的電
影」，其中蘊藏著著強烈的愛國主義色彩，但影片沒有直白的說教，
而是有意識地融入了大量商業元素，包括港台演員的選擇和雙線結
構的設置，使得影片具有相當的類型片因素和商業潛質。謝晉也認
為，「……這部影片有這樣的實力和厚度，希望日本觀眾也能看到
這部影片。」香港電影評論家毛時安於香港電影協會網站發表評論
指出：「《東京審判》最大的優點在於不以狹隘的民族情感增加彼
此之間的仇恨，而是以反省歷史的態度、健康的心態，去激發對民
族自尊的熱愛，表達對和平的追求。」[78]

（五）隱喻兩岸時局

　　由中國電影集團公司、香港英皇電影公司、台灣龍祥娛樂公司
製作，尹力導演，2006 年 11 月 24 日在中港台三地同步上映，被
譽為「今冬最溫暖的愛情大片」《雲水謠》，搶先佔領中國大陸賀
歲片頭檔，獲得 3 千 2 百萬元票房，位居 2006 年中國大陸國內票
房第 8 名；台灣方面則由龍祥電影公司發行，在台灣 23 家主流影
院同時上映，但票房僅有 63 萬元[79]。

　　《雲水謠》是著名作家劉恒根據「台灣往事」原作張克輝的電
影文學劇本「尋找」，並綜合張克輝幾位台灣朋友的人生經歷改編
而成。劇情描述 1946 年的台灣，年輕熱忱的醫學院學生陳秋水（陳
坤飾演）因緣際會下，來到富有的王醫師（秦漢飾演）家擔任家庭
教師，並與王家千金王碧雲（徐若瑄飾演）一見鍾情，兩人很快墜

　　B4%E7%94%B5%E5%BD%B1）。

[78] 同前註。

[79] 「雲水謠」，維基百科，2010 年 5 月 3 日，http://zh.wikipedia.org/zh-tw/
%E4%BA%91%E6%B0%B4%E8%B0%A3。

入愛河並私訂終身。但適逢台灣局勢動盪,陳秋水為躲避白色恐怖迫害,從台灣輾轉赴中國大陸,自此兩個相愛的戀人被無情的現實分隔兩岸。抗美援朝的口號響起,陳秋水奔赴朝鮮戰場擔任軍醫,結識了單純可愛的戰地護士王金娣(李冰冰飾演),這個小護士第一眼就愛上了陳秋水,開始了對他執著的追求,並在戰爭結束後鍥而不捨地找尋著他,甚至在聞知陳秋水加入援藏醫療行列時,她也追到了世界屋脊西藏[80]。

陳秋水由於海峽兩岸的分隔,幾度尋找王碧雲無果,杳無音訊,在這種絕望中,王金娣的真情如同一道曙光照亮了他,陳秋水最終在西藏與王金娣結婚了。此時身在台灣的王碧雲則以兒媳的身分,主動擔負起照顧陳秋水母親的重任,並從此開始了漫長而無望的等待。她發誓要用一生來尋覓愛人的蹤跡,直到 1968 年她終於得知了陳秋水的消息—陳秋水和妻子雙雙殉難西藏雪山。近 60 年過去了,一生未嫁、獨居於紐約的王碧雲(晚年由歸亞蕾飾演)已兩鬢斑白,但那段純真美好的愛情仍然深藏在她的心裏[81]。

《雲水謠》以陳秋水、王碧雲、王金娣三人之間的情感為主線,穿越了從 1946 年到 2005 年近 60 年的時空,從寶島台灣到鴨綠江畔,再到青藏高原,3 個不同背景、不同性格的人物命運在歷史風雲中跌宕起伏,交織出一首年代悠久、醇香濃烈的愛情讚歌。同時,劇中演員網羅兩岸當紅明星,包括中國大陸當紅明星陳坤(飾演陳秋水)、李冰冰(飾演王金娣),台灣偶像明星徐若瑄(飾演王碧雲)、台灣兩代金馬影后歸亞蕾(飾演晚年王碧

---

[80] 「雲水謠」,YAHOO!奇摩電影,2010 年 5 月 12 日,http://tw.movie.yahoo.com/movieinfo_main.html/id=2078。

[81] 同前註。

雲）、台灣金鐘、金馬影后楊貴媚（飾演陳秋水母親）、台灣金馬影帝秦漢（飾演王碧雲父親），港星梁洛施（飾演王碧雲姪女王曉芮）。台灣知名音樂製作人羅大佑譜寫影片主題曲[82]。《雲水謠》曾入圍 2007 年中國電影金雞獎最佳影片、最佳男主角、最佳女主角、最佳導演等 8 個重要獎項的提名，獲得最佳故事片獎；並在 2007 年第 12 屆華表獎上大放異彩，包辦優秀男演員獎陳坤、優秀女演員獎李冰冰、優秀故事片、優秀電影技術獎、優秀導演、優秀編劇[83]。

　　《雲水謠》刻畫了當年兩岸分隔下一對戀人被迫分離的絕戀，從類型片的觀點言之，這確實是一部詩情畫意的愛情片。如同劇中王碧雲的姪女王曉芮所言，這種浪漫真愛似乎已經絕跡，相信這也是能夠吸引中國大陸年輕人觀賞的原因。根據中國大陸網路論壇的討論區內容：「相愛應該是幸福的、相戀應該是被祝福的、相識就是要去珍惜，不論是否遭遇任何困難，只要愛還存在著，就應該讓問題和誤會均不存在。時光飛逝，相愛相惜、真心真誠的對待每個人，相信一定也可以感受到《雲水謠》所傳遞出來的感動。」[84]同時，從 2006 年十一國慶長假期間，街頭上矗立的《雲水謠》巨幅宣傳海報以及宣傳口號看來，是一部訴求兩岸三地知名明星傾情演出的愛情故事，完全不提主旋律的字眼[85]。

---

[82] 陳曉星，「兩岸聯手演繹海峽苦戀　台當局再拒雲水謠」，人民網 people，2006 年 10 月 31 日，http://culture.people.com.cn/BIG5/22219/4977599.html。

[83] 「雲水謠」，維基百科，2010 年 5 月 3 日，http://zh.wikipedia.org/zh-tw/%E4%BA%91%E6%B0%B4%E8%B0%A3；「捷報：雲水謠 - 金雞獎 8 項提名」，YAHOO！部落格，2010 年 5 月 12 日，http://tw.myblog.yahoo.com/jw!UgQPclqeAwO6GBXwlyJUbb4-/article?mid=1544。

[84] 「雲水謠」，King Net 影音台，2010 年 5 月 12 日，http://movie.kingnet.com.tw/movie_critic/index.html?r=5849&c=BN0028。

[85] 孫曉天，「主旋律電影市場化道路探尋」，山東藝術學院學報(山東)，總

　　但是從劇中一開始，在夜黑風高的海上，男主角陳秋水佇立在船頭凝視著海的一方漸行漸遠，以至於劇終時最後一個鏡頭對台灣海峽的俯瞰，螢幕上緩緩浮現中國大陸、台灣2塊地圖，寓意陳秋水與王碧雲的絕戀，關鍵在於兩岸的分隔，隱喻著北京當局對兩岸統一的召喚。同時，從中央電視台《新聞聯播》對《雲水謠》上映的關注，以及獲得第10屆精神文明建設「五個一工程」獎、第12屆中國電影華表獎最佳故事片[86]，都說明了《雲水謠》實則是一部隱喻兩岸時局發展的主旋律電影。

　　事實上，《雲水謠》從開拍之初到公開上映都充滿濃厚的兩岸政治較勁。首先，該片是根據中國全國政協副主席、台盟中央名譽主席張克輝的電影文學劇本「尋找」改編，綜合了作者幾位台灣朋友的人生經歷而成。如同張克輝接受媒體採訪時曾說到，1992年其母親去世時，曾申請回台奔喪，卻被台灣當局以他當時擔任中華全國台灣同胞聯誼會會長予以回絕。其次，該片攝製劇組於2006年3月申請赴台拍攝外景，被台灣當局新聞局以故事場景在台灣已不可能找到為由回絕。至於大陸委員會則表示：「劇本有台灣同胞嚮往大陸的統戰手法，所描寫的『二‧二八』事件與事實不符，相關部會審查時都認為不宜放行。」[87]

第109期（2009年4月），頁46。

[86] 「五個一工程」獎，是中共中央宣傳部於1992年組織的，精神產品中5個方面精品佳作的評選，包括「一部好的戲劇作品、一部好的電視劇（片）作品、一部好的圖書（限社會科學方面）、一部好的理論文章（限社會科學方面）」；2005年起評選項目改為「一部好的文藝圖書、一部好電影、一部好電視劇（片）或廣播劇、一部好戲劇和一首好歌曲」。參見：國家廣電總局電視劇司、中國傳媒大學，中國電視劇年度發展報告2005~2006（北京：中國傳媒大學出版社，2007年），頁66~69。

[87] 陳曉星，「兩岸聯手演繹海峽苦戀　台當局再拒雲水謠」，前引文。

（六）反思人性親情

　　中國大陸自然災害極多，軍隊、公安警察、黨政幹部驚險的搶險救災過程，由於具備了災難片的商業元素，以及蘊含在搶險救災過程的人道主義、親情倫理，近年來也吸引了主旋律電影從中取材。

　　由中國電影集團公司、天山電影製片廠聯合製作，戚健導演，於 2007 年上映的《風雪狼道》，由於借鑑了驚險／災難片的類型化策略，又兼具警匪片、西部片的元素，使得這部投資 5 百 50 萬元小成本的主旋律電影具有一定的觀賞性，實現了主旋律電影的商業化改造，為中小成本主旋律影片的類型化提供了一個探索的範例。《風雪狼道》於 2006 年 9 月在喀納斯風景區開拍，歷時 4 個月完成，是新疆目前投資規模最大的一部電影，也是新疆首部全面進入國內主流院線發行放映的影片[88]。

　　《風雪狼道》凸顯新疆公安幹警搶險救災過程展現的人道主義精神，是一部嘗試商業化製作方式的主旋律電影，但並未獲得市場的熱烈回應。不過，由唐山廣播電視傳媒公司、中國電影集團公司、華誼兄弟傳媒股份公司出品，投資 1.5 億元，中國大陸著名賀歲片導演馮小剛執導，於 2010 年 7 月 22 日唐山大地震 34 周年，在中國大陸上映的《唐山大地震》，迄 9 月 9 日拉出 6.6 億元的票房長紅，創下中國大陸國產片最高票房紀錄[89]，更一舉超越《建國大業》、《十月圍城》票房。同時，截止到 9 月 9 日，在港、台的票房為 1500 萬港幣、1800 台幣，新加坡至 8 月 19 日，

---

[88]　王乃華，「《風雪狼道》：主旋律電影的類型化探索」，當代電影（北京），第 5 期（2008 年 5 月），頁 25～26。

[89]　「《唐山大地震》票房 6.6 億　正版 DVD 即日發行」，美南新聞，2010 年 9 月 12 日，http://www.scdaily.com/News_intro.aspx?nid=21557。

取得 120 萬人民幣的成績；韓國發行商也計畫將影片發行提前到 9 月份[90]。

《唐山大地震》改編自華裔女作家張翎的小說《餘震》，講述一個「23 秒、32 年」的故事。1976 年 7 月 28 日凌晨，一場規模 7.8 大地震將唐山市在 23 秒之內夷為廢墟。由徐帆飾演的母親李元妮在面對兩個孩子只能搶救一個的絕境下，無奈選擇犧牲姐姐方登（張靜初飾演）而救弟弟方達（張家駿（童年）、李晨（成人）飾演）。震後，李元妮獨自領養兒子方達，堅強地活了下來，劫後餘生的方登則被解放軍軍官王德清夫婦（分別由陳道明、陳瑾飾演）領養。這個決定徹底改變了母女、姐弟的命運，也讓倖存者陷入煎熬、怨懟、悔恨、困惑的情境。劇情娓娓道來母親無奈的抉擇導致骨肉的分離，母親漫長、煎熬的等待、堅持與悔恨，女兒糾結難解、積鬱心中的怨懟，兒子對母親堅持的困惑，以致於最終在 2008 年 5 月 12 日汶川大地震時重逢，這對母女壓抑在心中 32 年的傷痛得以隨淚水渲洩而出。

《唐山大地震》在兩岸三地及亞洲地區上映後，之所以造成票房轟動，除了是中國大陸第一部國產 IMAX 電影，再現天崩地裂、驚悚駭人的地震特效畫面吸引觀眾青睞外，最重要的還是深刻刻畫了在地震巨變的當下，劫後餘生者的徬徨無助，解放軍奮不顧身搶險救災的真情流露，以及探索震後長期的傷痛裡，倖存者如何展現情感、家庭、人性的巨大力量與堅持。誠如該片監製陳國富強調，

---

[90] 「《唐山大地震》9 月 10 日登陸 PPS 引爆觀看新高潮」，財華網，2010 年 9 月 9 日，http://www.finet.hk/mainsite/newscenter/PRNCN/0/201009091803 12b057c2xprbgs.html；馬彧，「《唐山大地震》票房超 4 億」，新浪網，2010 年 8 月 4 日，http://ent.sina.com.cn/m/c/2010-08-03/17463039011.shtml；「香港票房：《舞出我人生 3D》票房近千萬奪冠」，粉絲網論壇，2010 年 8 月 24 日，http://movie.ifensi.com/article-288730.html。

《唐山大地震》雖然講述的 70 年代的故事，但如果將其置放在當下的中國大陸社會，將被賦予更多現代的意義，例如如何重新確立對家人和家庭的愛，這個提法對在中國大陸走過一世紀苦難後，特別有意義、有價值[91]。導演馮小剛則表示，電影的結局充滿了溫情，讓人從心裏感受到溫暖，給人帶來了生活的希望[92]。

　　由於中國大陸連續遭逢 2008 年四川汶川大地震、2010 年青海玉樹大地震，對於在災難中倖存者來說或許是一種幸運，但不可否認的是，地震帶來的後遺症，不僅僅是震後的生存問題，更可能是伴隨終身的心理問題。因此，《唐山大地震》除了表現了人在災難面前的脆弱，展現人性的堅韌與真誠，也關注了災後人們如何釋懷並擺脫心靈的枷鎖。同時，電影的結局充滿了溫情，讓人從心裏感受到溫暖，給人們帶來了「活著」就是幸福的希望。

　　值得觀注的是，在《唐山大地震》裡開始的天崩地裂及結束前的汶川大地震，影片以長鏡頭拉出解放軍馳援搶險救災、扶持災民，展現有效率、守紀律的狀盛軍容，充分體現軍民一體，人民解放軍是人民軍隊的典型模範。這對於經歷 89 天安門事件血腥屠城、形象大損的解放軍而言，《唐山大地震》極其自然地塑造了解放軍的正面形象。

　　同時，《唐山大地震》講述的「23 秒、32 年」故事，「32 年」指涉的 1976 年至 2008 年，大體上與改革開放 30 年（1978 年至 2008 年）是吻合的。從影片三個遠景交代的三個時間點 1986 年、1995 年、2008 年，描繪了震後這一家人經歷的成長，畫面緩緩拉出唐

---

[91]　「唐山大地震」，百度百科，2010 年 8 月 4 日，http://baike.baidu.com/view/3267.htm?fr=ala0_1_1。

[92]　「唐山大地震」，百度百科，2010 年 4 月 16 日，http://baike.baidu.com/view/3267.htm。

山市從震後重建到目前市容翻天覆地的變化，巧妙地說明了唐山市
在黨國政策的扶持下，已經成為茁壯的浴火鳳凰。影片裡述及方登
手牽幼女返視養父王德清時，王德清正與老戰友們高聲合唱慶祝中
共 15 大的《走進新時代》，則隱喻了方登及其幼女已逐步擺脫陰
霾，走入黨國建構的新時代。

　　明顯的，《唐山大地震》這種潛藏主旋律意識，又是以商業化元
素呈現的商業電影，在觀眾隨著曲折動人的劇情發展落淚、悸動的過
程時，誠如霍爾（S. Hall）等文化研究學者指出，人們在消費流行文
化的時候，往往被其外在的物質性質和感性特點所吸引，從而忽視隱
藏其中的意識形態[93]。《唐山大地震》這部有唐山廣播電視傳媒公司、
中國電影集團公司的官方投資，國家廣電總局審核通過的商業電影，
在以流行文化的形態傳佈到社會大眾時，其中隱藏的黨國意識便輕而
易舉地征服群眾，並成為群眾追求流行文化產品的日常生活實踐的一
部分。

五、結論

　　1942 年毛澤東發表著名的「在延安文藝座談會上的講話」，確立
文藝是政治鬥爭的工具，革命文藝的最高目標的最重要任務，就是利
用文藝的各種形式為黨的政治目標服務，同時文藝的基本方向是「工
農兵方向」，文藝家只能、也必須以此方向作為自己的創作原則和創
作內容[94]。《講話》的精神從此成為中共電影創作原則的上綱。

---

[93] S. Hall, *Popular Culture and the State* (Milton Keynes: Open University Press, 1986), pp. 22~49; 高宣揚，流行文化社會學（北京：中國人民大學出版社，2006 年），頁 315。

[94] 高華，紅太陽是怎樣升起的－延安整風運動的來龍去脈（香港：中文大學出版社，2000 年），頁 351~352。

　　在認定文藝必須從屬於政治的前提下，中國大陸電影業自然改變了電影的文化性質，成為發揮黨國意識形態的工具。從 1953 年第一個 5 年計畫開始，中國大陸電影出現革命戰爭題材的高潮，總計 140 部故事片中，以革命戰爭為題材者約佔十分之一。例如，《智取華山》、《渡江偵察記》等影片[95]。1959 年，為了迎接建國 10 周年，中國官方推出了多部彰顯革命歷史題材的「獻禮片」。例如，《紅旗譜》、《風暴》、《黨的女兒》、《萬水千山》等[96]。這些電影可以視為主旋律電影的雛型。

　　從阿圖塞意識形態理論的觀點來說，這些雛型的主旋律電影，是依照國家意識形態的規則虛構現實，同時發揮意識形態國家機器召喚群眾進入黨國邀約的位置，進而認同黨國革命建設的功能，目的就是讓個體臣服於主流意識形態，成為國家機器的馴服臣民。明顯的，中國官方試圖藉由主旋律電影建構個體與其實際生存狀況之間的想像關係。

　　從 1987 年時任電影局長滕進賢在全國電影工作會議上，首次提出「突出主旋律，堅持多樣化」的電影工作方針，1994 年江澤民在全國宣傳工作思想會議上，提出「弘揚主旋律，提倡多樣化」的文藝思想，以迄於 2003 年在全國電影工作會議上，國家廣電總局呼籲貫徹中共 16 大將電影此一文化產業納入國家發展戰略，可以明顯的看出中國官方對主旋律電影的重視，伴隨著 90 年代以來中國大陸國內外局勢的發展，正與日遽增。

　　在此種情形下，中國大陸電影業改弦易轍，開始採用商業化電影的製作方式，例如：1.吸引企業自有資金、社會資金、銀行貸款等投入製作；2.擴大民營電影企業與合資製片的參與，包括了中國

---

[95] 馬軍驤，「革命電影的修辭策略」，頁 403。
[96] 王曉玉，中國電影史綱，頁 115。

大陸民營電影企業與港、台民營電影公司；3.延攬中港台知名明星
演出，除了票房上的考量外，也希望藉由其不同國籍、地域的身分，
折射出特定的政治聯想；4.爭取中國官方及港台的影獎項，除了傳
統代表官方意識形態的金雞獎、百花獎、華表獎之外，代表港台的
香港電影金像獎、亞洲電影大獎、香港電影評論學會大獎、台灣金
馬獎，更是兵家必爭之地，目的則是淡化其中潛藏的意識形態，試
圖開發更多的港台觀眾，從而使得一些蘊藏主旋律意識的商業電
影，在票房上屢獲佳績，成為宣揚黨國意識的贏利商品。

　　分析這 8 部蘊藏主旋律意識的中國大陸商業電影文本，可以發
現其中隱含了紀錄革命建國、宣揚愛國主義、弘揚中華文化、塑造
典型人物、隱喻兩岸時局、反思人性親情 6 大意義。如同阿圖塞將
意識形態定義為「再現個體和他們真實生活情況間的想像關係」，
並認為意識形態具備召喚個體成為特定意識形態中的主體，當前這
8 部蘊藏主旋律意識的中國大陸商業電影潛藏的 6 大黨國意識，
其實就是試圖再現群眾和黨國的想像關係，召喚群眾進入黨國邀
約的主體位置。

　　值得觀注的是，為了讓觀眾在觀賞主旋律電影忽視其中隱藏的
黨國意識，中國大陸電影業近年來開始採用上述商業化電影的製作
方式，使得主旋律電影擺脫過往作為說教意味濃厚的政治視聽教
材，轉型成為觀眾喜聞樂見的商業電影，以在電影市場創造高票
房，進一步強化隱藏其中的黨國意識。

　　從葛蘭西「爭霸／霸權」的理論觀之，說明了中國大陸主旋律
電影已經注意到為了鞏固電影作為黨國意識形態國家機器與文化
霸權，必須選擇性與局部性收編一些目前多數中國大陸觀眾接受的
商業電影製作、放映方式，讓觀眾將這些主旋律電影誤認為一般商
業電影，淡化或者忽視隱藏其中的黨國意識。

　　由於蘊藏主旋律電影的商業電影具備了特定的政治號召與票房潛力，使得一些民營電影企業紛紛投入產製，例如甫於 2008 年成立的保利博納電影發行公司，就於 2009 年連續投入《建國大業》、《十月圍城》的製作。稱霸於民營電影企業的華誼兄弟影業投資公司，於 2007、2009、2010 年陸續投入《集結號》、《風聲》、《唐山大地震》的製作，在票房上大有嶄獲。港台的民營電影公司近年來也開始涉足此類電影的產製，例如，台灣龍祥娛樂公司參與了《雲水謠》的合資製作。再如，香港英皇電影公司參與了《建國大業》、《風聲》、《雲水謠》的合資製作。再如，由香港名導演陳可辛、中國大陸名監製導演黃建新，聯合中國大陸最具規模的博納國際影業集團於 2009 年 2 月成立的香港人人電影公司，參與了《十月圍城》的合資製作，這些都說明了 2003 年中國大陸與香港簽署 CEPA（Closer Economic Partnership Arrangement）後，香港電影在製作上往往必須考量近年來迅速飆升的中國大陸電影市場，以合拍片形式進入中國大陸電影市場明顯已成主流，題材自然必須符合中國官方電檢原則[97]。

　　但誠如 2006 年 10 月，中國國家廣電總局副局長趙實在全國電影創作會議上表示，儘管主旋律電影的外延進一步拓展，包括了一切推動時代文明健康發展的作品，但它的內核還是不變的，主旋律影片是反映時代旋律，反映沸騰的現實生活，基調昂揚向上，震撼人心的作品[98]。從中國國家廣電總局官員對主旋律電影的談話，所謂「外延進一步拓展」，可理解為主旋律電影開始借用商業化電影的製作方式，從而讓觀眾將其誤認為一般商業電影，至於所謂「內

[97]　黃奕瀠，「合拍風潮下的本土特色－說出香港自己的故事」，旺報，2010
　　　年 5 月 30 日，B2 版。
[98]　陸紹陽，「主旋律影片的發展及其社會價值」，頁 36～37。

核還是不變的」，則說明了中國官方迄今沒有減輕主旋律電影擔負
宣揚黨國意識的任務。

參考文獻

「2009 年中國電影產量進 500 部票房收益超過 60 億」，新華網，2010 年
　　1 月 11 日，http://big5.xinhuanet.com/gate/big5/news.xinhuanet.com/
　　overseas/2010-01/11/content_12788761.htm。
「八一製片廠」，百度百科，2010 年 5 月 2 日，http://baike.baidu.com/
　　view/26596.html?wtp=tt。
「八月一日」，風行 FUNSHION，2010 年 4 月 8 日，http://www.funshion.com/
　　media/64169。
「十月圍城」，維基百科，2010 年 5 月 2 日，http://zh.wikipedia.org/zh-tw/
　　%E5%8D%81%E6%9C%88%E5%9B%B4%E5%9F%8E。
「十月圍城」，百度百科，2010 年 5 月 3 日，http://baike.baidu.com/view/
　　2181547.html。
「十月圍城電影評論」，騰訊網，2010 年 4 月 1 日，http://view.news.qq.com/a/
　　20091220/000010.htm。
「大眾電影百花獎」，百度百科，2009 年 8 月 1 日，http://baike.baidu.com/
　　view/17590.htm。
「上海國際電影節」，百度百科，2009 年 7 月 30 日，http://baike.baidu.com/
　　view/183216.htm。
「中國電影金雞獎」，百度百科，2009 年 8 月 1 日，http://baike.baidu.com/
　　view/17577.htm。
「中國電影華表獎」，百度百科，2009 年 6 月 29 日，http://baike.baidu.com/
　　view/30489.htm。
「中國長春電影節」，百度百科，2008 年 9 月 16 日，http://baike.baidu.com/
　　view/186999.htm。
「中國珠海電影節」，百度百科，2009 年 4 月 21 日，http://baike.baidu.com/
　　view/187000.htm。

「中國傳媒產業發展報告 2007」，中國網，2007 年 12 月 13 日，http://big5.china.com.cn/city/zhuanti/07chuanmei/2007-12/13/content_9381451.htm。

「中國內地影史票房排行榜」，帆船的博客，2010 年 5 月 1 日，http://www.mtime.com/my/john87421/blog/1443105/。

「孔子學院」，百度百科，2010 年 5 月 3 日，http://baike.baidu.com/view/44373.html。

「孔子」，維基百科，2010 年 3 月 25 日，http://zh.wikipedia.org/zh-hant/%E5%AD%94%E5%AD%90_(%E9%9B%BB%E5%BD%B1)。

「孔子票房成添頭」，大紀元報網站，2010 年 1 月 24 日，http://www.epochtimes.com/b5/10/1/24/n2797243.htm。

「孔子」電影孔子官方網站，2010 年 1 月 20 日，http://confucius.pixnet.net/blog/post/2927067。

「《我的長征》見面會　翟俊傑長征到大學生電影節」，中國影視資料館，2007 年 4 月 15 日，http://hk.cnmdb.com/newsent/20070415/1000875。

「我國組建 6 大電影集團以迎接 WTO」，大洋網，2001 年 6 月 29 日，http://gzdaily.dayoo.com/gb/content/2001-06/29/content_151278.htm。

「金馬影展－金馬獎入圍影片-風聲」，痞客幫部落格，2010 年 5 月 17 日，http://tghff2009.pixnet.net/blog/post/1437034。

「東京審判」，維基百科，2010 年 3 月 18 日，http://zh.wikipedia.org/zh-tw/%E4%B8%9C%E4%BA%AC%E5%AE%A1%E5%88%A4_(2006%E5%B9%B4%E7%94%B5%E5%BD%B1)。

「風聲鶴唳」，風聲官方網站，2009 年 10 月 23 日，http://www.themessage.com.tw/。

「建國大業」，GRL Online 國際在線，2009 年 11 月 28 日，http://big5.chinabroadcast.cn/gate/big5/gb.cri.cn/27224/2009/05/12/Zt111s2508029.htm。

「建國大業公映　廣州創單片單場票房紀錄」，中國評論新聞網，2009 年 9 月 17 日，http://www.chinareviewnews.com/doc/1010/7/9/2/101079220.html?coluid=7&kindid=0&docid=101079220。

「建國大業」，維基百科，2010 年 2 月 16 日，http://zh.wikipedia.org/zh-tw/%E5%BB%BA%E5%9C%8B%E5%A4%A7%E6%A5%AD。

「香港票房綜述(2010-1-28)」，新浪娛樂，2010 年 1 月 28 日，http://ent.
sina.com.cn/m/2010-01-30/18042861789.shtml。

「香港票房：《舞出我人生 3D》票房近千萬奪冠」，粉絲網論壇，2010
年 8 月 24 日，http://movie.ifensi.com/article-288730.html。

「捉鬼遊戲，見仁見智」，南都娛樂週刊，353 期，2009 年 9 月 23 日，
http://www.smweekly.com/Print/Article/8709-0.shtml。

「唐山大地震」，百度百科，2010 年 4 月 16 日，http://baike.
baidu.com/view/3267.htm。

「唐山大地震」，百度百科，2010 年 8 月 4 日，http://baike.baidu.com/
view/3267.htm?fr=ala0_1_1。

「《唐山大地震》票房 6.6 億　正版 DVD 即日發行」，美南新聞，2010
年 9 月 12 日，http://www.scdaily.com/News_intro.aspx?nid=21557。

「《唐山大地震》9 月 10 日登陸 PPS 引爆觀看新高潮」，財華網，2010
年 9 月 9 日，http://www.finet.hk/mainsite/newscenter/PRNCN/0/2010090
9180312b057c2xprbgs.html。

「捷報：雲水謠－金雞獎 8 項提名」，YAHOO！部落格，2010 年 5 月 12
日，http://tw.myblog.yahoo.com/jw!UgQPclqeAwO6GBXwlyJUbb4-/
article?mid=1544。

「週末香港票房出爐　風聲 4 天票房入賬近百萬」，百度貼吧，2009 年
10 月 16 日，http://tieba.baidu.com/f?kz=657452416。

「集結號香港票房」，百度百科，2010 年 5 月 2 日，http://zhidao.baidu.
com/question/43599097.html?si=4。

「《集結號》描述徐蚌會戰，背景敏感引爭議」，今日新聞網，2008 年
12 月 8 日，http://www.nownews.com/2008/12/08/91-2377180.htm。

「集結號」，維基百科，2010 年 4 月 1 日，http://zh.wikipedia.org/zh-hant/%
E9%9B%86%E7%BB%93%E5%8F%B7。

「雲水謠」，維基百科，2010 年 5 月 3 日，http://zh.wikipedia.org/zh-tw/
%E4%BA%91%E6%B0%B4%E8%B0%A3。

「雲水謠」，YAHOO！奇摩電影，2010 年 5 月 12 日，http://tw.movie.yahoo.
com/movieinfo_main.html/id=2078。

「雲水謠」，維基百科，2010 年 5 月 3 日，http://zh.wikipedia.org/zh-tw/%E4%
BA%91%E6%B0%B4%E8%B0%A3。

「雲水謠」,King Net影音台,2010年5月12日,http://movie.kingnet.com.tw/movie_critic/index.html?r=5849&c=BN0028。

「週末香港票房出爐　風聲 4 天票房入賬近百萬」,百度貼吧,2009 年 10 月 16 日,http://tieba.baidu.com/f?kz=657452416。

「電影東京審判:故事梗概」,狐搜娛樂,2006 年 8 月 16 日 http://yule.sohu.com/20060816/n244829069.shtml。

「遠東國際大審判」,搜狐娛樂,2006 年 10 月 17 日,http://yule.sohu.com/s2005/yuandong.shtml。

「靠個體觀眾,風聲直逼建國大業」,中國評論新聞網,2009 年 10 月 6 日 , http://www.chinareviewnews.com/doc/1010/9/6/2/101096211.html?coluid=0&kindid=0&docid=101096211&mdate=1006092159。

「盤點 2009 中國電影投融資:渠道多元化」,東北新聞網,2010 年 1 月 18 日 , http://big5.lrn.cn/gate/big5/search.lrn.cn/detail_inforadar.jsp?channelid=17739&primarykeyvalue=URLID%3D1253629977&primaryrecord=1。

「韓三平豪言《建國大業》票房望超 4.5 億」,星島環球網,2009 年 9 月 16 日 , http://www.stnn.cc:82/gate/big5/ent.stnn.cc/ent_film/200909/t20090916_1126985.html。

王曉玉,中國電影史綱(上海:上海古籍出版社,2003 年)。

王乃華,「《風雪狼道》:主旋律電影的類型化探索」,當代電影(北京),第 5 期(2008 年 5 月),頁 25～26。

尹鴻,「中國電影產業改革備忘」,尹鴻自選集－媒介圖景、中國影像(上海:復旦大學出版社,2004 年),頁 215、219。

尹鴻,「世紀之交:90 年代中國電影格局」,尹鴻自選集－媒介圖景、中國影像(上海:復旦大學出版社,2004 年),頁 107～108、104～121。

尹鴻、詹慶生,「2007 年中國電影產業報告」,張曉明、胡惠林、章建剛、中國社會科學院文化研究中心、上海交通大學國家文化產業創新與發展研究基地,文化藍皮書:2008 年中國文化產業發展報告(北京:社會科學文獻出版社,2008 年),頁 65～66、70～75。

尹鴻、石惠敏,「2008 年中國電影產業報告」,張曉明、胡惠林、章建剛,文化藍皮書:2009 年中國文化產業發展報告(北京:社會科學文獻出版社,2009 年),頁 155、159～160。

孔令玉，「主旋律電影的審美教育意義」，四川師範大學影視美學碩士論文（2008 年）。

李道新，中國電影批評史（北京：北京大學出版社，2007 年）。

李天鐸、謝慰雯譯，Robert Lapsley & Michael Westlake 著，電影與當代批評理論（台北：遠流出版公司，1997 年）。

李宗彥，「論產業化進程中的主旋律電影（2002～2007）」，山東師範大學電影學碩士論文（2008 年）。

宋曉婷，「中國主旋律電影敘事研究（1987～2006）」，浙江大學廣播電視藝術學碩士論文（2007 年）。

何天洋，「後現代語境下主旋律電影意識形態敘事策略的變化及其成因分析」，貴州大學影視美學碩士論文（2007 年）。

何川，中共新聞制度剖析（台北：正中書局，1994 年）。

阿圖塞，「意識形態和意識形態國家機器」，李恒基、楊嬰編，外國電影理論文選（上海：上海文藝出版社，1995 年），頁 643～645、656。

林芳玫，解讀瓊瑤愛情王國（台北：商務印書館，2006 年）。

宣寧，「起舞在商業社會－淺析 20 世紀 90 年代以來中國主旋律電影和藝術電影的商業化傾向」，江漢大學學報（武漢），第 24 卷第 5 期（2005 年 10 月），頁 86～90。

孫曉天，「主旋律電影市場化道路探尋」，山東藝術學院藝術文化學院（山東），總第 109 期（2009 年 4 月），頁 44～48。

高宣揚，流行文化社會學（北京：中國人民大學出版社，2006 年）。

高華，紅太陽是怎樣升起的－延安整風運動的來龍去脈（香港：中文大學出版社，2000 年）。

馬軍驤，「革命電影的修辭策略」，劉青峰編，文化大革命：史實與研究（香港：中文大學出版社），頁 400～401、403。

馬彧，「《唐山大地震》票房超 4 億」，新浪網，2010 年 8 月 4 日，http://ent.sina.com.cn/m/c/2010-08-03/17463039011.shtml。

張錦華，傳播批判理論（台北：黎明文化事業公司，1994 年）。

張志恆，「從獻禮片看主旋律電影的市場化」，聲屏世界（江西），第 10 期（2009 年 10 月），頁 51～53。

張雅萍譯，Joanne Hollows、Mark Jancovich 著，大眾電影研究（台北：遠流出版公司，2001 年）。

張中數，「我的建國，我的大業」，香港影評人協會，2009 年 12 月 17 日，http://www.filmcritics.org.hk/taxonomy/term/1。

梁文韜，「鄧小平理論與中國大陸社會主義發展的前景」，陳祖為、梁文 韜主編，政治理論在中國（香港：牛津大學出版社，2001 年），頁 248～250。

陸紹陽，「主旋律影片的發展及其社會價值」，藝術評論（北京），第 10 期（2007 年 10 月），頁 36。

符立中，「主旋律電影誰與爭鋒」，旺報，2010 年 4 月 18 日，B2 版。

陳曉星，「兩岸聯手演繹海峽苦戀　台當局再拒雲水謠」，人民網 people， 2006 年 10 月 31 日，http://culture.people.com.cn/BIG5/22219/4977599. html。

國家廣電總局電視劇司、中國傳媒大學，中國電視劇年度發展報告 2005 ～2006（北京：中國傳媒大學出版社，2007 年）。

彭吉象，影視美學（北京：北京大學出版社，2002 年）。

楊蓮潔，「《唐山大地震》票房過 6 億　馮小剛：圓滿」，新浪網，2010 年 8 月 24 日，http://www.google.com/search?q=%E5%A3%B9%E8% 98%8B%E6%9E%9C%E6%B3%A2%E7%B6%B2&ie=utf-8&oe=utf-8。

劉占國，「主旋律電影的商業化突圍－馮小寧電影論」，河北師範大學影 視文化評論碩士論文（2007 年）。

錢才芙、邱明丰，「商業語境下的主旋律電影－《超強颱風》與好萊塢災 難片的比較分析」，四川職業技術學院學報（四川），第 19 卷第 2 期（2009 年 5 月），頁 62～64。

Althusser, L., "Ideology and Ideological State Apparatuses," *Lenin and Philosophy and other Essays* (London: New Left Books, 1971), p.143.

Hall,S., *Popular Culture and the State* (Milton Keynes: Open University Press, 1986).

Lovell, Terry, "The Social Relations of Cultural Production: Abscent Center of A New Discourse,"in Simmon Clark, etc. *One-Dimensional Marxism: Althusser and The Politics of Culture* (London: Allison and Busby, 1980), p.44, 250.

（本文曾刊載於香港社會科學學報，第 39 期，2010 年秋／冬號。）

第四章 從紅色經典到愛國主義商品
——中國大陸主旋律電視劇文本意義的變遷

《摘要》

　　中國大陸主旋律電視劇長期來扮演如同詩歌、歌劇、舞蹈等，具備視覺、口傳特質的傳媒，有效地發揮了召喚民眾認同社會主義「新中國」，以及闡釋黨國政策理念的功效。90 年代起，在黨國當局與民間社會的利益共謀下，以商業元素製作的主旋律電視劇不斷推出，成為與商業電視劇共存的特殊現象。這些 90 年代主旋律電視劇則扮演了中國官方在改革開放後面臨意識形態真空，重新凝聚民眾認同黨國、甚且是中華民族的有力傳媒。

（關鍵詞：中國大陸電視劇、主旋律電視劇、紅色經典、文化霸權、意識形態國家機器、流行文化）

一、研究動機與目的

　　中國共產黨自 1921 年至 1949 年成立政權的 28 年間，與中國國民黨的鬥爭過程中，深知在農村展開動員工作，面對絕大多數文盲的農民群眾，必須充分應用視覺和口傳的媒體宣傳。為此，早在

大眾傳播媒介技術廣為傳佈前，中國共產黨就已發展出一套非文字
（non-literate）的動員群眾手段。

其中，畫報、漫畫、革命歌曲、農民舞蹈等來自蘇聯紅軍，至
於牆報、木刻、民歌、民間戲曲則是來自中國大陸的群眾文化。戲
劇尤其重要，畢竟這是民間戲劇而非書本文字，能夠針對普羅大眾
傳播大部分的文化模式與價值觀念[1]。

另外，年畫這種長期來流行於中國大陸廣大農村的媒介，其影
響力也為中共熟稔。毛澤東於 1949 年 11 月召開的「文化部改造年
畫工作會議」上就明白指出，年畫在 1949 年前的中國大陸社會裡，
被視為傳達「封建思想概念」的工具，因此有必要將年畫重新改造
以教育人民群眾[2]。

由於戲劇這種有別於書面文學作品的傳媒，無需依賴觀眾的識
字能力，因此歷來都是人民大眾喜聞樂見的藝術形式[3]。中國共產
黨很早就清楚認識到這一特點，毛澤東的「在延安文藝座談會上的
講話」中便指出，戲劇等民間傳統表演藝術形式，在共產主義宣傳
教育運動中的重要性與必要性[4]。

---

[1]　Glen Peterson, "State Literacy Ideologies and the Transformation of Rural
China," *The Australian Journal of Chinese Affairs*, no.32 (July 1993),
pp.99-100；洪長泰在「新文化史與中國政治」書中指出，中共在建立政權
過程中，宣傳上巧妙運用圖像（如漫畫、木刻）以及口傳（如說書、歌曲）
等非文字傳媒，取得重大成效，參見：洪長泰，新文化史與中國政治（台
北：一方出版社，2003 年）。

[2]　Maria Galikowski, *Art and Politics in China 1949-1984* (Hong Kong: The
Chinese University Press, 1998), pp.24~26.

[3]　林勇，文革後時代中國電影與全球文化（北京：文化藝術出版社，2005 年），
頁 23。

[4]　毛澤東，「在延安文藝座談會上的講話」，毛澤東選集第 3 卷（北京：人
民出版社，1991 年），頁 847~849。

對戲劇此種傳媒在國共鬥爭過程發揮的巨大宣傳力量，中共顯然瞭然於胸。1958 年 5 月 1 日，中國大陸第一座電視台北京電視台（即後來的中央電視台）開始首播，一個多月以後，中國大陸第一部電視劇《一口菜餅子》播出。這部主要是配合當時中共中央提出的「憶苦思甜」、「節約糧食」宣傳精神製作的電視劇，讓中國當局開始運用電視劇闡釋國家政策和理念[5]。

從 1958 年至 1966 年文革爆發期間，全中國大陸各省市共生產了 190 多部直播電視劇。由於當時國家意識形態對直播電視劇有著特殊的歷史作用，這一時期的作品絕大多數作為國家政策的宣傳品。這些電視劇除了詮釋國家的意識形態、政策理念外，也歌頌社會主義中國大陸的新面貌，以及著力塑造新時代的典型人物。其中，概念化的人物和語言較多，說教意味濃厚，充滿灌輸思想的痕跡，並將電視劇視為形象化的教科書來運作[6]。這可以視為主旋律電視劇[7]的雛型。

80 年代開始，伴隨著改革開放的發展，中國大陸開始出現真正具有社會影響力的流行電視劇，電視劇逐漸從輿論宣傳工具向大

---

[5]　Hong Yin, "Meaning, Production, Consumption: The History and Reality of Television Drama in China," in Stephanie Hemelryk Donald, Michael Keane and Hong Yin eds., *Media in China:Consumption, Content and Crisis* (London: Routledge ,2002), pp.28~29.

[6]　陳虹，「90 年代中國電視劇研究」，華中師範大學文學院博士論文（2003年），頁 9～12。

[7]　為了強化黨國對電視劇文化的調控，1987 年中國大陸電影界首先提出「主旋律」口號，緊接著廣電部也在 1989 年召開的全國電視劇題材規劃會上，正式提出了「突出主旋律、堅持多樣化」的口號。大體上，主旋律電視劇的題材集中在加強中國共產黨過往取得的重大革命歷史貢獻、黨國塑造的「典型人物」、以愛國主義為主題的古典和近現代歷史等。同時，主旋律電視劇從題材審批到製播，都經過國家廣電總局的嚴格掌控，並在晚間黃金時段播出。

眾傳媒形式轉化。對於許多觀眾和部分電視製作生產者來說，他們已經自覺或者不自覺地意識到，電視劇是一種可以寄託現實夢想和宣洩心理慾望的娛樂敘事形式[8]，具備了流行文化的元素。

　　由於電視劇生產是中國大陸電視業最早走向市場，依照產業經營模式運作，且最為成功的項目，從而吸引大量的商業資金以及各類民營影視公司的投入經營。在此種情形下，進入 90 年代後，一個相對成熟，包括投資資金、製作機構、生產類型、交易發行、廣告經營的電視劇市場已經逐步成形，使得電視劇成為不折不扣的「商品」，更是當前中國大陸文化產業中市場化程度最高的行業。這些特徵體現如下：

1. 多元化的投資主體。目前中國大陸電視劇製作的資金來源，主要有製作方自有資金、電視台參與投資或預付購買金、業外資金。製作資金的 50％至 60％來自電視劇製作機構的自有資金，是當前製作資金的最主要來源。製作機構依靠自身的生產和經營回收成本並獲得效益，完成對再生產投入的資金積累。電視台的直接投資或預付購買金約佔投資總額的 20％至 30％，不僅提供了資金，而且可以與製作方分擔部分風險。至於業外資金主要來自房地產業、汽車、傳統製造業等行業。這些行業資金投入電視劇製作，除了是看好此一市場，希望從新的領域獲得豐厚利潤，另外就是傳統產業進行產業升級和結構調整，需要將一部分資金轉移投入新業務。在電視劇製作投資總額上，2004 年約為 30 多億元，2005 年則超過 40 億元[9]。

---

[8]　Hong Yin,"Meaning, Production, Consumption: The History and Reality of Television Drama in China,"p.31.

[9]　國家廣電總局電視劇司、中國傳媒大學，中國電視劇年度發展報告 2005～2006（北京：中國傳媒大學出版社，2007 年），頁 73～77。

2. 由於電視劇製作資金來源的多元化，使得主旋律電視劇的製作體制也出現變化。目前中國大陸電視劇製作機構包括廣電系統內部及外部。家數則從 2001 年的 400 多家，增加到 2005 年的 2700 多家[10]。其中，廣電系統內部包括：1.電視台內部電視劇劇作機構，如中央電視台文藝節目中心影視部等；2.廣電集團下屬電視劇製作機構，如北京電視藝術中心等；3.電影製片廠及其下屬影視製作機構，如中國電影集團公司等。至於廣電系統外部則包括：1.各類民營影視製作公司，如海潤影視製作公司等；2.文化音像出版社，目前全中國大陸約有 300 家，如著名的由中國文聯主管、主辦的中國文聯音像出版社等；3.各部委、軍隊電視劇製作機構，如公安部金盾影視文化中心等。另外，許多來自房地產、餐飲業、化妝品、藥業等企業與集團紛紛看好電視劇製作領域，開始建立影視投資公司進軍影視業[11]。

3. 由於投資資金與製作機構的多元化，中國大陸電視劇產量急遽增加，使得電視劇類型化相當明顯。2001 年獲得發行許可證的電視劇為 8877 集，2002 年為 9005 集，2003 年首次突破萬集，達到 10381 集，2004 年為 12000 多集，2005 年為 514 部、12447 集，到了 2006 年為 500 部、13847 集，已成為世界上生產電視劇最多的國家。同時，從歷年來申報的電視劇數量中，可以看出類型化的特徵已經相當明顯。大體上，可分為革命歷史劇、一般歷史劇、宮廷劇、武俠劇、都市劇、農村劇、軍旅劇、公安劇等[12]。

---

[10] 「我國成為世界電視劇生產第一大國」，新華網，2006 年 6 月 1 日，http://info. research.hc360.com/2006/06/01091419096.shtml。

[11] 國家廣電總局電視劇司、中國傳媒大學，中國電視劇年度發展報告 2005～2006，頁 81～85；央視－索福瑞媒介研究，中國電視劇市場報告 2003～2004（北京：華夏出版社，2004 年），頁 91～96。

[12] 國家廣電總局電視劇司、中國傳媒大學，中國電視劇年度發展報告 2005～

4. 目前中國大陸電視劇的發行交易管道包括了自建管道、組織管道
和其他新管道－網路管道。自建管道就是製作或發行公司一對一
的人員銷售，也就是直接發行，是目前中國大陸電視劇市場最主
要的交易管道。組織管道包括省市電視台節目交易網、2002 年
成立的中國廣播電影電視節目交易中心等。另外，由上海國際電
視節、北京國際電視周、四川電視節、中國國際廣播影視博覽
會並稱的中國大陸電視節目 4 大交易市場，也是中國大陸電視
劇重要的組織管道。2005 年中國大陸電視劇市場整體交易總額
達到 52.90 億元[13]。

5. 由於電視劇能夠迅速提高收視率，因此目前各級電視台都不斷加
大黃金時段的電視劇播出量，使得電視劇廣告成為電視台黃金時
段廣告收入的主要來源。至 2002 年底，中國大陸有 88％的省台
和 70％的省會台開辦了影視頻道。在全國所有的專業化頻道
中，影視頻道的數量位居第一，佔總數的 19％。至 2004 年，中
國大陸電視劇廣告播出時間佔電視廣告播出總時長的 38.2％，每
月平均廣告花費超過 93 億元，電視劇的廣告投放額佔到電視台
廣告投放總額的 58.82％[14]。

　　在此同時，伴隨 90 年代中國大陸傳媒商業化的發展，中國當
局理解到電視劇以現代化的電視傳媒為載體，具有覆蓋面廣、反應
迅速、接受便捷而不受時空限制等特點，影響力和感染力都超過其
他傳媒[15]。為此，中國官方逐步強化在宣傳思想工作上弘揚主旋律

2006，頁 86～88。

[13] 國家廣電總局電視劇司、中國傳媒大學，中國電視劇年度發展報告 2005～
2006，頁 100、110～114。

[14] 國家廣電總局電視劇司、中國傳媒大學，中國電視劇年度發展報告 2005～
2006，頁 131～133。

[15] 尹鴻，「意義、生產、消費：中國電視劇的歷史與現實」，尹鴻自選集－

的重要性。江澤民在 1994 年全國宣傳思想工作會議上，就強調弘揚主旋律必須大力倡導一切有利於發展愛國主義、集體主義、社會主義的思想和精神，使得當年的電視劇規劃會議上，廣播電影電視部就提出在電視劇製作上必須強化主旋律題材[16]。

　　在此種情況下，各電視台紛紛製播包括革命歷史劇、典型人物劇、以及根據中國古典文學改編歷史劇等主旋律電視劇。這些不同於改革前說教意味濃厚，具備通俗電視劇必備的流行文化意義，同時以商業元素拍攝的主旋律電視劇，成為 90 年代裡與商業電視劇共存的特殊現象。

　　值得注意的是，根據中國大陸電視劇市場報告指出，不少主旋律電視劇在播出後，都造成收視的熱潮[17]。這也顯示了中國當局已理解到，通過主旋律電視劇此種流行文化收編群眾，是新歷史處境中新的必要統治技術。它可以說是通過市場，遂行了過往「從群眾中來、到群眾中去」的群眾路線[18]。

　　為了針對中國大陸主旋律電視劇作一歷時性的觀察，本文首先試圖理解從 1958 年首部電視劇《一口菜餅子》開播後，以迄 80 年代改革開放前，早期中國大陸主旋律電視劇的文本再現何種意義？本文援引葛蘭西的「文化霸權」與阿圖塞的「意識形態國家機器」概念，論證對於經歷過「舊政權」統治經驗的中國大陸民眾來說，主旋律電視劇的文本究竟召喚了何種「舊社會」的「憶苦」與「新社會」的「思甜」，又凝聚了何種對新政權的想像？

　　媒介圖像、中國圖像（上海：復旦大學出版社，2004 年），頁 86。

[16] 陳虹，「90 年代中國電視劇研究」，頁 41～42。

[17] 國家廣電總局電視劇司、中國傳媒大學，中國電視劇年度發展報告 2005～2006，頁 200～204、208～211。

[18] 羅曉南，「文化產業、意識型態與知識精英－兼論三種有關中國電視劇文化策略的論述」，東亞研究，第 36 卷第 2 期（2005 年 7 月），頁 17～20。

　　其次，1983 年「四級辦電視」政策導致電視覆蓋的擴大，再加上電視機的普及，提高了民眾對電視劇的需求。這些 80 年代起開始被視為大眾娛樂的通俗電視劇，扮演了改革前主旋律電視劇轉型到 90 年代具備商品意義主旋律電視劇的重要角色。這些 80 年代轉型期的主旋律電視劇究竟再現了何種意義？如何從反思文革經驗的「傷痕電視劇」，逐步朝注重情節模式的通俗電視劇轉型？

　　第三，本文也試圖論證經歷 90 年代中國大陸傳媒商業化的變革後，這些以商業元素製作的主旋律電視劇文本再現了何種意義？是否可視為中國當局在改革開放後面臨意識形態真空，重新凝聚民眾對黨國、甚且是中華民族認同的努力？或者提供民眾對當前政局的想像？

二、電視文化理論與文獻回顧

　　長期以來，傳媒評論者都關注電視意識，認為電視制度是資本主義社會的一個基本建制，長期發揮著支撐、維持及再造強勢意識形態等功能。

　　電視研究的強勢意識論，可溯至義大利的馬克思主義思想家葛蘭西（A. Gramsci）提出的霸權理論。葛蘭西認為，霸權就是社會中某個社會團體或階級，成功地說服其他團體與階級接受前者的道德、政治與文化價值，並促使多數人民對掌權者的提議賦予一種明白的同意。葛蘭西也指出，支配階級在維持、捍衛、與發展它的理論或意識形態時，最明顯與最具行動力的部分就是出版，包括出版機構、政論報紙、各種期刊、乃至各種教區公告的刊物等，其中報紙又是最具有豐富能量者[19]。

---

[19] A. Gramsci, "(i)History of the subaltern classes; (ii)The concept of "Ideology"; (iii)Cultural themes: Ideological material, "in Meenakshi Gigi Durham &

　　從葛蘭西的觀點來看，大眾媒介被視為擴散與增強支配霸權的一個工具，當然它們也可以被那些想要擴散反霸權觀念的人所使用。大眾媒介與流行文化皆從屬於霸權的生產、再生產與轉型，並經由市民社會的體制而運作，其涵蓋文化生產與消費的領域，包括教育、家庭、教會、大眾媒介、流行文化等。由於霸權是經由市民社會的體制在文化與意識形態上進行運作，而市民社會的特性是成熟的自由民主與資本主義的社會，所以傳播媒介在這種條件下成為一種有利於型塑支配意識形態的工具[20]。

　　在此種情形下，葛蘭西的霸權理論被廣泛應用於媒介分析，大眾媒介是葛蘭西所說的民間社會中一個主要的機構，它是一個意識形態鬥爭的場域，可以反映強勢意識，使意識發揮功能。同時，媒介維持霸權統治，並不在於意識形態的脅迫性灌輸，而是在於爭取文化領導地位[21]。

　　簡言之，葛蘭西的媒介理論指出，媒介不斷炮製一個強大的霸權領導意識，但同時也容許較為弱勢而多變的意識出現。此一理論有利於媒介分析，因為它認為媒介意識形態可以生產和再造，同時它亦拋棄了古典馬克思主義中的媒介工具主義和經濟簡約主義[22]。

　　法國馬克思主義思想家阿圖塞（L. Althusser）與葛蘭西相同，均不認同古典馬克思主義的經濟決定論。阿圖塞意識形態觀念的整體架構，是根據馬克思的上層與下層結構（base and superstrcture）

Douglas M. Kellner eds.,*Media and Cultural Studies: Keyworks* (Malden, Massachusetts: Blackwell,2001), pp.43~47.

[20] 盧嵐蘭，現代媒介文化－批判的基礎（台北：三民書局，2006 年），頁 70~71。

[21] S. Hall,"The Rediscovery of Ideology: Return of the Repressed in Media Studies," in M. Gurevitch et al. eds., *Media , Society and Culture* (London: Routledge,1982), pp.56~90.

[22] 馬傑偉，電視文化理論（台北：揚智文化，2000 年），頁 21。

所演變而來。他認為，社會是一個總體，是由 3 個次級結構經濟、
政治及意識形態等構成，而經濟只是在最後才有影響力；經濟提供
了物質上的條件，但這些條件均會受到多方面的影響而變化。阿圖
塞將政治和意識形態兩者歸諸於上層結構，並以兩個辭彙來界定上
層結構：壓制性國家機器（Repressive State Apparatuses）和意識形
態國家機器（Ideological State Apparatuses）。前者指軍隊、警察、
法律等系統，後者則包含各種意識形態、宗教、道德、倫理、教育、
傳播媒介、文化（包括文學、藝術、運動）等組織機構和價值體系[23]。

　　阿圖塞認為意識形態的主要工作，便是再製社會的生產關係，
其中的關鍵便是透過複製支配意識形態的支配性，從而使生產關係
的再生產獲得保證。意識形態國家機器便是確保支配意識形態，能
夠在社會各領域、以多種管道，去再製與維繫支配／從屬關係的持
續存在。因此傳播媒介作為一種意識形態國家機器，便成為再現支
配意識形態的管道[24]。

　　由於阿圖塞將意識形態定義為「再現個體和他們真實生存情況
間的想像關係」[25]，這使得人們將他們的想像，聯繫到現實環境中。
阿圖塞對意識的定義，已被媒介結構主義者採納，並進一步將媒介
視為社會再生產的主要意識形態機構，媒介文本是建構於強勢意識
中，用以「召喚」（interpellate）閱聽人，而閱聽人就成了強勢意
識結構中的一員。在強勢意識中，閱聽人對文本的閱聽方式，是受

[23] L. Althusser, "Ideology and Ideological State Apparatuses," *Lenin and Philosophy and other Essays* (London: New Left Books, 1971), p.143.

[24] S. Hall, "Signification, Representation, Ideology: Althusser and the Post-structuralist debates," in R.K.Avery & D.Eason eds., *Critical Perspectives on Media and Society* (New York: The Guilford Press,1991), p.97.

[25] L. Althusser, "Ideology and Ideological State Apparatuses," *Lenin and Philosophy and other Essays*, p.162.

「限制」的，閱聽人均會接受強勢意識所主導的意義。這概念很明顯為意識有著強大的力量[26]。

　　大體上，葛蘭西的霸權概念和阿圖塞的意識形態國家機器概念，對在批判媒介理論中的強勢意識論有 3 大方面的影響：1.強勢階級對媒介的控制、方式及程度；2.媒介生產的基本結構；3.意識形態的社會功效。這些論點都在電視研究中出現，而且會刻意或間接地與強勢意識論牽上關係[27]。

　　傳播學者馬傑偉在綜合葛蘭西的霸權概念和阿圖塞的意識形態國家機器概念，以及評述多位電視研究學者的論點後，提出電視文化的強勢意識論的 3 個命題：1.電視傳達強勢意識；2.強勢意識得以在電視文本中出現，可歸因於媒介與強勢階級的直接及間接聯繫；3.電視能有效地發揮意識形態的作用[28]。

　　馬傑偉認為，電視之所以能傳達強勢意識，主要是透過建構（construction）及省略（omission）而出現的。大體上，強勢階級的意義系統及理解框架，是建構於電視文本中，透過節目的輸出達到控制效果。例如，在娛樂節目中，主要角色都集中在強勢的種族、性別及階級；從屬階級就只被安排充當一些不重要的角色。至於在新聞及時事節目中，參考框架都有所偏差，新聞都會經過處理，一般都偏向專家及政府高官的主導式論述。另外，文本強勢也可經由「省略」的方式得以實現。最明顯的省略出現在新聞及時事節目中，媒介有時將報導集中於個人而非整體，或者把政策的要點從政治和經濟關係中抽離，單單集中描寫個人化的衝突[29]。

---

[26]　馬傑偉，電視文化理論，頁 22～23。
[27]　馬傑偉，電視文化理論，頁 23～24。
[28]　馬傑偉，電視文化理論，頁 24～35。
[29]　同前註。

　　強勢意識得以在電視文本中出現，馬傑偉指出，可歸因於媒介與強勢階級的直接及間接聯繫。首先，是媒介與強勢階級的直接聯繫。電視媒介的擁有者，與政治及經濟利益均不能分割，媒介不斷傾向集團經營，目的就是為了管理資源的流通及保障有關的商業利益。其次，是媒介與強勢階級的間接聯繫。這又可包括 3 種方式：1.間接與政府聯繫。為了管理媒介的運作，統治階級都會有一套媒介法規，如稅項、監察及牌照等，或者政府透過訊息發佈控制媒介的資訊來源。2.市場影響。無論從何種意識定位，傳媒機構的基本原則就是要賺錢，而此一動機已足以影響媒介的意識結構。3.文化聯繫。由於現今電視製作受到收視及時間的限制，自然較易製作出反映主流文化及意識的節目內容，製作人透過影音語言的傳遞，用最簡單的方法，在電視文本上配置最通用的意義結構及參考框架[30]。最後，馬傑偉也指出，電視能有效地發揮意識形態的作用。強勢意識論在電視研究中的其中一項要點，是強調電視能有效地展現意識形態的威力。除了強勢意識之外，電視也混合從屬階級的價值觀及意義系統，利用這種意識的混合，從屬階級就會較容易被吸納到強勢意識之中，從而維持強勢意識的領導地位[31]。

　　不過，近年來強勢意識論遭受到諸多挑戰，例如 Hall 在 1973 年提出的多元解讀模式，以及 Morley 於 1980 年運用 Hall 的觀點在閱聽人的實證研究。這些研究都指出，閱聽人具備多元解讀的空間。1987 年，Fiske 進一步發展成為多元歧義論。多元歧義論的主要論點，是強調文本是開放的，閱聽人是活躍的，並從中生產出不同的意義。因為，多元歧義論者認為，電視的意識效力十分薄弱，無法達到強勢意識論宣稱的目標。但是，多元歧義論也被批評沒有

---

[30]　同前註。
[31]　同前註。

關注到多元文本產生的背景（production contexts），將文本孤立來理解，忽視了文本背後的生產形態[32]。

　　為此，傳播學者馬傑偉試圖在強勢意識論與多元歧義論之間，提出一種折衷的論點。此論點強調：1.電視文本是在強勢意識的磁場作用下建構出來的，因此具備一定程度的意識封閉性，但亦可同時具備多元意義的元素；2.在強勢意識場域中，不同的電視機構會不同程度地吸收各種社會、歷史及政經等宏觀決定因素，從而形成不同的多元意識結構；3.電視文本的意識會對在互動情境中的觀眾有所作用。強勢意識是透過某些深植人心的流行論述發揮作用。這些流行論述有很強的情緒附加其中[33]。

　　近年來，有關中國大陸主旋律電視劇研究頗多，例如，俞鴻的「意義、生產、消費：中國電視劇的歷史與現實」、邵奇的「試論當代中國電視劇的傳播理念」、陳虹的「90 年代中國電視劇研究」、白小易的「碰撞與整合─論全球化語境下中國大陸電視劇創作的本土化」、鄭江波的「革命歷史題材影視創作的重大突破─試論電視劇長征的藝術特色」等[34]。

---

[32]　馬傑偉，電視文化理論，頁 43～66。

[33]　馬傑偉，電視文化理論，頁 83～126。

[34]　參見：俞鴻，「意義、生產、消費：中國電視劇的歷史與現實」，尹鴻自選集─媒介圖像、中國影像（上海：復旦大學出版社，2004 年），頁 71～103；邵奇，「試論當代中國電視劇的傳播理念」，復旦大學新聞學院博士論文（2004 年），頁 1～105；陳虹，「90 年代中國電視劇研究」，華中師範大學文學院博士論文（2003 年），頁 1～123；白小易，「碰撞與整合─論全球化語境下中國大陸電視劇創作的本土化」，南京師範大學文藝學博士論文（2004 年），頁 1～73；鄭江波，「革命歷史題材影視創作的重大突破─試論電視劇長征的藝術特色」，華中師範大學碩士論文（2002 年），頁 1～48；恒沙，「現代化意志的歷史想像」，21 世紀網路版，第 16 期，2003 年 7 月 31 日，http://www.cuhk.edu.hk/ics/21c；陶東風，「八九後中國電影電視走向」，21 世紀網路版，第 16 期，2003 年 7 月 31 日，http://www.cuhk.edu.hk/ics/21c。

這些研究從歷史面、制度面切入，對中國大陸電視劇如何從計畫經濟體制下的宣傳工具，逐步演化為市場經濟、國家資本主義制度下的文化產業，作了詳盡的描述。研究指出，從 80 年代到 90 年代，中國大陸電視劇市場一方面是主旋律電視劇在繼續努力維護國家意識形態的權威，另一方面是具備流行文化元素的通俗電視劇，通過市場機制來形成文化產業格局。這些研究指出，中國大陸電視劇已形成從生產、交換到播映的一套完整的產業體制。

這些研究也試圖分析中國大陸電視劇呈現的形式與類型，例如革命歷史題材劇、愛國主義為主題的古代與近代歷史題材劇、根據中國古典文學改編的電視歷史劇、描述典型人物的電視劇，以及這些不同類型電視劇再現的意識形態意義。但是，這些相關研究並未提出研究途徑，解釋究竟中國大陸主旋律電視劇是在何種政治經濟制度下，進行文本意義的生產。為此，本研究試圖以電視文化意識論，論證中國大陸主旋律電視劇如何在國家資本主義制度下，進行文本意義的生產。

三、電視劇作為宣傳黨國意識形態的紅色經典

1942 年 5 月 23 日，毛澤東在延安文藝座談會作總結性發言，是為有名的「在延安文藝座談會上的講話」，此文幾經修改，發表於次年 10 月 19 日的《解放日報》，這篇報告標誌著毛氏「黨文化」觀的正式形成。毛氏「黨文化」觀最核心的概念在於強調，文藝是政治鬥爭的工具，革命文藝的最高目標和最重要的任務，就是利用文藝的各種形式為黨的政治目標服務。具體而言，中共領導的文藝的基本方向是「工農兵方向」，文藝家只能，也必須以此方向作為自己的創作原則和創作內容。「創作自由」是資產階級的虛偽口號，

革命的文藝家應心甘情願地做革命的「齒輪和螺絲釘」[35]。一言以蔽之，毛式文藝思想的實質是將文藝視為圖解政治的宣傳工具，將文藝家看成是以贖罪之身（身為知識分子的原罪）為黨的中心工作服務的「戰士」[36]。

　　「在延安文藝座談會上的講話」指導下，不僅引發了一系列民眾性文藝實踐，例如群眾寫作運動、街頭詩運動、戲劇運動、秧歌運動，以及以「文化人」為骨幹的「西北戰地服務團」、「戰歌社」、「抗戰文化工作團」、「烽火劇團」，促成了大批刊物雜誌的誕生，例如《文藝突擊》、《文藝戰線》、《大眾文藝》、《新詩歌》、《邊區文化》，而且也留下許多經典意義的作品，例如《白毛女》、《窮人樂》、《高干大》、《王貴與李香香》、《李家莊的變遷》，以及相當完備的理論闡述[37]。

　　延安文藝成為新興政治軍事力量不可或缺的一個環節，中共也就依靠這一逐漸體制化的權力機構，建立起新的話語領域和範式，規定制約了新的文化生產。延安文藝又是抗日民族戰爭總動員的一部分，通過激發強烈的民族意識和反帝精神，延安文藝同時也幫助普及了新的政治、文化綱領，從而為更大規模的社會變革提供了語言、形象和意義[38]。

　　1949 年中共建立政權後，延續著「在延安文藝座談會上的講話」的精神，文學藝術工作者創作的題材，主要集中歌頌在中國共產黨領導下的人民民主革命和社會主義建設。這些作品透過不斷被

---

[35] 高華，紅太陽是怎樣升起的－延安整風運動的來龍去脈（香港：中文大學出版社，2000 年），頁 351～352。

[36] 高華，紅太陽是怎樣升起的－延安整風運動的來龍去脈，頁 352～353。

[37] 唐小兵，再解讀－大眾文藝與意識形態（香港：牛津大學出版社，1993 年），頁 16。

[38] 唐小兵，再解讀－大眾文藝與意識形態，頁 16。

倡導和廣為傳播，不僅為人民大眾所熟悉，培育了他們獨特的文學藝術欣賞、接受趣味，更成為支配藝術家創作的重要目標。例如，詩歌《王貴與李香香》、《漳河水》，小說《小二黑結婚》、《三里灣》，歌劇《白毛女》、《江姐》、《紅珊瑚》、《洪湖赤衛隊》，樣板戲《智取威武山》、《沙家濱》、《杜鵑山》，芭蕾舞劇《紅色娘子軍》，組歌《長征》，舞蹈史詩《東方紅》等。這些作品形成了一以貫之的風格，並在持久的傳播中沉澱成為大眾的集體記憶[39]。

中國官方就將這些具有民族風格、為工農兵喜聞樂見，並曾引起較大迴響的革命歷史題材的作品，稱之為「紅色經典」。這些「紅色經典」作品，在以往的許多歲月裡，以其強烈的情感色彩和充滿詩性的表達，起到「團結人民、打擊敵人」的功效，實現了文學藝術的功利目標。它使人民在藝術中看到了再現的革命英烈和中國革命建設的歷史，也使革命的文學藝術找到了適合表達這一內容的相應形式，因而成為重要的主流文化資源[40]。

「紅色經典」作品除了詩歌、小說、歌劇、樣板戲、芭蕾舞劇、組歌、舞蹈史詩之外，伴隨著 1958 年北京電視台播出的中國大陸第一部電視劇《一口菜餅子》，由於電視劇與詩歌、歌劇等，同樣具備視覺、口傳，容易為大眾接受的傳媒特質，從而更豐富了「紅色經典」的內涵[41]。

---

[39] 孟繁華，眾神狂歡－世紀之交的中國文化現象（北京：中央編譯出版社，2003 年），頁 55。

[40] 孟繁華，眾神狂歡－世紀之交的中國文化現象，頁 55。

[41] 中國國家廣電總局在 2004 年發佈「關於紅色經典改編電視劇審查管理的通知」。這類電視劇指的是將曾引起較大迴響的革命歷史題材文學名著，例如，《林海雪原》、《紅色娘子軍》、《紅岩》、《紅日》、《紅旗譜》、《烈火金剛》等，改編為同名電視劇。參見：國家廣電總局電視劇司、中國傳媒大學，中國電視劇年度發展報告 2005～2006，頁 53、110。

　　由於受到製作和技術條件等限制，當時中國大陸電視劇都是在現場搭置的實景中拍攝並同步直播，在很大程度上更像是舞台劇轉播。這一時期的電視劇，大多是對中共中央和中國政府當時政治經濟文化政策的宣傳性演繹。由於當時全中國大陸都在認真貫徹執行黨中央的節約糧食宣傳精神，因此《一口菜餅子》通過劇中人物的倒敘，回憶了在中華人民共和國建立以前，所謂「舊中國」人們缺衣少食的生活故事。顯而易見，這部電視劇當時是為了配合中共中央提出的「憶苦思甜」、「節約糧食」的宣傳精神而製作。此種「憶苦思甜」電視劇的模式，迅速地被相繼成立的各地方台跟進採用。在北京電視台正式開播的第 3 天，1958 年 9 月 4 日該台又推出一部電視劇《黨救活了他》，是根據發表在《人民日報》上的一篇報告文學改編[42]。

　　從 1958 年至 1966 年時期，全中國大陸各省市共生產 190 多部直播電視劇。這一時期中國大陸電視劇的創作緊緊圍繞黨和國家的政策，配合宣傳不同時期的政治綱領、路線和方針[43]。事實上，在 80 年代改革開放前，中國大陸電視劇一直以主旋律作品為主，幾乎佔據電視劇數量的全部。這些作品固然曾經充分發揮認知功能和教化功能，在完成「團結人民、教育人民、打擊敵人」的任務方面取得重大成就，然而單一的主題、單一的題材也限制了電視劇的發展，甚至在文革期間，削弱乃至取消其娛樂作用[44]。

　　當時中國大陸電視財政制度是採行供給制模式，即傳媒營運所需的全部資金、設備以及從業人員的基本工資，完全由黨和政府承

---

[42]　邵奇，「試論當代中國電視劇的傳播理念」，復旦大學新聞學院博士論文（2004 年），頁 8～9。

[43]　邵奇，「試論當代中國電視劇的傳播理念」，頁 9～11。

[44]　陳虹，「90 年代中國電視劇研究」，頁 10。

擔[45]。同時，電視台是實施製播合一制度，即電視節目的策劃、投資、製作、審查、播出各個環節，都由電視台自己操作完成，電視台既是節目的生產者，也是播出者[46]。至於電視節目的種類相當貧乏且粗糙，主要是播放新聞節目、電影以及戲劇轉播[47]。

在此種電視文本生產的政治經濟制度下，這些改革前的中國大陸主旋律電視劇，扮演了宣傳黨國意識形態的「紅色經典」。從電視文化的強勢意識論觀之，主旋律的強勢意識得以在電視劇文本中呈現，明顯的是黨國官方完全掌控了電視劇的策劃、投資、製作、審查、播出各個環節，再加上電視劇工作者在創作題材時，必須遵守「在延安文藝座談會上的講話」精神。大體上，這些主旋律電視劇的文本再現了以下黨國意識：

1. 強調「新」「舊」社會兩重天，反映人們強烈感受到「舊社會」之苦、「新社會」之甜，使得「憶苦思甜」成為重要主題。《一口菜餅子》就是這類作品的代表。但由於當時極「左」思潮的影響，這類作品往往不能遵循現實主義的創作原則，憶苦思甜變成階級鬥爭的口號，概念化傾向嚴重，反面人物被極度醜化，「新社會」的成就被無限誇大[48]。

2. 歌頌社會主義中國的新面貌，對社會上湧現的新人新事新生活進行大張旗鼓的書寫，對傳統守舊、落後的思想觀念進行詼諧的批駁，以幫助和教育落後和守舊人群，促使他們跟上新時代前進的

---

[45] 錢蔚，政治、市場與電視制度－中國電視制度變遷研究（鄭州：河南人民出版社，2002 年），頁 47。

[46] 邢建毅 蔣淑媛，「製播分離體制的確立對電視業的影響」，南方電視學刊網，2006 年 10 月 22 日，http://www.66wen.com/05wx/xinwen/xinwen/20061022/46511.html。

[47] 郭鎮之，中國電視史（北京：文化藝術出版社，1997 年），頁 6。

[48] 陳國欽、夏光富，電視節目形態論（北京：中國傳媒大學出版社，2006 年），頁 162。

步伐。這些主旋律電視劇從各行各業、社會的各個方面再現新人物新思想，例如《青春曲》講述一個農村姑娘在城裡中學畢業後，拒絕了人們的好意勸留，毅然返回農村建設自己家鄉；《戰鬥在頂天嶺上》則描述頂天嶺上的青年氣象員工克服千難險阻，愛崗敬業的精神；《辛大夫和陳醫生》反映醫療行業破除迷信，解放思想的故事；《老列兵站崗》再現將軍下連隊當兵的新事物；《新的一代》反映在校大學生參加首都 10 大建築設計中鍛鍊成長的故事；《生活的讚歌》則表現工業領域的技術革新活動[49]。

3. 塑造典型環境下的典型人物，樹立新時代的英雄形象，例如《焦裕祿》、《雷鋒》、《小八路》等主旋律電視劇。作為當時最大型的電視報導劇《焦裕祿》，是根據河南蘭考縣委書記焦裕祿的事跡改編；《雷鋒》則是根據解放軍戰士雷鋒的先進事跡創作的[50]。

　　事實上，這些在主旋律電視劇再現的典型人物，並非是現實生活中具體存在的，即便有些是標榜依照真人故事改編，卻也是依照統治當局建構社會主義政權道德的理想性去塑造的。以文化人類學者安德森（Bendict Anderson）的術語，可稱之為「想像的族群」（imagined communities）[51]。由於電視劇具備通俗文化的視覺、聽覺符號，中國當局自然希望藉由主旋律電視劇在螢光幕上塑造的典型人物，進而建構「想像的族群」，目的是希望在廣大觀眾心目中樹立起值得學習的榜樣。

　　文革 10 年期間，中國大陸電視劇生產基本停頓，不僅數量稀少，而且都是直接的政治宣傳品。80 年代開始，伴隨著中國大陸

---

[49]　邵奇，「試論當代中國電視劇的傳播理念」，頁 9～11。
[50]　邵奇，「試論當代中國電視劇的傳播理念」，頁 10。
[51]　林榮基，「革命樣版戲智取威虎山的再現與文化認同」，21 世紀網路版，第 18 期，2003 年 9 月 30 日，http://www.cuhk.edu.hk/ics/21c。

電視業的進展，中國大陸電視劇生產的政治經濟制度，也逐步從過往的計畫經濟邁入轉型階段。

1983年新成立的廣播電視部在第11次全國廣播電視工作會議中議決，鑑於「兩級辦」電視的政策已不再適應形勢需要，決定實施「四級辦電視、四級混合覆蓋」政策，今後凡是具備條件的省轄市、縣，也可以針對當地需要和可能，開辦廣播台和電視台[52]。政策實施後，各級政府在經濟利益的驅動下，紛紛投資建設電視台，導致電視台大幅成長。1985年全中國大陸已經有172家市、縣電視台。電視機的數目則從1979年的485萬台，迅速成長到1987年的的1.2億台，擁有電視機家庭佔全國總戶數47.8%。1978年中國大陸電視觀眾僅有8000萬人，到1987年已達到6億人，佔全國總人口56%[53]。

由於電視台覆蓋的擴大以及家庭電視機的普及，在客觀上為電視劇收視人口的成長提供了條件，也加速了中國大陸電視劇的進展。1979年，當時的中央廣播事業局在第一次全國電視節目會議上，建議各地電視台凡有條件的都可以製作電視劇。1983年，中央電視台成立中國電視劇製作中心。中國大陸電視劇的產量更從1978年的8部，成長到1987年的1500部[54]。

1980年2月5日，中央電視台開始播出的9集《敵營十八年》，具有標誌性的意義。這是中國大陸第一部電視連續劇，也是第一部採用情節劇模式製作，最早產生廣泛影響的通俗連續劇。這部

---

[52] Zhongdang Pan & Joseph Man Chan, "Building a Market-based Party Organ: Television and National Integration in China," in David French & Michael Richards eds., *Television in Contemporary Asia* (London: Sage Publications, 2000), p.237.

[53] 尹鴻，「意義、生產、消費：中國電視劇的歷史與現實」，頁75。

[54] 尹鴻，「意義、生產、消費：中國電視劇的歷史與現實」，頁75～77。

電視劇與其它重視政治批判、藝術風格的電視劇不同，不注重對人物個性的發掘，也不強調對政治思想的演繹，而是突出了情節性、戲劇性、驚險性、離奇性，具備了娛樂性作品的基本特徵[55]。

當時，多數中國大陸民眾都剛剛體驗歷史的政治動盪和家庭、個人的苦難經歷，而且正在經歷從以階級鬥爭為綱的極左政治，向以經濟建設為中心的新時期轉折階段，所以一批敘述人們在文革中曲折命運的所謂「傷痕電視劇」或者「反思電視劇」，以及後來敘述中國大陸改革開放進程中政治衝突的改革電視劇，最早受到民眾的關注[56]。

例如，《磋跎的歲月》講述文革期間知識青年在上山下鄉苦難歲月裡走過的坎坷之路，書寫他們從消沉到振作奮進的反思路程。《今夜有暴風雪》則反省特定歷史條件下的上山下鄉固然是一場失敗運動，但是不能抹煞當時知青們在北大荒及至各地邊疆創造的成績及革命英雄主義精神[57]。《尋找回來的世界》同樣是對文革期間經歷的反思，以及對人性、對生命關照的痛定思痛[58]。

現實題材電視劇《家教》講述一個家庭的成員們各自的婚姻糾葛，以及留美博士倪維宇封建家長式的家教，反映了人們對舊道德規範、生活模式的警悟和抗爭，以及這種警悟和抗爭具有的現代精神的躁動，表現當代中國人在改革中思維方式的演變[59]。

---

[55] 尹鴻，「意義、生產、消費：中國電視劇的歷史與現實」，頁 77～78。

[56] Hong Yin, "Meaning, Production, Consumption: The History and Reality of Television Drama in China," p.31.

[57] 高鑫、吳秋雅，20 世紀中國電視劇史論（北京：學苑出版社，2002 年），頁 36、173。

[58] 黃楊，「中國電視是否將成明日黃花」，東方新聞，2000 年 12 月 25 日，http://news.eastday.com/epublish/big5/paper10/20001225/class001000018/hwz275506.htm。

[59] 陳虹，「90 年代中國電視劇研究」，頁 15。

　　除了對文革進行反思批判的電視劇之外，數部根據中國古典文學名著改編的電視劇《紅樓夢》、《西遊記》，等則開始從中國古典文化吸取精華，藉此消解西方文化的衝擊。1986 年《紅樓夢》在中央電視台與香港亞洲電視台同時播出時，最高收視率達到 70％，在中國大陸及香港掀起「紅樓夢熱」[60]。《紅樓夢》、《西遊記》造成的收視熱潮，也為 90 年代其他兩部古典名著《三國演義》、《水滸傳》的改編電視劇拉開序幕。根據歷史題材改編的歷史劇《努爾哈赤》、《末代皇帝》、《唐明皇》、《莊妃軼事》等，則以曲折離奇的政治鬥爭、愛恨情仇的宮闈故事，提供觀眾對於當時中國大陸政壇的折射隱喻與歷史想像。

　　革命歷史劇當時即被視為建設「有中國特色社會主義文化」的重要組成部分，例如，《夜幕下的哈爾濱》描述了 1934 年在日寇與偽滿統治下的哈爾濱，共產黨員王一民率領共產黨人與日寇、漢奸等敵偽組織殊死鬥爭的故事[61]。《向警予》再現了有中國婦女運動先驅者之稱，曾任中共第一任婦女部部長的向警予，領導中國最早的無級階級婦女運動，後遭國民黨逮捕處決的過程。《宋慶齡和她的姐妹》站在歷史的高度，反映了宋慶齡如何堅持個人政治信念，為信仰執著追求的崇高品格，也描述了她與父母、姐妹之間的骨肉親情[62]。而《巨人的握手》則再現了國共合作時期毛澤東的領導事跡，凸出了毛澤東的領袖魅力[63]。

[60] 尹鴻，「意義、生產、消費：中國電視劇的歷史與現實」，頁 90。

[61] 「夜幕下的哈爾濱內容梗概」，新浪網，2007 年 6 月 5 日，http://news.sina. com/sinacn/205-000-000-000/2007-06-05/0925896.html。

[62] 「宋慶齡和她的姐妹劇情概要」，火爆電視網，2007 年 8 月 25 日，http://www. tvhuo.com/program/movie/15588/8k。

[63] 齊殿斌，「紀念毛澤東誕辰 110 周年特稿－緬懷、感動、光影長存，傾心演繹毛澤東的特型演員們」，人民網，2003 年 12 月 26 日，http://www.people. com.cn/BIG5/yule/1083/2266424.html。

四、電視劇作為市場化衝擊下的愛國主義商品

　　大體上，電視文化意識論的政治經濟環境，是體現在資本主義
制度。在此種情形下，要援引電視文化意識論分析中國大陸主旋律
電視劇文本意義的變遷，就必須了解改革開放後中國國家政治經濟
模式的演變。

　　中國大陸在 90 年代中期即已進入國家資本主義的發展階段。
一方面，國有工業在全國工業總產值的比重低於 50％，但國家仍
然擁有從事主要行業（如電訊與石油化工等）的國有企業控制性股
權；另一方面，國家也容許愈來愈多的外資及本土資本家擁有自己
的企業。這些都是國家資本主義的特性[64]。

　　如同東亞國家，中國國家政權在後毛澤東時期轉向資本主義的
過程，持續扮演重要的角色。正如學者 Robison 與 Goodman 論證，
很多東亞國家，無論是前資本主義、後殖民主義或者共產主義國
家，都扮演孵化資本主義的角色。中國大陸自然也無所例外。中國
大陸的中央集權、後革命的國家政權在改革前建構了工業化的架
構，而同樣也是這個政權扮演了「資本主義革命的孵化者」[65]。學
者 Meiser 也指出，後毛澤東時期的中國大陸是由國家主導的資本
主義發展中，最近、最明顯的發展案例[66]。國內知名政治學者吳玉

---

[64] 梁文韜，「鄧小平理論與中國大陸社會主義發展的前景」，陳祖為、梁文
韜主編，政治理論在中國（香港：牛津大學出版社，2001 年），頁 248～
250。

[65] R. Robison & D. Goodman, "The new rich in Asia: Economic development,
social status and political consciousness," in R. Robison & D. Goodman eds.,
The new rich in Asia: Mobial phones, McDonald's and middle class revolution
(London: Routledge, 1996), pp.1~16.

[66] M. Meisner, *The Deng Xiaoping era: An inquiry into the fate of Chinese
socialism,* 1978~1994 (New York: Hill & Wang, 1996), pp.337~338.

山則將當前中國大陸政治發展型態，稱之為「後極權的資本主義發展國家」（Post-Totalitarianism Capitalist Development State），亦即一方面仿照東亞模式，積極建構一套資本主義發展國家模式；一方面仍維持後極權主義國家對社會的統治機制，例如牢牢掌控傳播媒體、堅持意識形態的詮釋權等[67]。

　　既然現階段的中國大陸政治經濟發展模式，是採行國家資本主義，中國大陸主旋律電視劇自然也是在國家資本主義制度下運作，因此資本主義下的電視劇生產、消費和播映方式，開始出現在中國大陸電視劇產業體制上，但是囿於後極權主義國家的治理型態，黨國機器對整個電視劇產業體制的運作，依然扮演舉足輕重的角色。

　　事實上，1990 年中國大陸第一部長篇室內電視劇《渴望》的出現，就標誌了通俗電視劇進入中國大陸電視劇主流。這部當時中國大陸最長的電視劇，在各地都引起巨大的迴響，多家電視台輪流播放，正處在文化消費匱乏時期的數億中國大陸觀眾觀看了這部電視劇。此後，《渴望》的製作模式成為一種範本，緊接著出現大量的表現普通家庭傳奇故事的電視情節劇，例如《愛你沒商量》、《東邊日出西邊雨》、《皇城根》、《京都紀事》、《海馬歌舞廳》等[68]。

　　從 80 年代到 90 年代，中國大陸電視劇市場出現了大量具備商品意義的通俗電視劇。但在此同時，由於 1989 年的六四鎮壓，共產黨統治的合法性基礎遭到空前的挑戰，以及伴隨而來以美國為首

---

[67] 國內知名政治學者吳玉山將當前中國大陸政治發展型態，稱之為「後極權的資本主義發展國家」（Post-Totalitarianism Capitalist Development State），亦即一方面仿照東亞模式，積極建構一套資本主義發展國家模式；一方面仍維持極權主義國家對社會的統治機制。參見：吳玉山，「宏觀中國：後極權資本主義發展國家－蘇東與東亞模式的揉合」，徐斯儉、吳玉山主編，黨國銳變－中共政權的菁英與政策（台北：五南圖書出版公司，2007 年），頁 309～320。

[68] 尹鴻，「意義、生產、消費：中國電視劇的歷史與現實」，頁 81。

西方國家對中國的圍堵。在此種內外局勢的交迫下，迫使中國當局發動「反西方和平演變」宣傳，嚴厲抨擊西方國家主流傳媒長期來對中國的偏見。對內，中國官方即運用媒介發起聲勢浩大的「愛國主義教育運動」，強化內部的愛國主義教育。這就迫使中國當局試圖抓住民族主義的話語，改以愛國主義在傳媒上宣傳包裝。同時為之後作為愛國主義商品的主旋律電視劇重新受到重視，進而在 90 年代成為與通俗電視劇並存的現象，埋下伏筆。

由於炒作愛國主義商品，對中國大陸傳媒來說在政治上較為安全，同時又蘊藏巨大商機。因此在政治需要與商業誘因的相乘下，中國大陸傳媒在 90 年代期間大肆生產民族主義商品。1996 年至 2000 年間，中國大陸報刊雜誌發表了大批這類文章，出版商則紛紛推出鼓吹民族主義的暢銷書，例如《中國可以說不》、《中國還是能說不》、《中國為什麼說不》、《中國何以說不》、《中美軍事衝突前前後後》、《中美較量大寫真》、《與美國對抗》、《傾聽中國：新冷戰與未來謀略》、《中國九次說不》等[69]。

1997 年，中國大陸傳媒更為香港回歸製造民族主義的奇觀，並因此獲得巨大的市場利潤。2001 年中美海南撞機事件後，連官方的《新華社》和《人民日報》都試圖打政策的「擦邊球」，利用民族情緒獲取商業利益[70]。這些主流中國大陸傳媒不僅掌控議題設定的主動權，為自身的利益充分塑造輿論，也獲得龐大的商機。在此種情形下，作為流行文化的電視劇自然也將觀照的題材觸及主旋律內容，趕搭愛國主義商品的列車。

---

[69] 黃煜、李金銓，「90 年代中國民族主義的媒介建構」，李金銓，超越西方霸權－傳媒與文化中國的現代性（香港：牛津大學出版社，2004 年），頁 102～110。

[70] 李金銓，「中國媒介的全球性和民族性－話語、市場、科技以及意識型態」，李金銓，超越西方霸權－傳媒與文化中國的現代性，頁 293～294。

　　中國官方對愛國主義的定義，可從江澤民於 1990 年發表的「愛
國主義和我國知識份子的使命」一文中看出：「我們所講的愛國主
義，作為一種體現人民群眾對自己祖國深厚感情的崇高精神，是同
促進歷史發展密切聯繫在一起的，是同維護國家獨立和廣大人民的
根本利益密切聯繫在一起的。……在現階段，愛國主義主要表現為
獻身於建設和保衛社會主義現代化事業，獻身於促進祖國統一的事
業。鄧小平同志指出：『中國人民有自己的自尊心和自豪感，以熱
愛祖國、貢獻全部力量建設社會主義祖國為最大光榮，以損害社會
主義祖國利益、尊嚴和榮譽為最大恥辱。』這是對我國現階段愛國
主義特徵的精闢概括。」[71]

　　由於政府要求電視劇工作者「不要僅僅認為自己只是個文藝工
作者，應該認識到首先是黨的新聞工作者，其次才是電視傳媒的文
藝工作者」[72]，因此如何抓緊愛國主義的精神，就成為電視劇工作
者在製作主旋律電視劇時，必須時刻掌握的分際。同時，中國國家
廣電總局通過舉辦「五個一工程」獎、飛天獎、金鷹獎等不同類型
的全國優秀電視劇評獎活動[73]，來促進和引導電視劇創作，並通過

[71] 江澤民，「愛國主義和我國知識份子的使命」，人民日報（海外版），1990
　　年 5 月 4 日，1 版。
[72] 「唱響主旋律、多出精品劇－吉炳軒同志在 2000 年電視劇題材規劃會上的
　　講話要點」，中國電視，2007 年 7 月，http://202.114.65.40/journal/ckni_
　　show.asp？fid＝3950124。
[73] 「五個一工程」獎，是中共中央宣傳部於 1992 年組織的，精神產品中 5
　　個方面精品佳作的評選，包括「一部好的戲劇作品、一部好的電視劇（片）
　　作品、一部好的圖書（限社會科學方面）、一部好的理論文章（限社會科
　　學方面）」；2005 年起評選項目改為「一部好的文藝圖書、一部好電影、
　　一部好電視劇（片）或廣播劇、一部好戲劇和一首好歌曲」。飛天獎是由
　　國家廣電總局於 1980 年主辦，並授權中國電視藝術委員會承辦，是電視劇
　　類的「政府獎」，也是目前中國大陸最權威的電視劇評選獎項。金鷹獎於
　　1983 年，經中共中央宣傳部批准，由中國文學藝術界聯合會和中國電視藝
　　術家協會，主辦的全國性電視藝術綜合獎，是唯一國家級以觀眾投票參與

多種形式的電視劇藝術座談會、研討會、作品交流會，不斷提高電視劇藝術水平。

　　從電視文化意識論的折衷論觀之，中國大陸主旋律電視劇的選題已經開始觀注當前的中國大陸社會、文化歷史及政經脈絡。因為主旋律電視劇文本如果能夠反映當前民眾所處的社會、文化歷史及政經脈絡，自然能夠引發觀眾強烈共鳴，從而在民眾間形成深植人心的流行論述。這也就是 90 年代迄今，中國大陸主旋律電視劇的文本，體現了「愛國主義商品」的意義：

（一）加強革命教育

　　由於六四事件之後，中國共產黨統治的正當性面臨破產，迫使黨國當局重新檢視建黨以來，黨史上記載的每一件重大歷史事件，特別是那些改變關鍵歷史進程、走向的事件，並將其改編成為電視劇。也就是說中國近現代歷史上所有曾經對於中國共產黨的建設、發展，產生過重大影響的歷史人物，幾乎成為主旋律電視劇題材。

　　為了加強對重大革命歷史電視劇的管理和規劃，中共中央書記處於 1987 年批准成立重大革命歷史影視創作領導小組。1992 年和 1997 年，中共還召開 2 次全國重大革命歷史題材影視創作工作會議。由於黨中央的直接領導和關注，重大革命歷史電視劇在 20 多年來取得重大成就。例如，《開國大典》、《大決戰》、《開天闢地》、《周恩來》、《中國命運的決戰》、《開國領袖毛澤東》、《西藏風雲》、《長征》、《延安頌》、《日出東方》、《新四軍》、

評獎。參見：國家廣電總局電視劇司、中國傳媒大學，中國電視劇年度發展報告 2005～2006，頁 66～69。

《激情燃燒的歲月》等電視劇，都成為每年不可或缺的，同時也是中國大陸各類獎項的得主[74]。

2009 年 9 月 29 日起，由台灣電影《報告班長》系列導演金鰲勳擔任藝術總監、著名導演陳亞洲執導，作為建國 60 周年獻禮大劇的《戰火中青春》，在東方電影頻道熱播。不同於以往主旋律獻禮劇，該劇改編自真人真事，講述抗日戰爭時期幾位年輕八路軍軍人在激情歲月中的動人事跡，例如為投身革命放棄榮華富貴的張佩然，革命家之女狙擊手童卉，出身大學生的年輕連長周劍鋒，父母皆被日本人殘酷殺害的朵兒等，是當時特殊年代每一個熱血青年的縮影。《戰火中青春》從革命戰士成長的角度入手，以獨特的視角描述這些共和國青年戰士及青年建設者們的青春風采。所有主要角色全部由新人擔綱，非常符合該劇「青春」、「勵志」的主題。飾演劇中女狙擊手童卉的賈青，形容《戰火中青春》更像是一部戰火年代的勵志偶像劇：「該劇表現出在戰火年代的大背景下，個人的情感該如何取捨，怎麼化小愛為大愛，為國家奉獻。」[75]

由於各部委、軍隊電視劇製作機構，如公安部金盾影視影視文化中心、八一電影製片廠電視劇部等，在主旋律電視劇製作上扮演重要的角色，使得軍旅題材電視劇同樣發揮了灌輸革命教育的戲劇功能。

目前軍旅題材電視劇在生產方式上，仍保留著傳統電視劇生產的特色，因而在經費、創作力量和時間上，都得到最佳的保證。這就是何以在市場化的背景下，軍旅題材電視劇仍然呈現以行業（即軍種、兵種）分類的狀況，例如表現海軍的《驅逐艦艦長》、《波

---

[74] 鄭江波，「革命歷史題材影視創作的重大突破－試論電視劇長征的藝術特色」，頁 8。

[75] 「戰火中青春劇情簡介」，鳳凰網，2010 年 8 月 24 日，http://ent.ifeng.com/tv/polt/detail_2010_03/31/445885_0.shtml。

濤洶湧》，表現空軍的《壯志凌雲》，表現後勤部隊的《光榮之旅》，表現裝甲兵的《鐵甲英豪》，表現導彈部隊的《導彈旅長》，表現軍校學員的《紅十字方隊》，表現陸軍的《突出重圍》，以及表現數字化合成部隊的《DA師》等[76]。

軍旅題材電視劇《和平年代》探討在戰爭年代人民解放軍犧牲奉獻的優良傳統，以及在和平年代和市場經濟的條件下，如何繼承這些傳統。該劇著力塑造一位新一代軍人典型秦子雄，他以部隊為家、吃苦耐勞、甘於寂寞、拒絕各種名利誘惑，為人民解放軍的現代化建設默默奉獻青春[77]。

（二）塑造典型人物

在中共歷史中，典型人物的塑造一向是中共傳媒宣傳的重點，也是社會主義政權標榜道德崇高的基礎。典型人物的題材，主要呈現在中共傳媒的「通訊」報導方式中，可概分為兩種類型。第一、這些典型人物都是某個行業的先進人物和模範，雖然他們有各自不同的活動領域和獨自的工作背景，但都集中體現了中共道德觀念中的共性，他們沒有個人的感情世界，共同口號是「我是黨的人」。第二、大通訊中的典型人物，都是中共的路線、方針、政策的最有力的體現者。他們代表著中共稱之為先進的生產關係，推動著歷史前進。在中共的宣傳工作中有一句名言：「榜樣的力量是無窮的。」這種大通訊一經媒體刊登或播發，中共宣傳部門立即組織宣傳攻勢來推動學習英雄人物浪潮[78]。

---

[76] 白小易，「碰撞與整合─論全球化語境下中國大陸電視劇創作的本土化」，頁63。

[77] 白小易，「碰撞與整合─論全球化語境下中國大陸電視劇創作的本土化」，頁63。

[78] 何川，中共新聞制度剖析（台北：正中書局，1994年），頁150。

　　這些由中共宣傳部門刻意塑造的典型人物，自然成為主旋律電視劇的最佳題材。例如，主旋律電視劇《長城向南延伸》再現了中國大陸南極考察隊第一次遠征南極，歷經多種艱難困苦，終於取得建成長城站的感人事跡。《鐵人》再現中國大陸 60 年代初石油大會戰歷史，展現鐵人式的石油工人群像。《有這樣一個民警》記敘大同市模範交通民警郭和平的感人事跡。《百年憂患》再現一位忠誠黨的教育事業的老教育工作者。《焦裕祿》展現了黨的好幹部焦裕祿鞠躬盡瘁為人民服務的高尚情操[79]。

　　主旋律電視劇《鐵市長》以原西安市老市長張鐵民事跡為原型，反映了黨同人民群眾的聯繫。《走出空白》再現了中央軍委命名的丈量世界屋脊的英雄測繪大隊的奉獻精神。《牛玉琴的樹》刻劃一位平凡農家女子的不平凡業績，展示牛玉琴用她弱小身軀與自然抗爭的人格魅力。《農民的兒子》反映全國農業勞動模範史來賀，帶領劉庄農民脫貧致富的歷程。《軍嫂》描述了軍隊家屬的奉獻精神。《孔繁森》塑造了一位全心全意為西藏人民服務奉獻的公僕[80]。

　　主旋律電視劇《溝裡人》再現山西陵川錫崖溝的群眾幾十年艱苦奮鬥，用自己雙手開出一條通向外面世界公路的事跡。《一個醫生的故事》樹立一位一心掛念患者的好醫生趙雪芳的榜樣，劇中趙雪芳自己身患癌症，仍然堅持到山區為百姓提供醫藥，服務上門[81]。《省委書記》第一次在螢幕上塑造省委書記形象，他大膽使用有爭議的改革家馬揚，最終使大山子市走出危機，再現了昔日的輝煌[82]。

---

[79]　陳虹，「90 年代中國電視劇研究」，頁 43～44；周星，新世紀中國電視文藝研究（北京：北京師範大學出版社，2004 年），頁 113、216～217。

[80]　陳虹，「90 年代中國電視劇研究」，頁 44～45。

[81]　邵奇，「試論當代中國電視劇的傳播理念」，頁 67。

[82]　白小易，「碰撞與整合─論全球化語境下中國大陸電視劇創作的本土化」，

　　1998 年，一部反映河南林縣民眾開渠引水的 14 集電視連續劇《難忘歲月－紅旗渠的故事》引起觀眾普遍的關注。這部作品通過劇中農民英雄孫二旺、縣委書記閻運德、公社書記孫大炮、技術員劉廣泰等極具個性色彩的典型人物，形象地表現民族「生存的勇氣和創造的樂趣」[83]。《人間正道》通過描述平川市擺脫貧窮落後走向富裕文明的改革進程，在螢光幕上再現兩種人格的較量。一方面，是以吳明華為代表的共產黨人發揚優良傳統，敢於押上身家性命全心全意為人民辦實事的風格。另一方面，是以蕭道清為代表的靠文化大革命造就的思維方式與行為方式，不擇手段謀取私利的卑微人格。通過這兩種人格的較量，展示了變革時代的人間正道[84]。

　　2007 年 3 月 28 日，由中共內蒙古黨委宣傳部、黨建讀物出版社（英華電子音像出版社）、怡光國際經濟文化集團有限公司等單位，聯合攝製的 20 集電視劇《牛玉儒》，在央視 1 套開播。該劇是根據黨的好幹部，人民的貼心人牛玉儒同志真實感人的事蹟改編而成，展現牛玉儒這位優秀蒙古族高級幹部，以堅強的黨性、堅定的理想信念，立黨為公、執政為民的實際行動[85]。

　　這些主旋律電視劇再現的典型人物，凸顯出中國當局在面臨統治合法性基礎動搖時，試圖藉由螢光幕上這些「想像的族群」，建構社會主義政權道德的迫切感。中國官方明確地希望透過主旋律電視劇，再現這些典型人物任勞任怨、兢兢業業的政治信念、道德品質、價值觀念，試圖將他們塑造為當代中國大陸社會的政治和道

頁 59。
[83] 陳虹，「90 年代中國電視劇研究」，頁 51。
[84] 仲呈祥，「氣勢磅礡的改革史詩－電視劇人間正道觀後隨想」，中國電視，第 7 期（1998 年 7 月），頁 26～27。
[85] 「《牛玉儒》」，互動百科，2010 年 8 月 24 日，http://www.hudong.com/wiki/%E3%80%8A%E7%89%9B%E7%8E%89%E5%84%92%E3%80%8B。

德榜樣，以說服和引導中國大陸民眾認同現實權威和自我的社會
位置。

（三）凝聚國族想像

六四天安門鎮壓之後，中國大陸面臨以美國為首西方國家的全
面圍堵。為了有效反制圍堵，中國官方發動「反西方和平演變」宣
傳，嚴厲反擊西方國家主流傳媒長期來對中國的偏見，指其將報導
的重點聚焦在中國人權、異議人士、西藏問題以及宗教自由上[86]，
刻意的醜化中國形象。

在此同時，中國當局也加強內部的愛國主義教育，以強化反制
西方國家圍堵時的論述。中國官方即運用媒介發起聲勢浩大的「愛
國主義教育運動」，向青少年進行「國情教育」。黨中央最高理論
刊物《求是》雜誌社論更直接指出：「愛國主義具有特殊的歷史性，
在不同的歷史階段具有不同的內涵。今天，如果我們要成為一位愛
國者，我們應該熱愛中國共產黨領導下的社會主義新中國。」[87]

對肩負宣傳愛國主義的主旋律電視劇來說，為了加強反西方和
平演變宣傳，凝聚中國國族的想像，強化中華民族的認同，從中國
近現代歷史事件、人物、中國古典文學、以及古代歷史典籍等挖掘
題材，自然成為當務之急。

以愛國主義為主題的古典和近代歷史題材電視劇的增加，是主
旋律電視劇的重要組成部分。無論是歷史人物題材，如《孔子》、
《司馬遷》、《楊家將》、《林則徐》、《詹天佑》等，或者是歷
史事件題材，如《北洋水師》、《太平天國》等。這些作品都以弘
揚中國傳統文化、宣揚中國歷史、表達愛國主義精神為基本視角，

---

[86] 黃煜、李金銓，「90年代中國民族主義的媒介建構」，頁103。
[87] 黃煜、李金銓，「90年代中國民族主義的媒介建構」，頁102。

用中國文化的歷時性輝煌來對抗西方文化的共時性威脅，用帝國主義對近代中國的侵略行徑，來暗示西方國家對現代中國的虎視耽耽，用愛國主義的歷史虛構來加強國家主義的現實意識。可以說，在歷史題材主旋律電視劇裡，歷史的書寫被巧妙地轉化為對現實政治意識形態建構的支撐[88]。

同時，根據中國古典文學改編的主旋律電視劇也大量增加。其中，4 大古典名著《三國演義》、《水滸傳》、《紅樓夢》、《西遊記》改編為電視劇，被中國官方視為對廣大觀眾、特別是對青少年進行了普及中華民族傳統文化的教育。中國官方將這些電視劇視為中國古典文化精華，期望通過這些古典文化來消解西方文化和境外文化的衝擊，通過民族想像來支撐國家的政治凝聚力。所以，政府在資金、政策等方面，都給予電視劇名著改編巨大支持，而承擔電視劇拍攝的中國電視劇製作中心也將這些名著的改編，看作是弘揚中國傳統文化的任務。除了 4 大古典名著的改編以外，中國大陸還拍攝了一系列根據中國古代歷史典籍和文學記載改變的歷史劇，如《官場現形記》、《封神榜》、《聊齋》、《東周列國誌》等[89]。

（四）隱喻借古寓今

90 年代中期以後，歷史題材電視劇，特別是清朝題材電視劇的盛行，成為中國大陸電視劇市場相當矚目的現象。由於清朝歷史劇採用適應流行文化的敘事策略，再加上劇情對當前中國大陸政局的隱喻與影射，提供了觀眾寬廣的想像空間，因此播出後大受觀眾歡迎。

例如，由中央電視台監製的《雍正王朝》，其編劇羅強就坦言，該劇主旨是緊扣國家主義這一主題，來解剖清朝封建王朝的運行軌

---

[88] 尹鴻，「意義、生產、消費：中國電視劇的歷史與現實」，頁 89。
[89] 尹鴻，「意義、生產、消費：中國電視劇的歷史與現實」，頁 90～92。

跡，並試圖通過這種解剖，對中華民族的政治歷史進行一種結構性
關懷。結果發現，雍正王朝運行過程中的一些經典情節，在人類社
會的政治模式中，具有一種達古通今的意義。該劇主演唐國強也指
出，該劇與現今中國官場有著驚人的相似之處，「雍正當年做的很
多事情，我們今天依然在做，反腐倡廉、整頓吏治、清理國庫等，
都是老百姓十分關心的問題」[90]。

　　有評論家指出，《雍正王朝》對雍正形象的塑造，很難說沒有
現實聯想和政治期望，如果沒有現實聯想和政治期望，如何特別突
出雍正推動改革的魄力、改革之難和治國之難，如何讓今人照鏡
子。……朋黨營私的官場文化、以權謀私的貪官文化，包含八旗優
先的特權文化，無疑有太強的歷史沉澱留給現在[91]。

　　由中共中央紀委、監察部電教中心和太原電視台聯合出品的
《一代廉吏于成龍》，在政治和投資方面就帶有很強的政府行為。
2001 年 1 月，中共中央政治局常委、中央紀委書記尉健行在接見
該劇部分演員時，分析了于成龍這一歷史人物，讚賞他清正廉潔、
勤政為民、剛正不阿的優良品質，強調該劇回顧歷史，是為了以史
為鑑，古為今用，更是黨風廉政建設和反腐敗工作的重要任務[92]。

　　2006 年 3 月中央電視台在黃金時段播出《施琅大將軍》電視
劇。這齣長達 37 集的大型歷史電視連續劇，依照中國官方媒體介
紹，是講述「著名愛國將領施琅將軍成功統一國家的歷史過程，藝
術地再現了施琅將軍為平定台灣，實現國家統一，貢獻畢生精力的
英雄壯舉」。這部由中國國家廣電總局重點扶持的「重大歷史題材

---

[90] 李興亮，「世紀之交的清朝題材電視劇現象研究」，四川大學文學與新聞
　　學院博士論文（2005 年），頁 81～83。
[91] 丁望，假大空與雍正王朝（香港：當代名家出版社，2002 年），頁 48。
[92] 「尉健行會見電視劇一代廉吏于成龍演職人員」，人民網，2001 年 1 月 9
　　日，http://www.people.com.cn/GB/shizheng/16/20010109/374564.html。

作品」，全劇從籌備到拍製歷時 5 年，投資 2000 多萬元人民幣，由中央電視台與福建省廣播影視集團等聯合攝製。導演與演員方面，主要由解放軍相關製片廠與演員擔任[93]。更令外界矚目的是，該劇由中共國台辦主任助理張銘清掛名總監製，新聞局長李維一擔任總策畫，解放軍福建軍區和國台辦全力協助拍攝[94]。

　　雖然當時中國大陸涉台學者分析，中國大陸播映此部電視劇並不意味著官方對台政策將更加強硬，與當時陳水扁提出的「終統論」也沒有直接關係[95]。但是從《施琅大將軍》的部分「借古寓今」台詞，卻可以讓廣大觀眾從中獲得現階段中共對台政策的聯想。例如：「懇請皇上速派精兵，重壓福建以平定台灣。」、「希望你們以大義為重，天下一統是大勢，不要把和談的路子，給封死了！」、「從今日起，有敢分裂江山社稷，應和台灣自立乾坤者，此案為例。」、「如歸順，可寬待，可加封，但台灣必須收歸一統。」[96]明顯的，中國當局試圖藉由該劇讓更多民眾了解台灣與中國大陸密不可分的歷史聯繫，展現在必要時以非和平手段維護國家統一和領土完整的決心和信心。

五、結論

　　改革開放前，中國大陸電視劇在供給制的電視財政模式下，並未形成健全的產業體制，在生產、交換和播映方面均未達成熟階

---

[93]　「外報視角：央視高調播出施琅大將軍」，新浪網，2006 年 3 月 27 日，http://:news.sina.com/ycwb/102-101-101-102/2006-03-27/0649763778.html。

[94]　仇佩芬，「央視播施琅　強化武力統一論調」，TVBS，2006 年 3 月 30 日，http://tvbs.com.tw/news/news_list.asp？no=arieslu20060330222121。

[95]　同註 93。

[96]　同註 94。

段，因此這些作為宣傳黨國意識形態的「紅色經典」，仍未具備「商品」特質。

這一時期的中國大陸電視劇，幾無例外都是主旋律電視劇，其文本主要集中體現了歌頌社會主義中國的新面貌，以及塑造新時代的典型人物等意義。但是在表現形式上，概念化的典型人物和語言較多，說教意味濃厚，充滿灌輸思想的痕跡，並將電視劇當作形象化的教科書來運作，直接服務於國家意識形態。在劇情題材上，則不斷召喚群眾對舊政權的「憶苦」，以及對新政權的「思甜」，進而激發群眾投身「新中國」建設的滿腔熱情，再現了民眾對「新社會」和「新生活」的滿足和珍惜，以及對「新政權」的高度期待與憧憬。

由於黨的文藝工作者，包括電視劇創作者都必須遵照「在延安文藝座談會上的講話」精神創作，亦即文藝是作為政治鬥爭的工具，革命文藝的最高目標和最重要的任務，就是利用文藝的各種形式為黨的政治目標服務。在此種情形下，這些電視劇自然被視為國家傳媒體制生產的重要宣傳文本，長期來製造強大的霸權領導意識，複製支配階級的意識形態，同時也發揮召喚人民群眾集體記憶，支撐、維持及再造強勢意識，以及政權合法化的功能。因此，從電視文化的強勢意識論觀之，這些早期中國大陸主旋律電視劇都發揮了「文化霸權」、「意識形態國家機器」的功能。

伴隨著六四事件後，中國政局「以穩定壓倒一切」的論調當道，以及 1992 年南巡後中國大陸電視劇產業的迅速發展，主旋律電視劇從中國近現代歷史事件、人物、中國古典文學、歷史典籍、以及當前各行業的先進人物找尋題材，在商業化元素的包裝下，以流行文化具備民眾喜聞樂見的嶄新面孔呈現，成為 90 年代迄今中國電視劇的特殊現象。

　　根據中國大陸電視劇年度市場報告指出，2002 年上星頻道播
出電視劇單集最高收視率前 15 名，《天下糧倉》、《省委書記》、
《導彈旅長》、《中原突圍》這些主旋律電視劇，分別排名第 2、
7、11 及 12 名。2002 年中國大陸電視劇播出頻道前 12 名者，《激
情燃燒的歲月》、《省委書記》2 部主旋律電視劇，分別在 45 個、
28 個播出頻道，位居第 2、12 名。《激情燃燒的歲月》從 2001 年
9 月在天津電視台一套節目首播至 2005 年底，連續 5 年在全中國
大陸 11 個城市 61 個頻道播出 140 次，播出 5 次以上頻道就有 7
個之多。為了紀念抗戰勝利 60 周年，中央電視台於 2005 年 9 月
13 日推出抗戰大戲《亮劍》。該劇首播時，在 11 個城市的平均收
視人數超過 220 萬人，排在 11 個城市首播電視劇排行榜第 3 名；
第 23 集播出時，11 個城市的累積收視人數更達到 27.6 萬人[97]。這
也說明主旋旋律電視劇，早已不是改革前不具「商品」特質，單純
作為宣傳黨國政策的「紅色經典」，而是已經在中國大陸電視劇市
場中佔有一席之地，頗受觀眾喜愛的「商品」。

　　從電視文化意識論的折衷論觀之，中國官方理解到要讓這些改
革後的主旋律電視劇，透過中央電視台、省級、市級及有線頻道，
在黃金時段或者其他時段，對全中國大陸端坐在電視機前的數億觀
眾，進行「儀式性的召喚」，甚至在普羅大眾間形成廣植人心的流
行論述，自然在題材的選擇上，必須緊扣住 90 年代中國大陸民眾
身處的社會、文化歷史及政經脈絡。亦即在主旋律電視劇文本裡，
透過民眾與身處社會、文化歷史及政經脈絡的連結，將革命歷史教
育的推廣、典型人物的緬懷、中國民族主義的宣揚、以及官場的貪

---

[97] 央視－索福瑞媒介研究，中國電視劇市場報告 2003～2004，頁 35、53；國
　　家廣電總局電視劇司、中國傳媒大學，中國電視劇年度發展報告 2005～
　　2006，頁 200～204、208～211。

腐橫行這些題材，「置入」劇情裡，使得文本再現了加強革命教育、
塑造典型人物、凝聚國族想像及隱喻借古寓今的意義，從而成為普
羅大眾喜聞樂見的「愛國主義商品」。同時，主旋律電視劇作為蘊
藏利潤的「愛國主義商品」，更成為官方與民間投資「共謀」的交
匯點，共同肩負起召喚廣大觀眾為愛國主義奉獻的使命。

參考文獻

「《牛玉儒》」，互動百科，2010 年 8 月 24 日，http://www.hudong.com/wiki/%
　　E3%80%8A%E7%89%9B%E7%8E%89%E5%84%92%E3%80%8B。
「外報視角：央視高調播出施琅大將軍」，新浪網，2006 年 3 月 27 日，
　　http://news.sina.com/ycwb/102-101-101-102/2006-03-27/0649763778.html。
「宋慶齡和她的姐妹劇情概要」，火爆電視網，2007 年 8 月 25 日，http://
　　www.tvhuo.com/program/movie/15588/8k。
「我國成為世界電視劇生產第一大國」，新華網，2006 年 6 月 1 日，
　　http://info.research.hc360.com/2006/06/01091419096.shtml。
「夜幕下的哈爾濱內容梗概」，新浪網，2007 年 6 月 5 日 http://news.
　　sina.com/sinacn/205-000-000-000/2007-06-05/0925896.html。
「唱響主旋律、多出精品劇－吉炳軒同志在 2000 年電視劇題材規劃會上
　　的講話要點」，中國電視，2007 年 7 月，http://202.114.65.40/journal/
　　ckni_show.asp？fid＝3950124。
「尉健行會見電視劇一代廉吏于成龍演職人員」，人民網，2001 年 1 月 9
　　日，http://www.people.com.cn/GB/shizheng/16/20010109/374564.html。
「黃金時段電視台須播歌功劇集」，傳媒透視，2007 年 2 月，
　　http://www.rthk.org.hk/mediadigest/20070215_76-121336html。
「複雜與突破－2005 年中國廣告業現狀與發展趨勢」，中國網，2005 年
　　11 月 25 日，http://www.china.com.cn/zhuanti2005/txt/2006-02/14/
　　content_6120943.htm。
「戰火中青春劇情簡介」，鳳凰網，2010 年 8 月 24 日，http://ent.ifeng.
　　com/tv/polt/detail_2010_03/31/445885_0.shtml。
丁望，假大空與雍正王朝（香港：當代名家出版社，2002 年）。

尹鴻，「意義、生產、消費：中國電視劇的歷史與現實」，尹鴻自選集－媒介圖像、中國圖像（上海：復旦大學出版社，2004 年）。

仇佩芬，「央視播施琅強化武力統一論調」，TVBS，2006 年 3 月 30 日，http://tvbs.com.tw/news/news_list.asp？no=arieslu20060330222121。

毛澤東，「在延安文藝座談會上的講話」，毛澤東選集第 3 卷（北京：人民出版社，1991 年）。

央視－索福瑞媒介研究，中國電視劇市場報告 2003～2004（北京：華夏出版社，2004 年）。

白小易，「碰撞與整合－論全球化語境下中國大陸電視劇創作的本土化」，南京師範大學文藝學博士論文（2004 年）。

仲呈祥，「氣勢磅礡的改革史詩－電視劇人間正道觀後隨想」，中國電視，第 7 期（1998 年 7 月），頁 26～27。

江澤民，「愛國主義和我國知識份子的使命」，人民日報（海外版），1990 年 5 月 4 日，1 版。

吳玉山，「宏觀中國：後極權資本主義發展國家－蘇東與東亞模式的揉合」，徐斯儉、吳玉山主編，黨國銳變－中共政權的菁英與政策（台北：五南圖書出版公司，2007 年），頁 309～320。

何川，中共新聞制度剖析（台北：正中書局，1994 年）。

李金銓，超越西方霸權－傳媒與文化中國的現代性（香港：牛津大學出版社，2004 年）。

李興亮，「世紀之交的清朝題材電視劇現象研究」，四川大學文學與新聞學院博士論文（2005 年）。

邢建毅、蔣淑媛，「製播分離體制的確立對電視業的影響」，南方電視學刊網，2006 年 10 月 22 日，http://www.66wen.com/05wx/xinwen/xinwen/20061022/46511.html。

周星，新世紀中國電視文藝研究（北京：北京師範大學出版社，2004 年）。

孟繁華，眾神狂歡－世紀之交的中國文化現象（北京：中央編譯出版社，2003 年）。

林勇，文革後時代中國電影與全球文化（北京：文化藝術出版社，2005 年）。

林榮基，「革命樣版戲智取威虎山的再現與文化認同」，21 世紀網路版，第 18 期，2003 年 9 月 30 日，http://www.cuhk.edu.hk/ics/21c。

林靜，「新世紀中國電視劇生態描述」，西南師範大學電影學碩士論文（2002年）。

邵奇，「試論當代中國電視劇的傳播理念」，復旦大學新聞學院博士論文（2004年）。

洪長泰，新文化史與中國政治（台北：一方出版社，2003年）。

恒沙，「現代化意志的歷史想像」，21世紀網路版，第16期，2003年7月31日，http://www.cuhk.edu.hk/ics/21c。

唐小兵，再解讀－大眾文藝與意識形態（香港：牛津大學出版社，1993年）。

馬傑偉，電視文化理論（台北：揚智文化，2000年）。

高華，紅太陽是怎樣升起的－延安整風運動的來龍去脈（香港：中文大學出版社，2000年）。

高鑫、吳秋雅，20世紀中國電視劇史論（北京：學苑出版社，2002年）。

國家廣電總局電視劇司、中國傳媒大學，中國電視劇年度發展報告 2005～2006（北京：中國傳媒大學出版社，2007年）。

張華，電視劇的投資與營銷（北京：中國廣播電視出版社，2004年）。

梁文韜，「鄧小平理論與中國大陸社會主義發展的前景」，陳祖為、梁文韜主編，政治理論在中國（香港：牛津大學出版社，2001年），頁248～250。

郭鎮之，中國電視史（北京：文化藝術出版社，1997年）。

陳虹，「90年代中國電視劇研究」，華中師範大學文學院博士論文（2003年）。

陳國欽、夏光富，電視節目形態論（北京：中國傳媒大學出版社，2006年）。

陶東風，「八九後中國電影電視走向」，21世紀網路版，第16期，2003年7月31日，http://www.cuhk.edu.hk/ics/21c。

黃楊，「中國電視是否將成明日黃花」，東方新聞，2000年12月25日，http://news.eastday.com/epublish/big5/paper10/20001225/class001000018/hwz275506.htm。

黃煜、李金銓，「90年代中國民族主義的媒介建構」，李金銓，超越西方霸權－傳媒與文化中國的現代性（香港：牛津大學出版社，2004年），頁102～110。

齊殿斌，「紀念毛澤東誕辰 110 周年特稿－緬懷、感動、光影長存，傾心演繹毛澤東的特型演員們」，人民網，2003 年 12 月 26 日，http://www.people.com.cn/BIG5/yule/1083/2266424.html。

鄭江波，「革命歷史題材影視創作的重大突破－試論電視劇長征的藝術特色」，華中師範大學碩士論文（2002 年）。

盧嵐蘭，現代媒介文化－批判的基礎（台北：三民書局，2006 年）。

錢蔚，政治、市場與電視制度－中國電視制度變遷研究（鄭州：河南人民出版社，2002 年）。

羅曉南，「文化產業、意識形態與知識精英－兼論三種有關中國電視劇文化策略的論述」，東亞研究，第 36 卷第 2 期（2005 年 7 月），頁 17～20。

Althusser, L., "Ideology and Ideological State Apparatuses," *Lenin and Philosophy and other Essays* (London: New Left Books, 1971), p.143, 162.

Galikowski, Maria. *Art and Politics in China 1949~1984* (Hong Kong: The Chinese University Press, 1998) .

Gramsci, A., "(i) History of the subaltern classes; (ii) The concept of 'Ideology'; (iii) Cultural themes: Ideological material," in Meenakshi Gigi Durham ＆ Douglas M. Kellner eds., *Media and Cultural Studies: Keyworks* (Malden, Massachusetts: Blackwell,2001) , pp. 43~47.

Hall, S., "The Rediscovery of Ideology: Return of the Repressed in Media Studies," in M. Gurevitch et al. eds., *Media, Society and Culture* (London: Routledge,1982) , pp. 56~90.

Hall, S., "Signification, representation, ideology: Althusser and the post-structuralist debates, " in R. K. Avery & D. Eason eds., *Critical Perspectives on Media and Society* (New York: The Guilford Press, 1991) , p. 97.

Meisner, M., *The Deng Xiaoping Era: an Inquiry into the Fate of Chinese Socialism*, 1978~1994 (New York: Hill & Wang, 1996) .

Pan, Zhongdang & Joseph Man Chan, "Building a Market-based Party Organ: Television and National Integration in China," in David French & Michael Richards eds., *Television in Contemporary Asia* (London: Sage Publications, 2000) , pp. 233~263.

Peterson, Glen, "State Literacy Ideologies and the Transformation of Rural China," *The Australian Journal of Chinese Affairs*, no. 32 (July 1993), pp. 99~100.

Robison, R. & D. Goodman, "The New Rich in Asia: Economic Development, Social Status and Political Consciousness," in R. Robison & D. Goodman eds., *The New Rich in Asia: Mobial Phones, McDonald's and Middle Class Revolution* (London: Routledge, 1996) , pp. 1~16.

Yin, Hong, "Meaning, Production, Consumption: the History and Reality of Television Drama in China," in Stephanie Hemelryk Donald, Michael Keane and Hong Yin eds., *Media in China: Consumption, Content and Crisis* (London: Routledge, 2002), pp. 28~36.

（本文曾刊載於中國大陸研究，第 50 卷第 4 期，2007 年 12 月。）

第五章　鐵姑娘、賢內助、時尚女
——中國大陸女性雜誌建構的女性形象

《摘要》

　　改革開放前呈現在中國大陸女性雜誌的女性形象，大體上是一種無性化（或者說男性化）的特徵。90 年代起，一些以女性消費時尚為訴求的女性雜誌迅速崛起，迫使由婦聯機構創辦的傳統女性雜誌改變編採策略。檢視這些創刊時間不同，各具時代意義以及定位有異的女性雜誌，事實上仍潛藏了傳統父權對女性片面價值觀的迷思，以及鼓勵女性實踐父權體制建構的消費主義意識形態。
（關鍵詞：中國大陸傳媒、女性雜誌、女性形象、流行文化）

一、研究動機與目的

　　中國的女性解放運動並非是由獨立的女權運動帶來的，而是作為中國民族民主革命的組成部分而存在。也就是說，二十世紀中國女性解放鬥爭的對立面不是強大的男性政治、經濟、文化霸權，而是帝國主義、封建主義、官僚資本主義這三座壓在全體中國人民頭上的大山。因此，中國女性解放運動的領導者並不是中國女性自己，而是她們性別的對立者－男性[1]。

---

[1]　鮑曉蘭編，西方女性主義研究評價（北京：三聯書店，1995 年），頁 262。

　　由於蘇維埃革命中，女性的人身解放問題必須被置放在階級革命中來定奪，才有意義和價值。因此，對以蘇共為師的中國共產黨來說，女性的解放同樣必須依從於階級革命的進度和需要，來決定自身的進程。也在這個認知指引下，中國共產黨要求蘇區婦女必須以自身的力量來解除封建束縛，打倒父權、夫權和家長權對婦女的人身壟斷。與此同時，中共也要求婦女必須把無產階級革命當做自我實踐的對象，如此才不會形成性別解放凌駕階級解放的問題，影響革命大業的完成[2]。

　　由中共中央婦女運動委員會從 1939 年在延安創刊迄今的《中國婦女》雜誌，就具體而微紀錄了從國共戰爭到政權成立後，中國大陸女性解放的過程以及女性形象的變化。例如，在建國之初，《中國婦女》雜誌封面刊載了石家莊大興紗廠女工為慶祝解放打腰鼓翩翩起舞的照片；東北一科大學女同學在化驗室中做實驗的照片；中央人民政府副主席宋慶齡肖像；中長鐵路機務段的火車女司機們合影；黨的好女兒趙桂蘭的照片；女學生幫助農民收麥的情景；出席全國工農兵勞動代表會議女代表們的照片[3]。

　　《中國婦女》雜誌也刊載了以下的文章，再現了中國大陸女性生活的巨變，例如：「天津中紡二廠的女工發動起來」、「良家營婦女走向田間」、「北京市婦女生產教養院」、「北京市八區婦女識字班」、「養雞能手王老太太」、「改造接生婆」、「新疆婦女的新生」、「土地改革後的豫中農村婦女」、「治黃線上的婦女旗幟－王秀榮」、「電車女司機在培養中」、「林幼華－

---

[2] 黃金麟，政體與身體－蘇維埃的革命與身體，1928～1937（台北：聯經出版社，2005 年），頁 266～267。

[3] 顧蘭英，「中國婦女創刊 60 周年紀念文章之 3：迎著新中國的曙光」，中國婦女網，2007 年 5 月 10 日，http://www.womenofchina.com/newslist.asp?cid=143。

長江上第一個女駕駛員」、「第一個農民出身的女研究員張秋香」
等[4]。

從《中國婦女》雜誌刊載的封面與內文，可以看出這些隨著中
國共產黨建立政權後，湧現在過去男性主宰領域的新女性，其展現
的女性形象，卻是一種「無性化」（或者說男性化）的特徵。可以
說，這是一種化裝為男人、以男性身分為認同的「花木蘭」形象。
毛澤東詩詞《七絕・為女民兵題照》：「颯爽英姿五尺槍，曙光初
照演兵場。中華兒女多奇志，不愛紅妝愛武裝。」就生動地描繪了
無產階級革命下中國大陸女性的新容貌[5]。

明顯的，這些在中國共產黨建立政權後，從帝國主義、封建主
義、官僚資本主義三座大山束縛下解放出來的新女性，在解放的同
時也帶來性別消除的過程。在文革期間，中國大陸女性清一色的毛
式服裝，全國口令一致的文革語言，使得性別話語被簡化並納入階
級鬥爭的黨國話語中。確切的說，女性象徵壓迫（如童養媳、納妾、
奴隸制這些形式）的受害者，而男性則代表革命變化的能動作用（通
過一系列熟悉的象徵物與人物：男政委、武裝鬥爭、槍、黨、太陽），
階級意識掩蓋了性別身分[6]。

在「新中國」的經典電影《紅色娘子軍》中，同樣可以看到中
國大陸女性形象的變化。劇中，瓊花與紅蓮逃離了國民黨與惡霸地
主南霸天統治的椰林寨，跨入了紅軍所在的紅石鄉時刻，不僅黑暗
的雨夜瞬間變換為紅霞滿天的清晨；紅蓮身著的男子打扮也奇蹟般

---

[4] 顧蘭英，「中國婦女創刊 60 周年紀念文章之 4：向婦女宣傳社會　向社會
　　宣傳婦女」，中國婦女網，2007 年 5 月 10 日，http://www.womenofchina.
　　com/newslist.asp?cid=143。
[5] 毛主席詩詞（北京：人民出版社，1960 年），頁 255。
[6] 孫璐，「論當代傳媒中女性刻板印像的嬗變」，蘇州大學傳播學碩士論文
　　（2004 年），頁 10～12。

地換為女裝。但下一時刻,便是娘子軍的灰軍裝取代女性的裝束。在《紅色娘子軍》的敘事中,是將性別的指認聯繫著階級、階級鬥爭的話語。這說明了當代中國大陸女性在獲准分享社會與話語權力的同時,卻失去了她們的性別身分及其話語的性別身分。中國大陸女性在真實地參與歷史的同時,女性的主體身分消失在一個非性別化的(確切地說,是男性的)假面背後[7]。

伴隨著改革開放的進展,中國大陸女性在卸下厚重的軍裝、工人服、農裝,告別了「女性能頂半邊天」的角色後,重新獲得長期來失去的性別角色。而改革開放下新女性地位的變化也吸引了傳媒的注意。特別是在 1995 年聯合國第 4 次世界婦女大會在北京召開後,西方女性主義理論進一步傳入,再加上世界婦女大會 NGO 的媒介論壇、全國婦聯婦女研究所「大眾媒介中的女性形象研究」課題的設置、首都女記協「傳媒監測網絡」的成立、《中國婦女報》等媒體對性別研究成果的積極報導等,共同推動了中國大陸的媒介與性別研究的發展,中國大陸女性問題和女性形象開始為全社會所關注[8]。

近年來,中國大陸學術界有關報紙、雜誌、廣告等傳媒建構的女性研究頗多。這些研究大體上採用了內容分析法,論述了中國大陸女性形象在改革開放後經歷的變化,但卻罕見從結構主義符號學理論,分析潛藏在文本後面的社會迷思與意識形態。至於國內學術界,在有關台灣傳媒再現的女性形象研究,可說成果豐碩,但是針對中國大陸傳媒建構的女性形象,卻罕見相關研究。本文的發想動機就是植基於此。

---

[7]　戴錦華,「性別與敘事:當代中國電影中的女性」,斜塔瞭望－中國電影文化 1978～1998(台北:遠流出版公司,1999 年),頁 89～154。

[8]　孫璐,「論當代傳媒中女性刻板印像的嬗變」,頁 2。

由於在眾多大眾媒介中，女性雜誌被認為是為女性製作的，其內容最能正視與女性有關的議題，同時是能夠與女性生活經驗與時俱進的一種流行文化產品[9]。為此，本文選擇了 4 份最能代表不同時代意義，且定位有異的中國大陸女性雜誌《中國婦女》、《家庭》、《女友》、《時尚 COSMOPOLITIAN》，試圖掌握在改革開放前被階級意識遮掩的性別身分，呈現無性化（或者男性化）的中國大陸女性，在改革開放後重新獲得長期來失去的性別角色後，究竟被建構成何種多元化的形象？本文也試圖從這些不同的女性形象類型，分析其背後潛藏了何種社會迷思？以及建構了何種意識形態？

二、文獻回顧

如同學者 Van Zoonen 指出的，在傳播領域中，有關女性主義研究主題不外乎媒體塑造的女性刻板印像、色情以及意識形態[10]。

在媒體塑造的女性刻板印像上，學者 Tuchman 在「Hearth and Home:Imagines of Women in the Mass Media」（爐邊與家庭：大眾媒體中的女性形象）一書中指出，女性在電視的符號世界裡消失了，電視所呈現的世界裡，女性並不重要，因為極大多數的電視節目都是男性主導，只有在肥皂劇中，女性才是主角。電視不僅告訴觀眾女性在家庭主婦和母親以外的角色都不怎麼重要；更有甚者，電視的符號世界中將女性描述成很無能、次等，而且總是對男人卑躬屈膝。Tuchman 的分析包含了女性主義媒介理論的功能主義觀

---

[9] N. Wolf, *The Beauty Myth: How Images of Beauty are used against Women* (New York: William Morrow and Company, 1991).

[10] 張錦華、劉容玫譯，Liesbet van Zoonen 著，女性主義媒介研究（台北：遠流出版公司，2001 年），頁 15～40。

點：媒介反映了社會的主流價值，其符號世界侮蔑女性，根本未呈
現女性或是都呈現刻板印像。這些媒介再現的刻板印像相當侷限，
並且危及女性發展成為完整的人和有價值的社會工作者[11]。

　　至於在有關識形態理論的分析上，媒介被視為維護霸權的機
構，認為資本主義和父權秩序是天經地義，同時掩蓋意識形態本
質，將其呈現為「一般常識」。亦即，在女性主義的概念中，媒介
就是傳送性別歧視、父權社會或資本主義的價值觀，結果就是持續
現有的社會秩序[12]。

　　義大利馬克思主義思想家葛蘭西（A. Gramsci）的霸權
（hegemony）理論，法國馬克思主義思想家阿圖塞（L. Althusser）
的意識形態國家機器（Repressive State Apparatuses）理論，就豐富
了女性主義在意識形態上的研究。

　　葛蘭西將霸權視為是社會中某個社會團體或階級，成功地說服
其他團體與階級接受前者的道德、政治與文化價值，並促使多數人
民對掌權者的提議賦予一種明白的同意。葛蘭西也指出，支配階級
在維持、捍衛與發展它的理論或意識形態時，最明顯與最具行動力
的部分就是出版，包括出版機構、政論報紙、各種期刊、乃至各種
教區公告的刊物等，其中報紙又是最具有豐富能量者[13]。

　　葛蘭西並未討論父權體制的問題，但他對於霸權觀點的詮釋，
不僅可以說明政府統治霸權的形成與聯繫，也極為適用說明關於性

---

[11] G. Tuchman, *Hearth and Home:Imagines of Women and the Media*（New York: Free Press, 1978）.

[12] 張錦華、劉容玫譯，Liesbet van Zoonen 著，女性主義媒介研究，頁 39。

[13] A. Gramsci, "（i）　History of the subaltern classes; (ii) The concept of "Ideology"; (iii) Cultural themes: Ideological material, "in Meenakshi Gigi Durham & Douglas M. Kellner eds., *Media and Cultural Studies: Keyworks* (Malden, Massachusetts: Blackwell, 2001), pp.43~47.

別、種族、宗教，以及各種文化／次文化領域中，主控權力的行使
與聯繫。因此，可以將父權體系視為一種霸權，並引用相關論點，
來探討父權維繫與文化傳播等方面的關係[14]。

　　事實上，父權體系所以能夠成為一個霸權體系，除了在政治權
力面的優勢外，必須提出一套對於性別（女性）角色的定義、價值
標準，並使之成為社會共同的（包括男、女）信念體系，同時實踐
在各種社交、家庭、學校、媒體、工作環境、公共領域等。因此在
廣告中，經常可以看到「美麗性感」、「賢妻良母」的女性形象；
在流行歌曲中，可以看到「癡情等待」、「支持男性」的女性角色[15]。

　　阿圖塞意識形態觀念的整體架構，是根據馬克思的上層與下層
結構（base and superstrcture）所演變而來。他認為，社會是一個總
體，是由 3 個次級結構經濟、政治及意識形態等構成，而經濟只是
在最後才有影響力；經濟提供了物質上的條件，但這些條件均會受
到多方面的影響而變化。阿圖塞將政治和意識形態兩者歸諸於上層
結構，並以 2 個辭彙來界定上層結構：壓制性國家機器（Repressive
State Apparatuses）和意識形態國家機器（Ideological State
Apparatuses）。前者指軍隊、警察、法律等系統，後者則包含各種
意識形型態、宗教、道德、倫理、教育、傳播媒介、文化（包括文
學、藝術、運動）等組織機構和價值體系[16]。

　　由於阿圖塞將意識形態定義為一種「再現」（representation），
其所再現的是個體與其真實生存情況聯繫的想像關係。這套「再現」
的意識形態系統，之所以能發揮再製既有權力秩序的功能，是因為

---

[14]　張錦華、柯永輝，媒體的女人　女人的媒體（台北：碩人出版公司，1995
年），頁 45。

[15]　張錦華、柯永輝，媒體的女人　女人的媒體，頁 46。

[16]　L. Althusser, "Ideology and Ideological State Apparatuses," *Lenin and
Philosophy and other Essays* (London: New Left Books, 1971), p.143.

其具有建構主體的效用。阿圖塞認為所有的意識形態藉由「召喚」
（hail）和設定（interpellate）的方式，對主體進行分類，將具體個
人建構成具體的主體[17]。

　　例如，大眾傳播媒介所顯現的女性符號，如「賢妻良母」形象，
將家裡整理的一塵不染、溫柔伺候先生、全心照顧小孩飲食健康
等，當觀眾不斷的接觸這些主體建構符號，同時也將自己或他人納
入這個類別，便會被此種意識形態建構為主體，從而在自我的言行
舉止上符合這些標準與要求。父權（權力）體系就因此不斷藉著「再
現」體系、主體建構，得以讓男性馳騁於「公共領域」，掌握權力；
女性則侷限於「私人領域」，相夫教子，忙於繁瑣的家務，倚賴男
性的經濟與權力；而整個父權社會因此得以維繫鞏固、生生不息[18]。

　　在眾多大眾媒介中，女性雜誌被認為是為女性製作的，其內容
最能正視與女性有關的議題，並且是能夠與女性生活經驗與時並進
的一種流行文化產品。同時，在分析女性雜誌文本，背後都隱藏了
女性刻板印象及父權意識形態的痕跡。

　　學者 Winship 在「女性雜誌真相」（Inside Women's Magazines）
裡指出，女性雜誌籍由提供娛樂和有用建議來打動讀者，此種訴求
方式是透過種種「虛構」組成的。例如，廣告提供的視覺虛構，或
是有關時尚流行、烹飪、家庭及家居佈置等圖文。這些點點滴滴都
以不同的方式吸引讀者進入雜誌的世界，最終則進入消費的世界。
這往往使得女性無可救藥地掉入以消費來定義她們自己陰柔氣質
的陷阱裡[19]。

---

[17] L. Althusser, "Ideology and Ideological State Apparatuses," *Lenin and Philosophy and other Essays*, pp.162~176.
[18] 張錦華、柯永輝，媒體的女人　女人的媒體，頁 52。
[19] J. Winship, *Inside Women's Magazines* (London: Pandora Press,1987).

　　學者 Ferguson 認為，女性雜誌本身就是一種社會體制，既塑造女性對女性自身的看法，也塑造整體社會對女性的看法。因此，Ferguson 主張女性雜誌是在宣揚一種「女性宗教」，它不只反映了什麼是一個社會中的適當女性角色，也提供了對這個角色的定義及進行社會化的過程，所以女性雜誌不僅再現了女性的日常生活，更具有一種文化的影響力。由於女性雜誌在呈現許多令讀者愉悅的文化符碼的同時，藉此自然化了權力的社會關係，因此實質上具有傳遞文化、教化女性的功能[20]。

　　學者 McRobbie 在 1982 年對英國少女雜誌《Jackie》的分析，就相當足以說明此種現象。McRobbie 的研究指出，《Jackie》少女雜誌建構的青春期女性核心特質是流行、化妝、美貌等符碼，它教導女孩運用衣飾和化妝，設法凸顯自己的特殊形象，並強調青春期少女的身體需要不斷的維護和改善，也提供了自我改善的步驟。McRobbie 認為，《Jackie》少女雜誌的意識形態赤裸裸地灌輸少女謹守傳統的個人主義和順從的個性。McRobbie 的此一研究，詳細說明了資本主義生產的媒介文本，如何徹頭徹尾構成一個維護霸權的過程，讀者已無所遁逃[21]。

　　從上述這些研究可以看出，在資本主義制度下生產的女性雜誌，其文本往往潛藏著規訓女性接受傳統父權社會的價值標準，貶抑女性的自主地位，最終成為傳遞父權意識形態的工具。

　　近年來，中國大陸傳媒建構的女性形象研究，已受到學術界的廣泛關注。羅韵娟、郝曉鳴在「媒體女性形象塑造與社會變革－《中

---

[20] M. Ferguson, *Forever Feminine: Women's Magazines and Cult of Femininity* (Exeter, NH: Heinemann, 1983).

[21] A. McRobbie, *Jackie: an Ideology of Adolescent Femininity*, in B. Waites, T. Bennet & G. Martin eds., *Popular Culture: Past and Present* (London: Croom Helm,1982).

國婦女》雜誌封面人物形象的實證研究」，選擇中華全國婦女聯合
會發行的英文《中國婦女》雜誌，針對 3 個時期：1956 年至 1966
年（雜誌正式創刊到文化大革命爆發）；1979 年至 1992 年（從計
畫經濟到市場經濟的轉型期）；1993 年至 2003 年（中國大陸進一
步深化經濟體制改革，逐步融入到世界經濟和文化體系），該刊雜
誌封面刊載的女性，分析黨營媒體如何塑造女性形象？媒體中的女
性形象是否隨著社會變革產生相應的變化？究竟哪些因素會影響
媒體對女性形象的塑造[22]？

　　該研究的結論指出，雖然《中國婦女》雜誌一直處於黨和政府
控制下的媒體環境中，它在封面上所塑造的女性形象卻不是一成不
變的，而是明顯地受到中國大陸過去幾十年所經歷的社會變革的影
響。《中國婦女》封面變化大致出現了幾個趨勢：1.在中國大陸城
市化進程的推動下，封面人物所處的地域特徵從農村轉向了城市；
2.隨著中國大陸經濟體制改革和發展，集體主義的觀念逐漸淡化，
同時由於政府放寬了對人們日常生活的干預，封面人物的展示逐步
從集體層面過渡到個人層面；3.在中國大陸從革命建設時期過渡到
市場經濟的過程中，以往封面中出現的旨在強調男女沒有任何差別
的「去女性化」（de-feminization），轉向了重視女性特徵和需要
的「女性化的回歸」（re-feminization）[23]。

　　何雙秋在「現代傳媒中的女性形象生產－對《中國婦女》雜誌
（1990～2007 年）的內容分析」，選取 1990 至 2007 年這 18 年 216
期裡刊載的 273 位女性人物為樣本，通過量化與質化相結合進行分

---

[22] 羅韵娟、郝曉鳴，「媒體女性形象塑造與社會變革－《中國婦女》雜誌封
　　 面人物形象的實證研究」，中國傳媒報告（浙江），第 4 卷第 1 期（2005
　　 年 2 月），頁 87～99。
[23] 羅韵娟、郝曉鳴，「媒體女性形象塑造與社會變革－《中國婦女》雜誌封
　　 面人物形象的實證研究」，頁 97。

析。研究發現，作為肩負社會輿論與形象引導的主流媒體，《中國婦女》凸顯的女性形象，主要是呈現能夠包容現代與傳統、理想與現實、家庭與事業的完美女性，就是在工作上要求女性愛崗敬業、進取創新、理智獨立、勇敢果斷、吃苦耐勞，在家庭生活中要求女性無私奉獻、慈愛溫柔、細膩體貼。簡言之，《中國婦女》呈現的90年代中國大陸女性是一種家庭與事業兼具、現代與傳統交融並存的複合型女性形象[24]。

孫璐在「論當代傳媒中女性刻板印像的嬗變」一文中，選擇由全國婦聯主辦的《中國婦女》、陝西婦聯主辦的《知音》、湖北婦聯主辦的《家庭》、廣東婦聯主辦的《女友》4本女性雜誌，抽取1985年至2002年的內容進行內容分析。結論指出，女性職業從80年代中後期的科教文衛等情感性或輔助性強的工作，轉變為90年代中後期的管理者、領導者等具有挑戰性工作，例如女科學家、醫生、大學教師、作家、IT行業白領等[25]。

該文也指出，女性在家庭角色的變化，則由「保姆型」轉向「妻子型」。研究指出，90年代後「家庭勞動」類的文章，如衣物保養、家居清潔、烹飪美食等，並未佔到太多的篇幅，家庭對於女人的意義正逐漸和男性趨同，更多的是休閒、放鬆的場所。至於女性在婚戀中扮演的角色變化，在80年代，女性在兩性關係中表現較退讓、順從，往往接受男性或命運的擺佈；在90年代以後，文本中的女性不再是被安排在被動接受的位置，沒有愛情的女人主動找愛情，表現出較強的主動性、獨立性。另外，該文也觀察到新的

---

[24] 何雙秋，「現代傳媒中的女性形象生產－對《中國婦女》雜誌（1990～2007年）的內容分析」，發表於2009中國傳播學論壇暨第3屆全球傳播論壇（上海：上海交通大學媒體與設計學院、全球傳播研究院、美國普渡大學傳播系主辦），2009年10月30、31日，頁502～508。

[25] 孫璐，「論當代傳媒中女性刻板印像的嬗變」，頁31。

女性刻板印像的形成。從雜誌中刊載的明星起居、飲食、健美等文章中，可以見到文化工業和消費主義對都市年輕女性生活方式的改變。文中也認為，商業消費主義對女性的自主能力無疑是一種損害[26]。

陳桂琴在「試論女性時尚中的女性角色問題」一文中，選擇 3 本時尚雜誌《時尚 COSMOPOLITIAN》、《世界服裝之苑 ELLE》、《瑞麗伊人風尚》，抽取 2002 年全年 12 期為觀察樣本。研究指出，3 本雜誌所描述的女性，企業公司職員以及創業型的女性比例較高。在《瑞麗伊人風尚》76 位女性角色中，68 位是公司職員或者自己開辦公司的創業型女性；《時尚 COSMOPOLITIAN》的 108 位女性角色中，有 34 位是明星模特兒，40 位是公司職員和創業型女性；《世界服裝之苑 ELLE》的 116 位女性角色中，有 29 位是明星模特兒，21 位是公司職員和創業型女性[27]。

三、研究方法

（一）研究對象

為了了解中國大陸女性雜誌呈現的當代中國大陸女性多元圖像，本文選擇了 4 本創刊時間不同，各具時代意義以及定位有異的女性雜誌。

《中國婦女》雜誌是由號稱代表中國大陸所有婦女利益的全國婦聯創辦，它是中國歷史最悠久的女性雜誌。從 1939 年對日抗戰

---

[26] 孫璐，「論當代傳媒中女性刻板印像的嬗變」，頁 31～35。

[27] 陳桂琴，「試論女性時尚雜誌中的女性角色問題」，暨南大學新聞學碩士論文（2003 年），頁 28。

時創刊，跨越了一甲子迄今。《中國婦女》創刊的目的在於引導中國大陸女性認識到，只有在民族解放、社會解放中才能爭取婦女的解放，才能實現男女平等。隨著時代推移，《中國婦女》目前已經將關注的焦點擴展到女性職場問題、心理情感諮詢、生活健康等範疇，但是該刊仍相當強調「典型人物」的報導。同時，《中國婦女》新創的《中國婦女－法律幫助》半月刊，則標榜是「中國女性自助讀本」，是女性讀者「身邊的律師、法律的顧問、維權的指南」。

　　《家庭》雜誌是由廣東婦聯在 1981 年創刊，是改革開放初期的產物，象徵著女性雜誌開始擺脫長期來作為宣傳女性參與黨國建設的喉舌，逐步朝女性復歸，集中報導圍繞在女性現實生活的周遭事情，例如如何經營感情、如何維持家庭幸福、如何面對外遇、如何挽救婚姻、女性外遇者的下場等議題。

　　《女友》雜誌是陝西婦聯在 1988 年創辦的女性雜誌，最早採用大 16 開本，首開中國大陸女性雜誌模仿港台相關雜誌先河的範例。它象徵著中國大陸女性雜誌回歸到家庭、女性議題的進一步深化，也意味著向國際接軌的初步嘗試。

　　《時尚》雜誌是中國國家旅遊局主管，中國旅遊會主辦，創刊於 1993 年，也就是鄧小平南巡後的隔年，中國大陸經濟再度快速增長的起始點。《時尚》雜誌的創刊象徵著中國大陸女性消費時尚雜誌的崛起，更重要的是此類雜誌是與中國大陸各地的婦聯組織沒有任何關係。1998 年，由《時尚》雜誌改版的《時尚伊人》與美國著名女性雜誌《COSMOPOLITIAN》進行版權合作，更名為《時尚 COSMOPOLITAN》。《時尚 COSMOPOLITAN》的問世，更將中國大陸女性雜誌推向國際化的進程。它以精美的圖片和奢華的形象，吸引都市白領女性的觀注。經營方式也改變前述 3 種女性雜

誌以發行作為主要營收的方式，轉為將廣告作為主要的收入來源。
《時尚 COSMOPOLITIAN》對女性形象的建構，更試圖將女性從
黨國、家庭中解脫出來，強調女性的主體意識。

1.《中國婦女》雜誌

　　《中國婦女》雜誌於 1939 年的延安創刊，當時是作為中國共
產黨動員婦女力量抗日的重要宣傳工具。從發刊詞中，「中國婦女
的發刊，就是企圖對於動員和組織二萬萬二千五百萬婦女大眾，積
極參加抗戰建國大業工作盡一分綿薄的力量」，可以感受到中共中
央對婦女同胞寄予的厚望[28]。

　　1949 年中共建立政權後，《中國婦女》重新出刊，並被賦予
宣傳女性參加新中國建設的使命。從毛澤東的題詞：「團結起來，
參加生產和政治活動，改善婦女的經濟地位和政治地位」，以及朱
德的題詞：「為建設新中國而奮鬥」，都可以清楚看到《中國婦女》
的宣傳任務。

　　當時，《中國婦女》報導的重點相當注重傳統教育和歷史人物
的宣傳，主因在於：1.該刊作為全國婦聯的機關刊物，是黨的喉舌，
以宣傳黨的方針政策，教育婦女群眾樹立革命的世界觀、人生觀為
己任；2.該刊的讀者對象，除了婦女幹部以外，大多是所謂 5 大員，
即售貨員、衛生員、保教員、縫紉員、管理員等，她們文化程度都
不太高，適合接受榜樣的宣傳教育；3.當時「新中國」建立不久，
人們對長期革命鬥爭中那些英勇奮鬥犧牲的女英雄、女烈士，乃至
為革命作出貢獻的普通女群眾，都懷著無限的敬仰、感激之情，總

---

[28]　韓湘景、尚紹華、蘇容，「中國婦女：見證抗戰中的中國婦女」，中國婦
　　女網，2007 年 5 月 10 日，http://www.womenofchina.com/newspage.asp?id=332
　　10K 2007-8-24 -。

想把她們的思想事跡紀錄下來，廣為流傳；4.婦女是創造歷史的本體，其光輝業績卻長期被傳統觀念所淹沒[29]。

目前這份由中國婦聯主辦的《中國婦女》雜誌，在 80 年代初曾以 179 萬份的月發行量，獨步中國大陸女性期刊天下，但到了 90 年代末期，隨著市場經濟的衝擊影響，它的市場份額被各地婦女雜誌所分割，發行量銳減。《中國婦女》雜誌 1999 年改為半月刊，上半月紀錄中國大陸女性的成功成長，並為女性提供心理疏導和健康服務。其關鍵詞是：成長、成功、快樂。下半月為「法律幫助」專刊，是讀者「身邊的律師、法律的顧問、維權的指南」。2003 年更將雜誌定位於「中國女性自助讀本」，成為女性「勵志的範本、成長的藍本、快樂的樣本」。2003、2005 年《中國婦女》雜誌獲得第 2 屆、第 3 屆國家期刊獎。2007 年發行量為 80 萬份[30]。《中國婦女》每期售價為 6 元。

2.《家庭》雜誌

《家庭》是廣東婦聯在 1981 年創刊，是中國大陸第一家以戀愛、婚姻、家庭為報導和研究對象的文化綜合類月刊。就發行量而言，《家庭》在 80 年代末 90 年代初，曾長期位居文化生活類期刊的第一位。2004 年《家庭》雜誌每期發行量為 180 萬份左右[31]。

在內容上，《家庭》雜誌包括「名人談家」、「名人寫真」、「命運悲歌」、「警世檔案」、「現代家教」、「我愛我家」、「家

---

[29] 顧蘭英，「中國婦女創刊 60 周年紀念文章之 6：注重傳統教育　激勵啟迪後人」，中國婦女網，2007 年 5 月 10 日，http://www.womenofchina.com/newslist.asp?cid=143。

[30] 「中國婦女雜誌社簡介」，中國婦女網，2007 年 11 月 23 日，http://www.womenofchina.com/ 20K 2007-11-15 -。

[31] 孫璐，「論當代傳媒中女性刻板印像的嬗變」，頁 21。

事風雲」、「維權行動」、「挽救婚姻」、「麻辣新婚」等欄目。
《家庭》雜誌每期售價為 3.8 元。

3.《女友》雜誌

《女友》雜誌是陝西婦聯在 1988 年創辦的女性雜誌。《女友》
雜誌首開中國大陸女性雜誌模仿港台相關雜誌的先河,最早採用大
16 開本,注重漂亮的封面與圖片,強調整本雜誌的策劃,製作較
為精美。《女友》雜誌曾 2 次被列入「全國百種重點社科期刊」,
2 次進入「全國讀者最喜愛的 10 家雜誌」。2004 年發行量為 90
萬份[32]。《女友》雜誌報導的議題,包括婚姻、愛情、美容保養、
美食旅遊衣著、流行資訊等。值得觀注的是,《家庭》雜誌的開數
也首創刊載 16 開本的彩色廣告。每期售價為 6 元。

傳播學者 Polumbaum 就指出,改革時代的婦女出版物在質量、
內容、語氣和報導重點方面相距甚遠,比較有個性的是《女友》雜
誌。這家雜誌在西安出版,讀者遍及全中國大陸。它不僅風趣,而
且比其他婦女雜誌處理有爭議的問題[33]。

4.《時尚 COSMOPOLITIAN》雜誌

《時尚》雜誌是由中國國家旅遊局主管,中國旅遊會主辦,創
刊於 1993 年。1997 年 1 月起,《時尚》雜誌改為月刊,分為「伊
人」和「先生」兩個專刊出版。1998 年 4 月,《時尚伊人》與美
國著名女性雜誌《COSMOPOLITIAN》進行版權合作,更名為《時
尚 COSMOPOLITIAN》。2003 年平均每期閱讀人數在 90 萬份左

---

[32] 同前註。
[33] 朱迪・波倫鮑姆,「中國新聞事業透析」,新聞與傳播研究(北京),第
　　3 卷 1 期(1996 年 1 月),頁 36。

右。《COSMOPOLITIAN》在全球共有 41 個版本，傳播理念是告訴現代女性走出家門尋找自己成功的大門。《時尚COSMOPOLITAN》內容主要分為人物、情感、健康、職業、生活、時裝、美容、娛樂等 8 大板塊，具體欄目 40 多個，成為現代女性了解世界潮流，接受現代生活方式的指南[34]。《時尚COSMOPOLITIAN》每期售價為 20 元。

（二）符號學分析法

近年來有關中國大陸傳媒建構的女性形象研究頗多，在研究方法上大體上都採用內容分析法。所謂內容分析法，指的「是一種以客觀、系統與量化的方式，來描述傳播的外顯內容之研究方法」[35]。因此，內容分析法的優點在於能夠處理大量的樣本資料，可以系統地分析與理解傳播內容說了些什麼（say what），也可探究媒介內容所描述的人物形象，以及社會的趨勢與價值。

內容分析法雖然具備多項優點，但也有其侷限性。Van Zoonen 就指出，內容分析法將焦點放在明顯而表面的媒介內容上，必然會形成嚴重的限制，因為研究者無法對媒介內容字裡行間的意義加以解讀，也沒有發掘表面層次以外的意義，更不會去討論隱含或其他聯結性的意涵，只有確實出現在媒介文本的符號，如字、句子、文本、影像等，才可以納入分析[36]。

McQuail 認為，傳統內容分析法假設以客觀方法可捕捉媒介內容的主要意義，缺點則在於分析焦點只限於媒體呈現的外顯

---

[34] 陳桂琴，「試論女性時尚雜誌中的女性角色問題」，頁 2。
[35] B. Berelson, *Content Analysis in Communication Research* (Glencoe, IL.:Free press,1952), pp.15~18.
[36] 張錦華、劉容玫譯，Liesbet van Zoonen 著，女性主義媒介研究，頁 97～98。

（manifest）內容，無法進一步分析與闡釋媒介內容深層、潛在的意義[37]。Leiss 等人也認為，當媒介內容被分割為不同的類目形式時，意義即已消失，因為意義必須依據整體的內容結構才能加以捕捉。內容分析法利用類目建構來分析傳播內容，即忽略了文章字句與段落之間的關係，以及文章的整體架構，從而無法掌握完整的意義[38]。

　　例如，《中國婦女》一則報導 17 大代表、解放軍軍事科學院世界軍事研究部第 2 研究室主任姚雲竹的專訪中，如果以內容分析法分析，可將其歸類為事業成功的女性。但是仔細閱讀內文提及，「姚雲竹某年曾前往新加坡一項高級軍官講習班，在會中發言暢論中國的崛起並未對世界帶來威脅」。另外，該文也提及姚雲竹表示，「40 歲以前為了翻譯一本書，我可以不吃不喝不顧家，40 歲以後，我會儘可能減少加班，花更多時間陪女兒聊天，照顧生病的父母，懂得在工作之餘如何兼顧家庭。」這兩段論述即點出姚雲竹在事業有成的背後，仍隱含著國家對其成就的規訓，以及對家庭的贖罪，仍然是無法跳脫擁抱傳統婚姻價值觀的賢內助角色，這就與其給人事業成功的新女性印像迥迥然不同[39]。而這卻是無法從內容分析法畫分的類目得知的深層意義。

　　學者 McRobbie 就指出，符號學提供了比傳統內容分析法更多的東西，因為它並不單只是關心媒體內容呈現的表面數字，而是關心這些媒體文本背後所隱含的訊息。符號學的分析方法，就是經由

---

[37] D. McQuail, *Mass communication theory*（London: Sage, 1994）.

[38] W. Leiss., S.Kline & S.Jhally, *Social Communication in Advertising: Persons, Products and Images of Well-Being* (London: Routledge,1990).轉引自鍾蔚文，從媒介真實到主觀真實－看新聞，怎麼看？看到什麼？（台北：正中書局，1992 年）。

[39] 蘇容，「17 大代表風采－姚雲竹：女人四十更從容」，中國婦女（北京），702 期（2007 年 8 月），頁 1。

將一套密碼建構訊息的各自分開，這些密碼藉由產生不同的意義，而組成符碼；而且正是這些仔細鑑別、分析密碼的過程，提供更進一步的分析基礎[40]。符號學在女性主義媒介批評中很受歡迎，就是因為它能夠挖掘文化形式中女性很少出現或甚至缺席背後的意義結構[41]。

　　當代符號學研究的創始者，首推美國的實用主義哲學家皮爾斯（Charles Sanders Peirce）和瑞典的語言學家索緒爾（Ferdinand de Saussure）。運用在社會現象與大眾文化分析方面，最重要學者有義大利的符號學者艾柯（Umberto Eco）、法國的符號學者羅蘭‧巴特（Roland Barthes）[42]。

　　符號學強調符號的意義是定位於深層的社會文化情境之中，表面的訊息不足以真正了解意義的產製方式。傳播學者費斯克（J. Fiske）依據巴特對意義的分析，指出符號的 3 個層次意義：1.表面意涵：亦即符號中的符號具、符號義之間，以及符號和它所指涉的外在事物之間的關係。巴特稱這個層次為明示義（denotation），指的是一般常識，就是符號明顯的意義[43]。

　　2.社會迷思：巴特提到符號產製意義的第 2 層次有 3 種方式，其中有一種就是透過迷思（myth）。巴特認為迷思運作的主要方式是將歷史「自然化」，亦即迷思原本是某個社會階級的產物，而這個階級已在特定的歷史時期中取得主宰地位，因此迷思所傳佈的意義必然和這樣的歷史情境有關。但是迷思的運作就是企圖否定這層關係，並將迷思所呈現的意義當作是自然形成的，而非歷史化或社

----

[40] A. McRobbie, *Feminism and Youth Culture* (Basingstoke: Macmillan, 1991), p.91.

[41] 張錦華、劉容玫譯，Liesbet van Zoonen 著，女性主義媒介研究，頁 104。

[42] 張錦華、柯永輝，媒體的女人　女人的媒體，頁 16。

[43] 張錦華等譯，John Fiske 著，傳播符號學理論（台北：遠流出版公司，1999年），頁 115～133。

會化的產物。迷思神祕化或模糊了它們的起源，也因此隱匿了相關的政治和社會層面的意義[44]。

　　例如，社會上關於女人的迷思，是認為女人天生比男人更長於教養和照顧，因此她們天生適合在家裡養育小孩，照顧丈夫。男人扮演的則是負擔一家生活的角色。然後這些角色建構了所有的社會基本單位－家庭。迷思掩飾了它的歷史起源，造成這些意義像是「自然」生成的一部分，可以放諸四海而皆準。這些意義的內容看來不僅無需改變，而且是公平的，因為這些意義似乎同等地服務了男人和女人的利益，但卻隱藏了政治性的作用，也就是隱藏了資本主義社會的運作，事實上是鞏固了中產階級男人的利益[45]。

　　3.意識形態：符號靠其使用者才免於成為過時品，也唯有靠使用者在傳播中與符號的一唱一和，才能保存文化裡的迷思和隱含的價值。存在於符號與使用者、符號與迷思和隱藏義之間的關係，正是一種意識形態的關係。

　　法國馬克思主義思想家阿圖塞就發展一套更複雜的意識形態理論，使意識形態脫離與社會經濟間的緊密因果關係，並將意識形態重新定義為一種持續且無所不在的實踐過程，而不只是由某一階級強行灌輸給另一階級的一套思想。不過，所有階級都參與實踐過程的事實，並不表示社會實踐已不再為優勢階級服務，相反地大多數的實踐活動正是為他們而存在。亦即意識形態的力量比馬克思所以為的要大的多，因為它能直接從人的內在運作而非僅加諸外在，它是牢牢地深植在每一個階級的思想模式和生活方式裡[46]。

---

[44] 同前註。

[45] 同前註。

[46] 張錦華等譯，John Fiske 著，傳播符號學理論，頁 217～247。

例如，一雙高跟鞋並未將主導性別（男人）的意旨由外在加諸於女人身上，但是穿高跟鞋卻是父系社會裡的一種意識形態運作，在這個運作當中，女人的參與程度可能比意識形態所要求的更多。穿上高跟鞋會凸顯女性身體的某些部位，這些部位正是父系社會訓練我們將其認為是男人有吸引力的部位：臀部、大腿和胸部。於是女人也這樣內化自己，一個吸引男人視線的尤「物」，然後讓自己臣服在男人的權力（給予或不給予讚美的權力）之下。高跟鞋同時也限制了女人的行動和體力，使她們走不快又走不穩，於是穿高跟鞋是促成女人在父系社會裡的次等地位的一種實踐方式。穿高跟鞋的女人不僅複製且傳播了父系社會裡的性別觀：男性是較強壯且較活力充沛的，女性是較羸弱且較被動的[47]。

四、分析

對《中國婦女》這本最資深的中國大陸女性雜誌來說，在面對營運的壓力下，也逐步將報導的焦點擴及都會女性、女性職場處境等議題，但是作為國家宣傳的「典型女性人物」報導，仍然是該刊的重點策劃議題。

本文選取了《中國婦女》刊載的一則有關大生紡織集團第 7 任董事長、17 大黨代表左成懃的人物特寫，藉由費斯克對符號 3 層意義的解析，從表面的文本敘事結構中，分析背後是否潛藏了傳統父權社會對女性片面價值觀的社會迷思？以及黨國從中試圖建構社會主義政權父權體系的意識形態？

---

[47] 同前註。

（一）愛國愛家、積極勞動的「鐵姑娘」

1. 表面的敘事結構

標題	17 大代表風采 左成勷：續寫百年老號傳奇
副標題	1895 年，清朝狀元張謇「下海」，創辦大生紗廠。1970 年，19 歲的左成勷進大生當了一名紡織女工。多年後，她成為這個百年老廠大生集團的第 7 任董事長。
主要陳述	1. 左成勷和妹妹同期進廠，一個是小左，另一個就被叫做大左。採訪大左的時候，她剛剛當選黨的 17 大代表，南通市只有 2 名。左成勷目前也是全國三八紅旗手、中國百名傑出女企業家、全國紡織工業勞動模範、10 屆全國人大代表……她用 10 年時間重組收購兼併了 10 個廠，養活了上萬人。 2. 1970 年入廠正流行鐵姑娘。大左個子高，力氣大，肯幹活。一個棉條桶 10 多斤，別人一次提 4 個，她兩隻手提 6 個；陰溝堵塞了，她袖子一挽，伸手就掏；帶領青年突擊隊蓋食堂，一口氣能用刀刮出 48 萬塊舊磚頭。 3. 左成勷的丈夫最近幾年內退回家，大左的家務擔子終於可以移交出去。只是每天早晨 6 點，她依然會起來給全家人準備早餐，時間允許，她還會負責給小孫女穿衣服。因為左成勷認為，「女人就是女人，擅長家務是與生俱來，最自然的社會分工。」 4. 大左很幸福。事業上，這一生從來沒有失敗過；生活上，她有一個穩固的大後方。老公好，兒子好，媳婦也好－她的婆媳相處之道，把媳婦當小朋友，原諒包容不苛刻。大左的著名理論是：「事情今天做不完，明天還有的做，但父親只有一個，母親只有一個，老公只有一個，孩子也只有一個。」
圖片資料	本文刊載了 2 篇照片，一張左成勷身著黑色條紋襯衫，蓄短髮，微笑端坐辦公桌前。照片說明是：大左說，自己的肩膀是方的。另一張場景為工地前，身著土黃色外套的左成勷與 4 位男性員工在施工圖前討論，後方有兩位男性員工。照片說明是：和大左一起工作是件快樂的事。
消息來源	《中國婦女》，2007 年 8 期，總第 702 期，頁 14～15。

2. 社會迷思

(1) 女人事業成功是因為家人支持。

從文本中可以看出，左成懃在事業上成就非凡，在 10 年期間重組收購兼併了十個廠，養活了上萬人。但她仍認為，這一切要歸功於有一個穩固的大後方。明顯的，左成懃這樣一位事業有成的女性，仍然無法跳脫中國大陸女性既有的「女人事業成功，是因為家人支持」的社會迷思。

(2) 女人擅長家務是與生俱來。

從文本中可以看出，左成懃的丈夫最近幾年內退回家後，總算可將家務重擔卸下，但她仍認為「女人就是女人，擅長家務是與生俱來，最自然的社會分工」。這隱喻了左成懃仍舊無法拋除「女人天生就比男人擅長料理家務」的社會迷思，也鞏固了中產階級男性的優勢地位。

3. 意識形態

從文本的陳述左成懃因為經營大生紗廠有功，獲得國家頒發全國三八紅旗手、中國百名傑出女企業家、全國紡織工業勞動模範、10 屆全國人大代表、17 大黨代表，說明了國家對左成懃的收編。左成懃事業的成就，除了展現在市場競爭外，更重要的通過國家的收編來體現其事業成功的意義。其次，文本中回顧了左成懃年輕入廠時「鐵姑娘」的無性別（確切地說，是男性的）形象，以及 2 張左成懃身著黑色套裝、蓄短髮的照片，透露了由《中國婦女》雜誌背後的主辦單位中華全國婦女聯合會，仍舊試圖找回昔日「婦女能頂半邊天」，那種化裝為男人、以男性身分為認同的「鐵姑娘」形象。

最後，文本中對於左成懿事業成功歸功於家人支持的論述，隱喻了在改革開放後這些從舊時代蛻變的事業有成女性，在表面上展現女性主體意識的同時，卻仍需感謝家人的支持，不自覺地從「半邊天」的角色再一次回歸到男性的附庸。而透過這些文本的串聯，也說明了《中國婦女》雜誌試圖建構傳統父權社會對女性的規訓。

（二）擁抱傳統婚姻價值的「賢內助」

改革開放後，中國大陸女性在逐步卸下傳統「女性能頂半邊天」的角色，恢復過往被階級意識遮掩的性別身分後，中國大陸女性重新以擁有事業、家庭、感情的活生生女人出現。像《中國婦女》、《家庭》、《女友》這類雜誌開始關注中國大陸女性生活周邊事情，例如如何經營感情、如何維持家庭幸福、如何面對外遇、如何挽救婚姻、女性外遇者的下場等議題。從這些報導中，也建構了改革開放後中國大陸女性的新面貌。

本文選取了《中國婦女》、《家庭》、《女友》刊載的 3 則報導，藉由費斯克對符號 3 層意義的解析，從表面的文本敘事結構中，分析背後潛藏的社會迷思，以及試圖建構的意識形態。

1. 體認先生事業忙碌、展現寬容的好太太。

(1) 表面的敘事結構

標題	索取過多，差點逼老公逃離
欄目	保衛婚姻
主要陳述	1. 專職家庭主婦路偉的老公當上銷售部經理，工作愈來愈忙，早上提前出門，晚上也經常加班，應酬遲歸。路偉為此與先生約法三章，一周得抽出一晚趕在晚飯前家，一家 3 口共進晚餐，維護家庭氣氛。但是，隨著時間推移，儘管老公沒有違反紀律，關心卻愈來愈少。

	2. 後來路偉得知,先生下班後經常到一位離婚女人去處。2 人攤牌後,路偉老公坦承因為上班壓力太大,下了班只想放鬆,但路偉卻逼他趕回家做飯吃飯,這時最怕遇上客戶,非常為難。老公表示,外面女人是以前老同學,下班後找她吃頓家常飯,隨意說說話,可以徹底放鬆。路偉獲悉後對先生表示:「你老同學能做到的,我也做得到。我承認自己不太懂事,為你著想不夠。我們再試試,一年後再決定是否離婚。這期間,我不會干預你和老同學來往。」 3. 之後,不出一個月,試驗期就宣告結束,路偉又與老公恢復刀砍不斷的好夫妻。路偉認為自己也要懂得調整心態,去適應老公新工作帶來的變化,而不是只想要老公滿足她,矛盾就可以迎刃而解。
圖片資料	以一張漫畫呈現夫妻爭執過程。漫畫中一位身形魁梧的女人,用巨大的雙手將一位男人扭緊,男人面目扭曲,作掙扎狀,身上並被擠擰出多道水珠。
消息來源	《中國婦女》,2007 年 8 期,總第 703 期,頁 20~21。

(2) 社會迷思

① 男人外遇,是因為太太不夠體貼。

　　路偉終於體認到面對先生外遇時,要挽回先生的心,絕不是吵架,是要做得比外面的女人好。先生之所以外遇,是因為過去自己太不懂事,對先生索取過度。此則報導事實上隱藏了路偉作為家庭主婦,在經濟上明顯處於劣勢,在無法與先生決裂的情形下,只得選擇以「外面的女人做得到的,我也做得到」方式解決。此一解決方式,恰恰落入了「男人外遇,是因為太太不夠體貼」的社會迷思。

② 男人在外面打拚事業，女人要扮演賢內助。

　　路偉認知到先生在職場打拚事業，很難兼顧事業家庭，做太太的要多多體諒先生的辛苦，應酬也是不得已的，要讓先生回家後徹底放鬆，才能繼續打拚事業。在此種認知下，路偉實踐了「男人在外面打拚事業，女人要扮演賢內助」的社會迷思。

　　2.為幫夫家留下子嗣，不惜犧牲性命的女性。

　　(1) 表面的敘事結構

標題	天使孕婦，臨終前傾情，傳遞婚姻接力棒
編按	山東的趙媛在孕檢中被檢查出罹患乳腺癌，她不顧所有人的勸阻，選擇生下孩子。當女兒第一聲嘹亮啼哭響起時，她悄悄地為自己的心愛的女兒和愛人，做了一個令人潸然淚下的安排－找回丈夫的前妻，讓這對曾經深愛的人，帶著女兒繼續幸福快樂地生活下去。
主要陳述	1.在青島開花店的趙媛結識一位剛離婚的中學老師葛軍。葛軍 3 代單傳，其妻丁素素罹患先天性輸卵管堵塞無法受孕，導致丁素素主動離開。 2.趙媛與葛軍結婚隔年懷孕，但卻在半年後檢查罹患乳腺癌。趙媛為了不影響胎兒發育，堅持不做化療。為了不讓孩子出生後變成孤兒，趙媛在生產後促成了先生與其前妻復合，企盼即使有一天自己病逝後，先生擁有其前妻的愛，女兒也會有個幸福的將來。 3.趙媛往生後，葛軍和丁素素辦理復婚手續，他們相信經歷這一段生死歷程，會更珍惜在手的一切，因為這是用一個善良美麗女孩的生命換來的。至於孩子，丁素素說會當她是親生的，她和媽媽都是上天派來的天使。
圖片資料	一張合成照片，呈現一位甜睡中的嬰兒，旁邊襯以美麗的花朵。
消息來源	《家庭》，2007 年第 8 期，總第 409 期，頁 10～12。

(2)　社會迷思：傳宗接代是女人的天職。

從文本中可看出，趙媛的先生葛軍 3 代單傳，前妻因為不孕主動求去，而趙媛懷孕後卻發現罹患乳腺癌。為了保住夫家命脈，趙媛拒絕化療終致病逝。這則報導充分流露出傳統中國大陸女性，將傳宗接代內化為女人使命的社會迷思。趙媛為了女兒的將來，促成先生與前妻的復合，情節如同戲劇般曲折，表面上是以趙媛的犧牲小我成就夫家，事實上是藉此維繫了父權社會延續子嗣的運作。

3. 嫁個老男人的幸福小女人

(1)　表面的敘事結構

標題	蓋茂森：我只活這輩子
副標題	1.蓋茂森說：愛就要表達出來，就是要讓對方看到，感受到，這和年齡差異沒有關係，不管多大年紀，一旦愛起來，同樣會激烈飛揚。2.愛就是誰也不嫌棄誰，就是能夠一起同吃同住同勞動。3.如果真誠地愛上了一個人，就不要有顧慮，好比畫畫一樣，不可能把所有的構架都想好了去畫。十全十美是沒有的，只要有一部分是美的，那就很好了。
編按	在《女友》看來，老少配夫妻與普通愛情相比並無二致，要說特別，可能就是他們擁有更加動人的愛情故事，更加豐富的人生歷練，更加感人至深的情感火花。愛情沒有條條框框，有愛就有一切，這個話題與年齡無關。
主要陳述	1.66 歲的南京畫家蓋茂森，與小他 41 歲、原本在超市擔任領班的王丹結婚。蓋茂森一直認為，畫家應當把快樂帶給人們，但是同時也要讓自己快樂。蓋茂森認為只有感受到了美，才能夠去畫美，表現美，讓大家一起來欣賞美。 2.2006 年情人節，一場名為「韓國風情」的鋼琴音樂會在南京開演，蓋茂森為了營造愛情的浪漫，購買一套最貴、價值 9999 元人民幣的箔金門票。 3.蓋茂森跟王丹說，有些年輕女孩子嫁給年紀大的男人，大家往

	往會瞧不起她們，說她們還不是為了錢。因此鼓勵她經營服裝事業，只要做出成績來，讓大家看看，別人就會尊重她了。 4.蓋茂森兒子蓋會寧說，父親的婚禮是他一手操辦的，喜帖也是他親自送的。他表示，父親是一位藝術家，很喜歡和年輕人在一起，所以選擇王丹女士，這是非常可以理解的。而且，年輕的女人能夠更好地照顧父親，做子女的就更放心了。
圖片資料	文本首先呈現一張蓋茂森與王丹手持一顆上題「愛」字的紅色心形圖樣。第 2 頁呈現 2 張蓋茂森與王丹在北京結婚的照片。第 3 頁、第 4 頁的 3 張照片，則分別呈現 2 人在內蒙古草原騎馬、王丹右手勾住蓋茂森左手、蓋茂森購買價值 9999 元人民幣箔金門票的 2 人合影照片。
資料來源	《女友》，2007 年 11 月，第 305 期，頁 10～13。

(2) 社會迷思

① 老夫配少妻，是白髮紅顏的浪漫傳奇。

從文本中可看出，蓋茂森這位畫家娶了一位可以當他孫女的王丹，兩人都強調愛情不分年齡。但誠如蓋茂森所言，只有感受到美，才能夠去畫美，因此這場婚姻延續了蓋茂森的持續創作，也保障了蓋茂森在現行中國大陸國家資本主義下畫作市場如常運作。另外，如同蓋茂森兒子所言，父親娶年輕女孩為妻，可以獲得妥善照顧，充分體現了父權社會將年輕女子視為「工具性」的產物。然而報導卻將其包裝成「白髮紅顏」的浪漫傳奇，運用此種社會迷思讓蓋茂森從中卸下「不倫戀」的道德負擔。

② 找個有錢的男人，女人下輩子幸福有保障。

蓋茂森是一位財力雄厚的畫家，王丹則是超市的領班，雙方在社經地位上差距頗大。蓋茂森在經營感情上出手闊綽，以此博得王

丹芳心。蓋茂森要王丹經營事業，免得被人說嫁給老男人不就是圖個錢，但從其提供金援協助王丹經營服飾業，又恰恰掉入「找個有錢的男人，女人下輩子幸福有保障」的社會迷思。

(3)　意識形態

正如同阿圖塞指出的，意識形態並非是由某一階級強行灌輸給另一階級的一套思想，而是一種持續且無所不在的實踐過程。同時，所有階級都參與實踐過程的事實，並不表示社會實踐已不再為優勢階級服務，相反地大多數的實踐活動正是為他們而存在。

從本文觀察文本所建構的 3 種中國大陸新女性類型，可以看出不論學歷高低、結婚與否、年齡大小、家庭主婦還是職業婦女，事實上在處理兩性關係時，都不約而同沉浸在父權社會炮製的社會迷思裡，例如，「男人外遇是因為太太不夠體貼」、「男人在外面打拚事業，女人要扮演賢內助」、「傳宗接代是女人的天職」、「老夫配少妻，是白髮紅顏的浪漫傳奇」、「找個有錢的男人，女人下輩子幸福有保障」等。

誠如巴特所言，迷思的運作方式就是將其歷史「自然化」，神祕化或模糊了這些社會迷思原本就是歷史上男性主宰階級製造的產物，從而讓女性讀者閱讀文本時，誤以為這些社會迷思是自然存在的。

同時，這些女性在沉浸父權社會迷思的同時，也參與了父權體系意識形態的實踐。當女性讀者不斷接觸這些女性雜誌顯現的女性符號，例如「體認先生事業忙碌，展現寬容的好太太」、「為幫夫家留下子嗣，不惜犧牲性命的女性」、「嫁個老男人的幸福小女人」，就將自己或他人納入這個類別，進而被此種意識形態建構為主體，從而在自我的言行舉止上符合這些標準與要求。

父權體系就因此不斷藉著意識形態這種「再現」體系、主體建構，得以讓男性馳騁於「公共領域」，掌握權力；女性則侷限於「私人領域」，自願當男性的賢內助、傳宗接代的「工具」，而整個父權體系因此得以維繫鞏固、生生不息。

（三）強調自主、崇尚消費的「時尚女」

大體上，中國大陸在 90 年代中期即已進入國家資本主義的發展階段。一方面，國有工業在全國工業總產值的比重低於 50％，但國家仍然擁有從事主要行業（如電訊與石油化工等）的國有企業控制性股權；另一方面，國家也容許愈來愈多的外資及本土資本家擁有自己的企業。這些都是國家資本主義的特性[48]。

既然現階段的中國大陸政治經濟發展模式，是採行國家資本主義，中國大陸女性雜誌的生產運作方式自然也是在國家資本主義制度下運作，因此資本主義下的雜誌生產、發行和消費方式，開始出現在中國大陸女性雜誌產業體制上，但是社會主義國家機器的作用並沒有完全弱化，仍有其一定影響力。

《時尚 COSMOPOLITIAN》就是這個時期的產物，它不僅與全中國大陸各地的婦聯組織脫鉤，擺脫了肩負各地婦聯創辦女性雜誌的宣傳使命，更與美國女性雜誌《COSMOPOLITIAN》版權合作，捲進國際化的進程。

本文選取了《時尚 COSMOPOLITIAN》刊載的一則報導，藉由費斯克對符號 3 層意義的解析，從表面的文本敘事結構中，分析背後潛藏的社會迷思，以及試圖建構的意識形態。

---

[48] 梁文韜，「鄧小平理論與中國大陸社會主義發展的前景」，陳祖為、梁文韜主編，政治理論在中國（香港：牛津大學出版社，2001 年），頁 248～250。

1.表面的敘事結構

標題	奢華的另一面
副標題	作為成功女性，高品質的生活，是否一定定義於享用大牌？現任 GT 國通控股有限公司董事局主席的聶海燕女士，給了我們答案。她是掌管 250 億美金的投資銀行掌門人，談笑間有強虜灰飛煙滅的能量。然而這個叱吒風雲的商界女強人，卻並不像想像中一般渾身上下充滿著侵略的力量。和她對坐，被她溫和與智慧、美麗與溫柔征服，而細細觀察，她低調優雅源自於極佳的品味。「奢侈品是有靈魂的，只有懂得生活真諦的人才能產生共鳴」，聶海燕女士對品質的肯定，為我們揭示出奢華的另一面。
主要陳述	1.聶海燕說：「我經常要以職業形象示人，因此我偏愛 GIORGIO ARMANI 和 ESCADA 的服裝，鞋一般選擇 FERRAGAMO，包包偏愛 CHANEL。由於工作忙碌，我會在每一季新品推出時，選擇適合自己的設計，一次買夠一季。珠寶和首飾對我而言也非常重要，我喜歡鑽石和珍珠，品質好的珠寶在光澤、切割和設計方面都與眾不同。CARTIER 是我經常會選擇的首飾。護膚品，我一直使用 LAMER。」 2.年輕的女孩子沒有必要一定要選擇奢侈品，但是超過 30 歲女性，聶海燕建議在有經濟能力的基礎上選擇奢侈品，大牌的設計非常貼心，能夠塑造出淡定成熟的氣質。優質的護膚品，更給成熟女性帶來極佳的呵護。而選擇大牌中的經典，能夠增加自信和把握感，是職業女性應該有的態度。
圖片資料	文本刊載一張聶海燕的全頁照片，照片中的聶海燕身著黑色套裝，手戴高級鑽錶，耳佩高級飾品，背倚牆邊，凝視前方，嘴唇輕啓微笑，展現職場女性的自信。同時，文本也刊載了 6 張標明是聶海燕喜歡使用的飾品和保養品照片。事實上，這 6 張產品照片雖然標明是聶海燕最喜歡使用，卻是以廣告編輯稿型態呈現，是一種「置入性行銷」安排。
資料來源	《時尚 COSMOPOLITAN》，2007 年 8 月號，頁 128～129。

2.社會迷思

(1)　精品可以增加職場女性的自信。

　　從文本中可以看出，聶海燕這位中國大陸 90 年代中期後出現在商場的職場新女性，本身是掌管 250 億美金的投資銀行掌門人，可說是超越多數中國大陸男性的女強人。但是，聶海燕還是認為選擇大牌中的精品，能夠增加自信，提升職場女性的信心。此種社會迷思迎合了父權社會體系裡男性觀看女性的方式，也隱蔽了資本家藉由商品刺激女性消費的企圖，使這些職場新女性掉入父權體制建構的消費主義陷阱。

(2)　名女人代言的精品就是好商品。

　　文本的編排一開始，標題就直接挑明「奢華的另一面」，試圖為消費主義脫罪。同時，刊載了 6 張聶海燕經常使用的飾品、保養品照片，以及聶海燕身著高級黑色套裝，手戴高級鑽錶，耳佩高級飾品的獨照，明顯的是以「置入性行銷」方式呈現，將報導與廣告融為一體。此種報導的安排，無形中隱喻了「名女人代言的精品就是好商品」的社會迷思。

3.意識形態

　　正如同阿圖塞所說的，意識形態並非是由某一個階級強行灌輸給另一個階級的一套思想，而是一種持續且無所不在的實踐過程。同時，所有階級都參與實踐過程的事實，並不表示社會實踐已不再為優勢階級服務，相反地大多數的實踐活動正是為他們而存在。

　　文本中聶海燕雖然是職場高階女主管，但是在面對時尚精品時，卻仍然沉浸在父權社會炮製的社會迷思裡，例如「精品可以增

加職場女性的自信」、「名女人代言的精品就是好商品」。聶海燕堅持時尚精品迷思的同時，事實上也參與實踐父權體制建構的消費主義意識形態。當女性讀者不斷接觸聶海燕的時尚精品迷思時，就將自己或他人納入聶海燕這個類別，進而被此種消費主義意識形態建構為主體，從而在自我的言行舉止上符合這些標準與要求。

　　由於《時尚 COSMOPOLITAN》雜誌是由中國旅遊會主辦，基本上是當前中國大陸國家資本與國際化資本的結合。因此，聶海燕的人物專訪事實上隱藏了由中國大陸男性掌控的黨國官僚資本體系，試圖建構的消費主義意識形態。透過此種時尚精品迷思的散佈，女性們紛紛掏錢購買精品，從而維繫了整個父權資本主義體系的運作。

五、結論

　　本文採用符號學分析法，分析了 5 則《中國婦女》、《家庭》、《女友》、《時尚 COSMOPOLITAN》刊載的當代中國大陸女性人物，得出鐵姑娘、賢內助、時尚女 3 種女性形象類型。

　　首先，從《中國婦女》分析的個案可以得知，改革開放前所謂「婦女能頂半邊天」，那種被階級意識遮掩性別身分，呈現無性化（或者男性），愛國愛家、積極勞動的「鐵姑娘」女性形象，仍然存在當前《中國婦女》內容中，同時經常作為每期企劃主題顯著處理。從該則分析案例的表面敘事結構裡，仍然潛藏了傳統父權社會對女性片面價值觀的社會迷思，以及從中試圖建構社會主義政權父權體系的意識形態。

　　此一現象說明《中國婦女》這一跨越一甲子迄今，中國歷史最攸久的女性雜誌，即便是已將報導範圍擴展到報導女性職場問題、

心理情感諮詢、生活健康等範疇，甚至在每個月下半月出版「法律幫助」專刊，強調是中國大陸女性讀者「身邊的律師、法律的顧客、維權的指南」，但並未放棄其塑造黨國心目中「典型中國女性」的報導，它仍然是全國婦聯的宣傳喉舌。

　　其次，從《中國婦女》、《家庭》、《女友》刊載的 3 則報導分析中可以得知，這些文本所建構的 3 種中國大陸新女性類型，不論學歷高低、結婚與否、年齡大小、家庭主婦還是職業婦女，事實上在處理兩性關係時，都不約而同沉浸在父權社會炮製的社會迷思裡，同時也參與了父權體系意識形態的實踐。此一現象說明改革開放後重新獲得長期來失去性別角色的新女性，在兼顧事業與家庭的過程中，仍需感謝家庭的支持，自覺地從「半邊天」的角色，再一次回歸到男性的附庸，展現了重新擁抱傳統婚姻價值的「賢內助」形象。

　　第三，伴隨著 90 年代中期中國大陸步入國家資本主義的發展階段，職場上湧現了大批商場女強人，使得女性在社會、經濟獲得前所未有的地位。從《時尚 COSMOPOLITAN》刊載的這則報導分析可以得知，90 年代中期出現的中國大陸商場女強人，在享用時尚精品的同時，事實上也參與了實踐父權體制建構的消費主義意識形態裡。

參考文獻

「中國婦女雜誌社簡介」，中國婦女網，2007 年 11 月 23 日，http://www.womenofchina.com/ 20K 2007-11-15 -。

毛主席詩詞（北京：人民出版社，1960 年）。

朱迪‧波倫鮑姆，「中國新聞事業透析」，新聞與傳播研究（北京），第 3 卷 1 期（1996 年 1 月），頁 36。

何雙秋，「現代傳媒中的女性形象生產－對《中國婦女》雜誌（1990～2007年）的內容分析」，發表於 2009 中國傳播學論壇暨第 3 屆全球傳播論壇（上海：上海交通大學媒體與設計學院、全球傳播研究院、美國普渡大學傳播系主辦），2009 年 10 月 30、31 日，頁 502～508。

孫璐，「論當代傳媒中女性刻板印像的嬗變」，蘇州大學傳播學碩士論文（2004 年）。

張錦華等譯，John Fiske 著，傳播符號學理論（台北：遠流出版公司，1990年）。

張錦華、柯永輝，媒體的女人 女人的媒體（台北：碩人出版公司，1995年）。

張錦華、張容政譯，Liesbet van Zoonen 著，女性主義媒介研究（台北：遠流出版公司，2001 年）。

梁文韜，「鄧小平理論與中國大陸社會主義發展的前景」，陳祖為、梁文韜主編，政治理論在中國（香港：牛津大學出版社，2001 年），頁248～250。

陳桂琴，「試論女性時尚雜誌中的女性角色問題」，暨南大學新聞學碩士論文（2003 年）。

黃金麟，政體與身體－蘇維埃的革命與身體，1928～1937（台北：聯經出版社，2005 年）。

鮑曉蘭編，西方女性主義研究評價（北京：三聯書店，1995 年）。

鍾蔚文，從媒介真實到主觀真實－看新聞，怎麼看？看到什麼？（台北：正中書局，1992 年）。

戴錦華，「性別與敘事：當代中國電影中的女性」，斜塔瞭望－中國電影文化 1978～1998（台北：遠流出版公司，1999 年）。

韓湘景、尚紹華、蘇容，「中國婦女：見證抗戰中的中國婦女」，中國婦女網，2007 年 5 月 10 日，http://www.womenofchina.com/newspage.asp?id=332 10K 2007-8-24 -。

羅韵娟、郝曉鳴，「媒體女性形象塑造與社會變革－《中國婦女》雜誌封面人物形象的實證研究」，中國傳媒報告（北京），第 4 卷第 1 期（2005年 2 月），頁 87～99。

蘇容，「17 大代表風采－姚雲竹：女人四十更從容」，中國婦女，702 期（2007 年 8 月），頁 1。

顧蘭英，「中國婦女創刊 60 周年紀念文章之 3：迎著新中國的曙光」，中國婦女網，2007 年 5 月 10 日，http://www.womenofchina.com/newslist.asp?cid=143。

顧蘭英，「中國婦女創刊 60 周年紀念文章之 4：向婦女宣傳社會　向社會宣傳婦女」，中國婦女網，2007 年 5 月 10 日，http://www.womenofchina.com/newslist.asp?cid=143。

顧蘭英，「中國婦女創刊 60 周年紀念文章之 6：注重傳統教育　激勵啟迪後人」，中國婦女網，2007 年 5 月 10 日，http://www.womenofchina.com/newslist.asp?cid=143。

Althusser, L., "Ideology and Ideological State Apparatuses," *Lenin and Philosophy and other Essays* (London: New Left Books, 1971), pp.143~176.

Berelson, B., *Content Analysis in Communication Research* (Glencoe, IL.:Free press,1952).

Ferguson, M., *Forever Feminine: Women's Magazines And Cult of Femininity* (Exeter, NH: Heinemann, 1983).

Gramsci, A., "(i) History of the subaltern classes; (ii) The concept of 'Ideology'; (iii) Cultural themes: Ideological material, " in Meenakshi Gigi Durham & Douglas M. Kellner eds., *Media and Cultural Studies: Keyworks* (Malden, Massachusetts: Blackwell,2001), pp.43~47.

McRobbie, A., *Jackie: an Ideology of Adolescent Femininity*, in B. Waites, T. Bennet &G. Martin eds., *Popular Culture: Past and Present*(London: Croom Helm,1982).

McRobbie, A., *Feminism and Youth Culture* (Basingstoke: Macmillan, 1991).

McQuail, D., *Mass Communication Theory* (London: Sage, 1994).

Tuchman, G., *Hearth and Home:Imagines of Women and the Media* (New York: Free Press, 1978).

Winship, J., *Inside Women's Magazines* (London: Pandora Press, 1987).

Wolf, N., *The Beauty Myth: How Images of Beauty are used against Women* (New York: William Morrow and Company, 1991).

（本文曾刊載於中國傳媒報告，第 29 期，2009 年 2 月。）

第六章　盛世騰歡
——中國大陸商業舞劇的黨國意識

《摘要》

　　中國大陸舞劇作為歌頌社會主義政權的「獻禮」匯演，長期來有效發揮了召喚群眾認同黨國的目的。近年來，中國大陸舞劇逐步擺脫過往歌頌、說教的內容，出現數部在商業市場上廣受熱烈迴響的作品，展現高度的視聽娛樂效果。對於中國官方來說，仍然持續賦予這些商業舞劇黨國意識的功能，從而營造出盛世騰歡的氣象。

（關鍵詞：中國大陸舞劇、舞蹈、舞蹈社會學、流行文化）

一、研究動機與目的

　　中國共產黨運用舞蹈作為喚醒工農群眾階級意識的工具，最早可溯源至 20 年代中期北伐時期左翼宣傳隊的紅色歌舞，以及 30 年代的蘇區紅色歌舞團隊。當時，從工農群眾生活苦難中淬練而出的「翻身」意識，成為蘇區紅色歌舞凝聚的焦點。

　　1942 年 5 月 23 日，毛澤東發表著名的「在延安文藝座談會上的講話」後，隨即引發了一系列民眾性文藝實踐，例如群眾寫作運

動、街頭詩運動、戲劇運動、秧歌運動等[1]。其中，原本作為陝北農民秋收農閑娛樂的秧歌，也在「在延安文藝座談會上的講話」的指導下，由魯迅藝術學院組織的秧歌隊，刪除了原本男女打情罵俏的內容，徹底改造成為鼓動革命風潮、動員抗日民族戰爭，以及反映陝北邊區民眾美好生活的新秧歌。

由魯迅藝術學院創作的秧歌包括兩部分：一是《兄妹開荒》的秧歌劇；二是以歌舞劇型式呈現的《擁軍花鼓》[2]，這些新秧歌具備了舞蹈豐富生動的肢體語言，再配上群眾耳熟能詳的曲調，使其成為表達農工群眾歡欣鼓舞情緒的最佳工具，從而掀起熱火朝天的群眾性秧歌運動。這也使得在國共戰爭末期，伴隨各大城市的逐步「解放」，新秧歌成為中國共產黨向廣大工農群眾傳達了「翻身」喜訊的利器。

由於新秧歌這種舞蹈在國共戰爭期間，展現了動員群眾的巨大力量，使得 1949 年中共建立政權之後，開始有組織、有計畫地建構歌舞劇團[3]，以便持續發揮舞蹈的集體性與政治性力量。同時，從 1949 年至 1965 年，中國官方先後召開了 3 次全國文學藝術工作者代表大會和舞蹈藝術工作者代表大會，特別是 1964 年在首都音樂舞蹈工作座談會中，提出的文藝創作「革命化、民族

---

[1]　唐小兵，再解讀－大眾文藝與意識形態（香港：牛津大學出版社，1993 年），頁 16。

[2]　李煒、任芳編著，中國現代、當代舞蹈發展概念（四川：四川大學出版社，2006 年），頁 20。

[3]　中共在建政初期，建構了 3 種類型的歌舞團：由文化部領導的中央直屬歌舞團；由部分中央部委組建的文工團歌舞團；由部隊系統先後組建的總政文工團以及各軍區、各兵種的歌舞團。除了這些中央級歌舞院團之外，也紛紛組建與行政區域對應的各地方歌舞團和少數民族歌舞團。參見：慕羽，中國當代舞蹈創作與研究－舞動奇蹟 30 年（北京：中國文聯出版社，2009 年），頁 52。

化、群眾化」的原則後[4]，確立了舞蹈為政治服務、為工農兵服務的準則。

為政治服務、為工農兵服務的舞蹈創作原則，從 1949 年由華北大學文藝學院創作，作為祝賀人民政治協商會議召開和中華人民共和國開國大典的《人民勝利萬歲》即可看到[5]。其次，1950 年分別由華南文工團、中央劇戲學院舞蹈團創演的《乘風破浪解放海南》與《和平鴿》舞劇，就歌頌了解放軍的正面形象，也呼應聲援抗美援朝戰爭[6]。

再如，從 1959 年建國 10 周年全國各地專業舞團創作、獻演的諸多舞劇、舞蹈作品，也充分體現舞蹈為政治、工農兵服務的原則。例如，表現革命歷史題材的《小刀會》、《五朵紅雲》、《秦嶺遊擊隊》、《雁翎隊》、《湘江北去》；再現現實生活題材的《珠穆朗瑪展紅旗》、《顆顆紅心緊相連》；描述神話故事、民間傳說的《搶親》、《雷峰塔》、《寶蓮燈》；展現少數民族生活的苗族舞劇《蔓蘿花》、蒙古族舞劇《烏蘭保》、彝族舞劇《西山星火》等[7]。其次，為了喜迎 15 周年國慶展開的文藝大匯演，例如集合 3000 多名演員演出的大型音樂舞蹈史詩《東方紅》，以及同樣作為 15 周年國慶獻禮節目的中國大陸芭蕾舞劇《紅色娘子軍》、《白毛女》[8]。

這些各種類型題材的舞劇，事實上可以視為主旋律舞劇的雛型。貫穿這些舞劇的共同主題就是「歌頌」，演出目的則包括了歌頌社會主義政權的「獻禮」演出；教育、團結人民群眾、打擊敵人

4　李煒、任芳編著，中國現代、當代舞蹈發展概念，頁 20、68。

5　馮雙白，新中國舞蹈史（湖南：新華書店，2002 年），頁 8。

6　于平，「中國現當代舞劇發展史綱要」，中國藝術研究院博士論文（2003年），頁 46。

7　李煒、任芳編著，中國現代、當代舞蹈發展概念，頁 58。

8　李煒、任芳編著，中國現代、當代舞蹈發展概念，頁 62～65。

的武器；營造民族團結、和諧的平台；鼓舞、激勵、撫慰工農兵群眾的巡迴工具；以及作為履行文化交流的載體。這也說明了中國官方對舞劇的政治性運用。

　　文革 10 年期間，舞劇被賦予高度的政治化，淪為打擊階級敵人的武器，特別是在 1967 年 6 月人民日報發出「把革命樣板戲推向全國」的號召後，曾為 15 周年國慶獻禮的中國大陸芭蕾舞劇《紅色娘子軍》、《白毛女》，由於被選擇改造作為樣板戲，從而在全國各地出現史無前例的畸形流行，至於其餘的民族、民間舞蹈一律被斥之為「封、資、修」的毒草遭到封殺，同時全國上千個舞蹈劇團被迫停辦，中國大陸舞蹈事業處於停滯狀態[9]。

　　1979 年伴隨著大型舞劇《絲路花雨》的創演成功，久經窒錮的中國大陸舞劇重燃生機。《絲路花雨》的成功演出，除了在藝術上力圖通過「敦煌舞」的復活，再現莫高窟壁畫的輝煌榮耀，更重要的是通過謳歌盛唐敦邦睦鄰、門戶開放的政策，為新時期的改革開放推波助瀾[10]。這也說明舞劇的政治性任務，在進入改革開放後，仍被賦予高度使命。特別是在經歷了 1983 年清除精神文明污染、1987 年資產階級自由化，以及 1989 年六四事件後西方國家「和平演變」的凌厲攻勢，中國大陸舞劇作為文藝的重要組成部分，更肩負起重要的政治任務。

　　繼 1987 年中國大陸電影界提出「主旋律」口號，1989 年廣電部於全國電視劇題材規劃會上提出「突出主旋律，堅持多樣化」的號召後，1990 年 7 月中直部、委所屬藝術院團及在京部隊文藝團體的部分舞蹈編導，也在「舞蹈創作座談會」探討「主旋律和多樣

---

[9]　慕羽，中國當代舞蹈創作與研究－舞動奇蹟 30 年，頁 65～66；李煒、任芳編著，中國現代、當代舞蹈發展概念，頁 74。
[10]　于平，「中國現當代舞劇發展史綱要」，頁 75。

化」的問題。與會者認為舞蹈創作除了要重視題材的多樣化之外，更要力求能夠「反映當代社會主義建設和鬥爭中的英雄人物，歌頌黨的光輝業績，以及廣大民族文化傳統」[11]。

在此種政經情勢下，中國官方開始設置舞蹈競賽獎項，來鼓勵、引導舞劇發揮黨國賦予的政治任務。例如，1991 年由中國文化部發起主辦的文華獎，1992 年由中宣部組織的「五個一工程」獎評選活動，1998 年由全國文聯和中國舞蹈家協會主辦的荷花獎，2002 年由文化部和財政部聯合主辦的國家舞台藝術十大精品工程，1987 年由中國文化部與各省、市政府共同主辦的中國藝術節。在 2003 年舉行的第 3 屆全國舞劇觀摩演出以來，更強調舞劇的作品要貫徹「三貼近」的要求，亦即貼近實際、貼近生活、貼近服務。此一要求突出了舞劇的創作原則，仍需落實黨國領導人有關文化政策講話，例如，毛澤東「在延安文藝座談會上的講話」、1979 年鄧小平「在中國文學藝術工作者第 4 次代表大會的祝詞」、2000 年江澤民「三個代表」、2002 年江澤民 16 大報告、2002 年紀念「在延安文藝座談會上的講話」發表 60 周年、以及 2006 年胡錦濤「在中國文聯第 8 次全國代表大會、中國作協第 7 次全國代表大會上的講話」的精神[12]。

相應的，中國大陸主旋律舞劇開始成為舞台上的焦點。無論是中央文化部門、自治區黨委、省委宣傳部、省文化廳，或者地方文化部門等，都相當重視舞劇創作的主旋律題材，例如工農兵題材、革命軍事題材、工業題材、希望工程、時代改革、典型人物、歷史

---

[11] 慕羽，中國當代舞蹈創作與研究－舞動奇蹟 30 年，頁 65～66；李煒、任芳編著，中國現代、當代舞蹈發展概念，頁 146～147。

[12] 慕羽，中國當代舞蹈創作與研究－舞動奇蹟 30 年，頁 65～66；李煒、任芳編著，中國現代、當代舞蹈發展概念，頁 221～222、312～327。

題材等，同時也實施舞劇的「精品戰略」工程。例如，《閃閃的紅星》、《天邊的紅雲》、《深圳故事・追求》、《虎門魂》、《青春祭》、《大漠女兒》、《棗花》、《厚土》、《一樣的月光》、《二泉映月》、《媽勒訪天邊》、《澳門新娘》等[13]，都是 90 年代的主旋律舞劇。

　　同時，伴隨著中國官方文化政策出台的扶持，原本作為事業單位、經費由國家撥款、從業人員是國家幹部、消費是公共福利支出，扮演建構黨國視覺形象的舞蹈業，也開始從文化事業向文化產業轉型。這些文化政策包括：1992 年首度提出「文化產業」的概念；2000 年中共 15 屆 5 中全會，首次在中央正式文件提出「文化產業」概念；2003 年明確將文化單位分為公益性文化事業和經營性文化企業兩類；2005 年中共中央、國務院發出《關於深化文化體制改革的若干意見》，要求推進國有經營性文化單位轉企改制[14]。而 1997 年至 2002 年底，公營的藝術表演團體（包括歌劇、舞劇、歌舞劇團等）從 2663 家下降到 2587 家，民營職業劇團則從 1733 家增加到 2560 家，個體演員由 19446 人增加到 39872 人。2002 年全中國 2587 個藝術表演團體共上演劇目 5272 個，演出 39 萬場，觀眾達 4.6 億人次，演出收入 4.6 億元[15]。

　　由著名民族舞蹈家楊麗萍投資的雲南映象文化產業公司，所編導的《雲南印像》於 2003 年在昆明首演後，迄 2010 年已在中國大陸上演近 2000 場，並遍及海內外 42 個城市，這包括 2004 年末陪

---

[13] 慕羽，中國當代舞蹈創作與研究－舞動奇蹟 30 年，頁 178～186。

[14] 鄒廣文、任麗梅，科學發展觀與中國文化產業實踐（北京：新華書店，2009 年），頁 129~130；丁偉，「厚積薄發：文化產業五年快速發展」，胡惠林主編，中國文化產業評論（上海：上海人民出版社，2008 年），頁 128。

[15] 葉朗主編，中國文化產業年度發展報告 2004（湖南：湖南人民出版社，2004 年），頁 313。

同中國國家主席胡錦濤出訪巴西、阿根廷等南美洲國家，進行 12 場商業演出；2005 年 11 月在美國戲劇演出季公演 16 場；2009 年 8 月前往台灣為聽障奧運會暖場，創造了中國大陸舞劇陣容最大、巡演時間最長、演出城市最多、上座率最高、票房收入最好的紀錄。《雲南印象》也獲得 2004 年第 4 屆荷花獎、入選 2004 年～2005 年國家舞台藝術十大精品工程劇目[16]。

這種情形說明中國大陸舞劇已經從過往作為宣傳黨國意識的作品，轉變成為具有市場盈收的商品。本文的發想動機就在於，中國官方是否還針對部分在市場上獲利的商業舞劇，施展政治性的運用，從而在舞劇文本中賦予黨國意識。

為此，本文試圖觀察一些近年來在市場引發熱烈迴響的中國大陸商業舞劇，如何持續呼應著國內外政經、文化社會局勢的變化，從而發揮特定的黨國意識？同時，這些舞劇的文本呈現了何種黨國意識？

二、文獻回顧

舞蹈社會學是結合舞蹈和社會學而成的跨學科學門，最早是由英國倫敦拉邦中心（Lanan Centre）於 1978 年創設。學者 Brinson 援引社會學者涂爾幹（Durkheim）在其鉅著「社會學方法的規則」提出的重要概念社會事實（social fact），宣稱舞蹈也是一種社會事

16　青蘋果，「楊麗萍原生態舞劇《雲南印象》將首次赴台演出」，東北文化產業網，2010 年 5 月 4 日，http:www.dbwhcy.com/wutai/yywd/20100504/14993.html；張莉，當代中國十大舞劇賞析（上海：上海音樂出版社，2008 年），頁 188；劉湞，「論《雲南印象》的原生態文化內涵與理論意蘊」，廣西師範大學文藝學碩士（2007 年），頁 1。

實，值得社會學學者研究[17]。Brinson 由社會學的角度闡釋舞蹈與社會的關係，強調舞蹈不是憑空而來，也不是出自編舞者的幻想，是一種人類實質意識的詮釋，反映真實生活的經驗。Brinson 由人類學者的研究中發現，「舞蹈與其祭儀文本的研究都和社會結構的分析有關」，因為「舞蹈的圖案與符號的排列都有其深層根本的一致性，其表達方式都是基於對人體、肢體動作、時間與空間的理解」。Brinson 也認為，過往舞蹈研究傾向於個人主義式的詮釋，人們忽略舞蹈其實反映社會的制約能力，是一種社會控制的工具。Brinson 這篇帶有功能主義與結構主義的論述，暗示舞蹈具備 4 項特質：1. 舞蹈與社會的互動關係、2.舞蹈的溝通本質與功能、3.舞蹈的社會整合力、以及 4.舞蹈反映社會結構[18]。

學者 Filmer 將舞蹈社會學的研究取徑，區分為「分析」與「社會體制」，並強調一個適當的舞蹈社會學研究方法，應該融合這兩種分析。前者依賴一種「內部的、詮釋的方法」，分析「舞蹈符號性與符碼結構如何產生意義」；後者依賴一種「外部的、決定論式的觀點」，詮釋「舞蹈創作者、演出者與觀眾的背景，以及舞蹈生產、呈現與演出的社會條件」。他同時指出，舞蹈社會學最重要的任務是「闡釋身為一種溝通形式的舞蹈，在其社會文化脈絡中的重要性」[19]。

學者 Thomas 認為，舞蹈並不是直接反映社會現實，而是以舞蹈自身獨特的方式將現實獨以轉化。Thomas 提出一套二元的社會

---

[17] 趙玉玲，舞蹈社會學之理論與運用（台北：五南圖書出版公司，2008 年），頁 25。

[18] P.Brinson,"Epilogue: Anthropology and the Study of Dance, " in P. Spencer ed., *Society and the Dance*（Cambridge: Cambridge University Press, 1985），pp.212~213；趙玉玲，舞蹈社會學之理論與運用，頁 25～27。

[19] P. Filmer, "Sociology of Dance," in S.J. Cohen ed., *International Encyclopedia of Dance* (New York:Oxford University Press, 1998), pp.361~362；趙玉玲，舞蹈社會學之理論與運用，頁 27～29。

學分析法，分析舞蹈的外部特徵及內部特徵。舞蹈的外部特徵指的
是舞蹈外部的社會、經濟和文化特色，是研究舞蹈與社會間的關
係；舞蹈的內部特徵指的是舞蹈本身的動作、音樂、道具等，是研
究舞蹈自身藝術的特色。同時，對舞蹈內部特徵的研究不只有助於
了解舞蹈的特性，也有助於了解其社會文化脈絡[20]。

　　至於學者 Zelinger 宣稱，舞蹈理論必須超越舞蹈的原始材料，
例如身體、空間、節奏、動力與行動，它還必須包括適用於舞蹈製
作與再製作的原始材料，例如音樂、燈光、服裝與舞台設計等。因
此，舞蹈的分析方法需包含舞蹈作品結構以及舞蹈外在社會文化環
境的分析法。依照 Zelinger 的理論，如果觀眾具有舞蹈符碼系統的
知識，便能夠分辨生活動作與舞蹈動作的差異，能夠閱讀舞蹈。因
此，觀眾雖然不了解編舞者如何將日常生活動作轉化為舞蹈動作，
但是基於對舞蹈劇場的慣例和表現方式的了解，因此能夠將舞蹈符
碼放置於舞蹈產生的傳統和日常生活動作的背景中進行解讀[21]。

　　國內學術界最早援引舞蹈社會學理論作為分析舞蹈者，厥為趙
玉玲的「舞蹈社會學之理論與運用」一書。該書引用英國倫敦拉邦
中心（Lanan Centre）創設的舞蹈社會學理論，提出研究舞蹈社會
學的認識論、方法論與意識形態 3 個面向，並選擇台灣舞蹈先驅蔡
瑞月為個案，分析其形象建構。該書試圖發展出一套有助於研究台
灣舞蹈的舞蹈社會學研究方法論[22]。

　　所謂「舞劇」，依照「中國大百科全書」定義為：「一種以舞
蹈為主要表現手段，綜合音樂、美術、文學等藝術形式，表現特定

---

[20] 轉引自：趙玉玲，舞蹈社會學之理論與運用，頁 29～30。
[21] J. Zelinger, "Semiotics and Theatre Dance," in D.T. Taplin ed., *New Directions in Dance* (Toronto: Pergamon Press, 1979), p.47；趙玉玲，舞蹈社會學之理論與運用，頁 31～32。
[22] 趙玉玲，舞蹈社會學之理論與運用，頁 1～7。

的人物和一定戲劇情節的舞台表演藝術。」「中國舞蹈詞典」對舞
劇的定義則為：「以舞蹈為主要手段，表現一定戲劇情節內容的舞
蹈形式，是一種以戲劇、音樂、舞蹈、舞台美術4種藝術成分組成
的綜合性舞台表演藝術。」大體上，對舞劇最簡潔的定義是：「舞
劇是按照戲劇形式展開的舞蹈。」[23]

　　有關中國大陸舞劇的研究主要集中在期刊、論文及專書。例
如，由博士論文改寫而成的慕羽的「中國當代舞蹈創作與研究－舞
動奇蹟30年」。該書在研究方法上試圖援引舞蹈生態學，強調舞
蹈本身是一個完整的系統，與所處的自然環境、技術條件、社會經
濟、社會意識形態等因素都有著密切的關係。該書在研究途徑上，
則引用政治文化理論，強調中國大陸舞劇創作是伴隨著政治形勢變
化而呈現不同態勢，同時始終裹挾在不同時期不同特點的政治文化
語境與氛圍。于平的「中國現當代舞劇發展史綱要」，是以歷史分
期，從總體面敘述中國大陸舞劇的歷史進程[24]。張莉的「當代中國
十大舞劇賞析」；劉滇的「論《雲南印像》的原生態文化內涵與理
論意蘊」，係針對個別舞劇分析[25]。至於許薇的「舞劇敘事性研究」，
則從表層的符號層分析舞劇的舞蹈動作、姿態造型、隊形構圖，從
中層結構層分析舞劇的敘事視角、敘事時空，以及從深層功能層分
析舞劇的意義、母題、主題[26]。大體上，這些文獻並未援引舞蹈社

---

[23] 中國大百科全書（北京，中國大百科出版社，1992年），頁704；中國舞
　　蹈詞典（北京：文化藝術出版社，1994年），頁430；于平，「中國現當
　　代舞劇發展史綱要」，頁2。

[24] 慕羽，中國當代舞蹈創作與研究－舞動奇蹟30年，頁1～36；于平，「中
　　國現當代舞劇發展史綱要」，頁1～8。

[25] 張莉，當代中國十大舞劇賞析，頁1～3；劉滇，「論《雲南印像》的原生
　　態文化內涵與理論意蘊」，頁1～3。

[26] 許薇，「舞劇敘事性研究」，中國藝術研究院舞蹈學博士論文（2008年），
　　頁1～13。

會學理論作為研究途徑，明顯的對中國大陸舞劇與當時政經、社會形勢之間的相互作用缺乏對話論證。

三、研究方法

（一）研究對象

90 年代起，中國官方為了鼓勵、引導舞劇發揮黨國賦予的政治任務，設立了文華獎[27]、「五個一工程」獎[28]、荷花獎[29]、以及國

---

[27] 文華獎，1991 年由中國文化部設立，是用於獎勵專業舞台表演藝術的最高政府獎，獎項包括文華大獎和文華新劇目獎，單項獎有表演、導演、編劇、舞台美術等。文華獎最初為一年一屆，1998 年起改為 2 年一屆，2004 年第 11 屆文華獎起改為 3 年一屆，與「中國藝術節獎」兩獎合一，在藝術節上評選。文華獎的評選，不僅在於評出多少獲獎劇目，在於它推動了創作，推出一批話劇精品與一批優秀的話劇人才，包括演員，編劇和舞台美術人才。同時，也促進了一批有實力有水平有代表性的劇團，如北京人藝，總政話劇團，武漢話劇團等。參見：「文華獎」，百度百科，2010 年 7 月 7 日，http://baike.baidu.com/view/59425.html?wtp=tt。

[28] 「五個一工程」獎，由中共中央宣傳部組織的精神文明建設評選活動，自 1992 年起每年進行一次，評選上一年度各省、自治區、直轄市和中央部分部委，以及解放軍總政治部等單位組織生產，推薦申報的精神產品中 5 個方面的精品佳作。這 5 個方面是：一部好的戲劇作品、一部好的電視劇（片）作品、一部好的圖書（限社會科學方面）、一部好的理論文章（限社會科學方面）。參見：「五個一工程」獎，百度百科，2010 年 7 月 8 日，http://baike.baidu.com/view/1252844.html。

[29] 荷花獎，自 1997 年創建以來，已成為中國大陸專業舞蹈藝術最高成就的專家獎。1998 年，在北京舉辦了首屆中國舞蹈荷花獎的評比展演，原則上每 2 年舉辦一次，舞劇、舞蹈詩比賽，每 3 年舉辦一次。鑑於規範國家級文藝性評獎的需要，官方在原來 300 多個獎項減少至 30 多個的情況下，增設了舞蹈專業荷花獎，該獎與戲劇梅花獎、電影金雞獎、百花獎在同一級別，具有較強的權威性。參見：「荷花獎」，百度百科，2010 年 7 月 8 日，http://baike.baidu.com/view/775989.html?wtp=tt。

家舞台藝術十大精品工程[30]等諸多舞劇獎項。為了論證中國大陸
舞劇在作為市場商品的同時，如何在文本上持續傳達黨國意識，
本文選擇了曾獲得這 4 個獎項，同時在市場上引發熱烈迴響的 3
部舞劇《風中少林》、《大夢敦煌》、《雲南映像》，作為觀察的
對象。

　　《風中少林》舞劇是鄭州歌舞劇院於 2004 年推出，演出後邀
約商演不斷，已在中國大陸 30 多個城市連演 200 餘場不衰，演出
收入近 2000 萬元。該劇成功打造武術藝術後，更連續獲得 2005
年第 5 屆荷花獎、2005 年～2006 年國家舞台藝術十大精品工程等
大獎[31]。

　　《大夢敦煌》舞劇是蘭州歌舞劇院於 2000 年首演於北京中國
劇場，10 年來演出 800 餘場，演出收入達 8000 餘萬元，觀眾達近
百萬人[32]。《大夢敦煌》曾於 2007、2008 年分別遠赴歐洲、澳洲
等國展開巡演，在當地掀起一股舞劇旋風[33]。該劇獲得文華獎、第

---

[30] 國家舞台藝術十大精品工程,是由中國文化部和財政部於 2002 年聯合實施
的劇目評選文化工程。每年初選 30 個劇目,進行前期資助。加工修改和接
受市場檢驗後,再評選 10 個劇目確定為國家舞台藝術精品工程劇目,再進
行重點投入,每年注入 4000 萬人民幣,專款專用。到 2007 年 5 年期間,
資助 2 億人民幣,推出 50 台國家舞台藝術 10 大精品工程劇目。參見:「國
家舞台藝術十大精品工程」,維基百科,2010 年 7 月 10 日,
http://zh.wikipedia.org/zh-tw/%E5%9C%8B%E5%AE%B6%E8%88%9E%E5
%8F%B0%E8%97%9D%E8%A1%93%E5%8D%81%E5%A4%A7%E7%B2
%BE%E5%93%81%E5%B7%A5%E7%A8%8B。

[31] 「風中少林」,百度百科,2010 年 7 月 19 日,http://baike.baidu.com/view/
2158971.htm;「河南舞劇《風中少林》:升起文化的風帆」,華夏經緯網,
2010 年 7 月 19 日,http://big5.huaxia.com/zhwh/whxx/2009/04/1385196.html。

[32] 「聚焦第 16 屆蘭洽會:《大夢敦煌》翩翩啟大幕」,人民網,2010 年 7 月
5 日,http://gs.people.com.cn/BIG5/183362/194216/194225/12059584.html

[33] 王艷明,「舞劇《大夢敦煌》:地方劇團走出國門的市場之路」,新華網,
2009 年 5 月 11 日,http://big5.lrn.cn/gate/big5/search.lrn.cn/detail_inforadar.jsp?
channelid=17739&primarykeyvalue=URLID%3D1238555641&primaryrecord

8 屆「五個一工程」獎、第 2 屆荷花獎在內的 10 多個獎項，並成功入選了 2003 年～2004 年國家舞台藝術十大精品工程[34]。由於多次遠赴國外巡迴演出，成功扮演文化外交使命，《大夢敦煌》於 2007 年被政府列入《國家文化出口重點項目目錄》，享有「西部藝術第一品牌」、「可移動的敦煌」等美譽[35]。

由楊麗萍等民間資本投資的雲南映像文化產業公司，於 2003 年推出《雲南映象》大獲成功後，掀起一股「原生態」文化熱。首演以來，已在海內外 42 個城市巡演近 2000 場[36]，2004 年末陪同中國國家主席胡錦濤出訪南美洲巴西、阿根庭，成功進行 12 場商業演出，2009 年前來台北，在聽障奧運期間的海峽兩岸藝術周演出。國內外的商演成功，也為《雲南映象》奪得第 4 屆荷花獎、2004 年～2005 年國家舞台藝術十大精品工程[37]。

（二）舞蹈社會學分析法

從 Filmer、Thomas、Zelinger 舞蹈社會學學者提出對舞蹈的分析，大體上都涵括內部與外部的因素。內部因素指的是舞蹈本身的動作、音樂、道具等，是分析舞蹈符碼產生的文本意義，外部因素則指涉舞蹈外部的社會、經濟和文化特色，包括舞蹈創作者、演出者與觀眾的背景，以及舞蹈生產、呈現與演出的社會條件。

=1；「中國大型音樂舞劇《大夢敦煌》西班牙巡演成功」，人民網，2007 年 3 月 12 日，http://world.people.com.cn/BIG5/5461579.html。

[34] 「聚焦第 16 屆蘭洽會：《大夢敦煌》翩翩啟大幕」，前引文；「舞劇《大夢敦煌》下月人民大會堂演出」，中國新聞網，2010 年 4 月 23 日，http://big5.china.com/gate/big5/culture.china.com/zh_cn/info/perform/11022814/20100423/15907590.html。

[35] 王艷明，「舞劇《大夢敦煌》：地方劇團走出國門的市場之路」，前引文。

[36] 同註 16。

[37] 張莉，當代中國十大舞劇賞析，頁 188。

　　本文在舞劇內部因素的分析，是採用符號學分析法分析舞劇裡舞者的動作、音樂、道具等。進一步論之，舞蹈是在一定的空間（舞台或廣場）和時間內，通過連續的人體動作過程、凝練的姿態表情和不斷流動變化的隊形畫面，結合音樂、舞台美術（服裝、佈景、燈光、道具）等藝術手段，來塑造舞蹈藝術形象[38]。明顯的，舞蹈動作以其形象姿態，發揮著符號學中符號具（signifier）、符號義（signified）的功能，因此是表現舞蹈的基本元素。

　　舞蹈的主要構成元素，除了是運動著的人體或者是人體有節律的表情性運動之外，舞台美術－服裝、佈景、道具、燈光，也是舞蹈作品不可或缺的重要組成部分。舞蹈服裝泛指表演舞蹈時的衣著和服飾，是舞者角色外部造型的重要手段，也是舞台美術的組成部分。在欣賞舞蹈作品時，觀眾通常可以從舞者的服裝判斷舞蹈的時代性、民族性和地區性，以及所扮演人物的年齡、身分和特點等，並有助於刻畫不同的人物性格[39]。舞蹈道具是為舞蹈表演製作的用具，多由演員隨身攜帶，是塑造舞蹈形象的外部特徵，顯示人物的性格和身分，刻畫人物心理活動的重要因素。道具也常常成為交代舞蹈環境、渲染氣氛、預設伏筆、串聯劇情，推動矛盾衝突轉變的輔助手段。道具不僅延伸了人體的線條，拓展了身體的表現空間，更加深了舞蹈作品的內涵和藝術張力。舞蹈燈光也是舞台美術的造型手段之一，主要是運用光與形、明與暗、光色的冷暖與進退所造成的對比與和諧，使一幅幅舞蹈畫面及各個畫面之間產生連貫、互應、對比、聯想等相輔相成的關係，並通過光色和

---

[38]　隆蔭培、徐爾充，舞蹈藝術概論（上海：上海音樂出版社，1997 年），頁序言 9。

[39]　李秋萍，「舞蹈典型細節研究」，中國藝術研究院舞蹈學碩士論文（2009年），頁 13~14。

光切割出的形狀變化來增強藝術感染力，來揭示舞蹈作品的內在思想含義[40]。

　　舞蹈的造型藝術是存在於一定空間中，因此舞蹈是以空間為存在方式的一種空間藝術。舞蹈作品是經過編導的編創，呈現在舞台上的作品，這種方式就是一種再現，在舞台上呈現出來的空間就是再現性空間。其次，舞蹈作品可以創造象徵性空間，因為象徵性空間可以通過直觀的形象，引起豐富的聯想，它與意義的關聯經常是非邏輯的、跳躍性、多向性和隨機性。另外。舞蹈作品也可以創造虛擬性空間。舞蹈以人體動作來表現人物語言、事件情節，這本身就是一種虛擬。舞蹈藝術形象的形成有兩條件：一方面是物質的，建立在知覺即視覺和聽覺的基礎之上；另一方面是建立在舞蹈規範程式的虛擬性聯想[41]。

　　至於本文在舞劇外部因素的分析，則試圖了解舞劇演出的舞團屬性、舞劇表演的場域、欣賞舞劇的觀眾、獲得何種獎項，以及舞劇演出與當時國家政經、社會與文化的情況。

四、分析

　　從2000年中國官方首次提出文化產業概念以來，原本作為宣揚黨國意識形態的舞劇，逐步從文化事業向文化產業轉型。在此同時，中國大陸舞劇開始出現一些在舞蹈動作、音樂、舞台美術（服裝、佈景、燈光、道具）上，極具視聽娛樂的舞劇，並獲得商業票房佳績。

　　面對這些普羅大眾喜聞樂見的商業舞劇，中國官方仍然透過官方制訂獎項、文化政策扶持、黨國領導人文化政策講話，以及演出

---

[40]　李秋萍，「舞蹈典型細節研究」，頁15～17。
[41]　李秋萍，「舞蹈典型細節研究」，頁17～22。

場域，持續賦予黨國意識。大體上，這些潛藏著黨國意識的商業舞劇，其文本再現了以下諸多意義：

（一）宣揚中國文化

1979 年由甘肅省蘭州歌舞劇團演出的《絲路花語》成功創演後，激發了 80 年代中國大陸舞劇的興盛，例如，《奔月》、《鳳鳴岐山》、《木蘭飄香》、《月牙五更》、《黃河兒女情》等舞劇作品。值得觀注的是，在經歷了文革 10 年動盪導致思想真空後，這些舞劇都重新從中國傳統文化深厚的底蘊中尋找創作題材。

2004 年由鄭州歌舞劇院推出蘊藏具有河南歷史文化的《風中少林》舞劇，此劇一問世，就造成中國大陸舞劇界轟動，並創造可觀的經濟效益和社會影響力[42]。鄭州歌舞劇院之所以將《風中少林》創作的題材，集中在世人熟知的少林寺「禪、武、醫」上，主要是考量到少林文化具備鮮明的中原文化特質，還體現出中國人對自身修為、天人和諧的追求，再加上西方人對神祕東方文化的好奇與嚮往[43]。

《風中少林》整齣舞劇共分 4 幕，講述一位少林武僧如何從少年書生的情愛糾葛，進而走入佛門得道的傳奇經歷。為了使古典舞蹈柔美、外張型的肢體表現，與陽剛、內斂的少林武術相結合，《風中少林》延聘了一流的編劇、編導、燈光、舞美、武打設計到服裝設計藝術工作者；在舞蹈與武術、特技結合中，更聘請香港袁家班指導。鄭州歌舞團 103 位舞群及武術演員，每位都經過 5 年以上紮實訓練，女舞者是國家級專業舞者，25 位武僧更是從少林文化武

---

[42] 同註 31。
[43] 「風中少林」，前引文。

術專修學校精挑的練家子,傳承厚實的少林武功精髓,因此舞劇場場都是硬裡子的功夫與柔美的舞蹈結合[44]。

《風中少林》劇中展示了武僧刀、槍、棍、棒等多種表演,特別是精采的「長條凳舞」更讓人拍案叫絕。小沙彌的鐵頭功,與逗趣高超的武功,充滿個人色彩,贏得滿堂喝采。搭配流暢明快的武術、舞蹈,《風中少林》精緻巧妙的道具、舞台炫目的燈光音效,更為現場觀眾提供一場高水準的視聽饗宴[45]。

事實上,《風中少林》舞劇是鄭州歌舞劇院響應 2003 年河南省啟動的「鄭卞洛文藝精品工程」,所推出蘊藏中原歷史文化的舞劇。《風中少林》問世以來,引起國內外演藝機構的關注,邀約商演不斷,已在中國大陸 30 多個城市連演 200 餘場不衰,演出收入近 2000 萬元。《風中少林》成功打造武術藝術後,更連續獲得 2005 年第 5 屆荷花獎、2005 年～2006 年國家舞台藝術十大精品工程等大獎[46]。

在中國大陸商演引發熱烈迴響外,《風中少林》近年來先後前往香港、澳門、台灣、新加坡和澳洲展開海外巡演,所到之處場場爆滿。2008 年 7 月《風中少林》在新加坡的演出,新加坡總統與 1700 多名政商要人共同觀賞,其後更促成星國對鄭州的訪問和雙方經貿合作的加強[47]。特別是 2008 年 9 月《風中少林》遠赴澳洲

---

[44] 「鄭州歌舞劇・風中少林」,YAHOO 奇摩部落格,2010 年 7 月 19 日, http://tw.myblog.yahoo.com/jw!e2PPEAeeHwRJEqH__mrQcGc-/article?mid= 170;「風中少林震撼我心」新浪部落,2010 年 7 月 19 日,http://blog.sina.com. tw/2348/article.php?pbgid=2348&entryid=20526&trackopen=1;「風中少林」, 前引文。

[45] 「鄭州歌舞劇・風中少林」,前引文;「河南舞劇《風中少林》:升起文化的風帆」,前引文。

[46] 同註 31。

[47] 「風中少林」,前引文;「河南舞劇《風中少林》:升起文化的風帆」,

阿德萊德，參加澳亞藝術節的閉幕式演出，讓當地觀眾領略到古老東方禪武文化的神秘和中國舞劇的藝術魅力，吸引了包括《CNN》、《澳聯社》、《時代先驅報》、《鳳凰衛視》在內的 20 多家國際知名媒體前往報導。2009 年 1 月，《風中少林》再次前往澳洲坎培拉、墨爾本和雪梨 3 大城市展開巡迴演出，創造了中國大陸藝術團體赴澳演出史上，規模最大、時間最久、商演場次最多的上演紀錄，被西方主流媒體認為是「中國打入西方主流社會的第一部舞劇」，創下了中國大陸舞劇進入西方主流社會的票房奇跡[48]。

為了迎合西方觀眾對《風中少林》此種蘊含東方文化符號的舞劇，鄭州歌舞團在赴澳洲巡演前，專門請來外國專家審看劇碼，強化了功夫套路和少林絕學等禪武情節，並特別邀請少林俗家弟子、鄭州市非物質文化遺產太乙拳發明人張勳華親自上台表演。此外，為增加與觀眾的互動，中場休息時，張勳華走近觀眾，懸診、把脈、診療，現場傳授養生健體之術，讓觀眾親身體驗並現場感受中國傳統文化的魅力，增加對中國文化的認識和瞭解[49]。

《風中少林》舞劇 2008 年在澳洲的演出，是作為河南省政府在澳洲舉辦「中原文化澳洲行」的系列活動。《風中少林》舞劇成功的海外巡演，除了精彩流暢的舞蹈與武術吸引西方觀眾外，關鍵就在於演繹了少林功夫中最具中國傳統文化內涵的「禪、武、醫」精髓，這不僅為鄭州歌舞團帶來豐碩的票房盈收，更有效地展現中國文化軟實力。中國駐澳大利亞大使章均賽就讚揚《風中少林》成功完成文化外交的使命[50]，這也呼應了中共於 2007 年召

前引文。

[48] 「河南舞劇《風中少林》：升起文化的風帆」，前引文。

[49] 「風中少林」，前引文。

[50] 「河南舞劇《風中少林》：升起文化的風帆」，前引文。

開的 17 大，提出要增強國家文化軟實力，進一步增強綜合國力的政策[51]。

《風中少林》在中國大陸的商演成功，相當程度呼應了近年來伴隨中國的崛起，大陸民眾重拾傳統中國國學經典的熱潮，同時從該劇獲得多項國家舞劇獎項，又說明了中國官方試圖藉由對商業舞劇的收編，從而將舞劇中蘊含的中國文化傳達到普羅大眾。至於《風中少林》充分運用東方文化符號在海外巡演，既高度滿足西方觀眾對中國文化的想像，也從中展示了中國文化軟實力。這些都說明了《風中少林》這齣商業舞劇，仍發揮了主旋律舞劇肩負的使命。

（二）隱喻盛世再現

1979 年由甘肅省歌舞團首演成功的大型舞劇《絲路花雨》，除了在藝術上再現「敦煌舞」的輝煌榮耀外，更重要的是通過謳歌盛唐敦邦睦鄰、門戶開放的政策，為新時期的改革開放推波助瀾。與《絲路花語》同樣是處理敦煌題材，2000 年由蘭州歌舞劇院首演於北京中國劇場的《大夢敦煌》，試圖透過勾勒敦煌畫工艱辛勞動的志向與價值，呼應中國官方於 2000 年啟動的西部大開發戰略。

《大夢敦煌》舞劇共分 4 幕，以古代敦煌為時空背景，講述青年畫師莫高與大將軍之女月牙的感人愛情故事，情節跌宕起伏。該劇的經典版本中，莫高與月牙的三段雙人舞已成為舞劇雙人舞的難得佳作，使中國大陸舞劇進入用舞蹈語言刻畫人物細膩

---

[51] 歐陽堅，「文化體制改革獲得配套政策強力支持」，張曉明、胡惠林、章建剛主編，2009 年中國文化產業發展報告（北京：社會科學文獻出版社，2009 年），頁 21。

情感的新階段，是繼《絲路花雨》之後中國民族舞劇達到的另一高峰[52]。

　　《大夢敦煌》中的舞蹈豐富多彩，例如舞劇第 2 幕對敦煌民俗場景的描繪，在新開鑿的洞窟前，供養人、畫工、開窟匠、兒童、僧人各色人等匯集一堂，漢人舞、胡人舞、阿拉伯舞以及最具敦煌特色的反彈琵琶舞、長綢舞、羯鼓舞逐一登場，體現了編導陳維亞[53]對複雜舞蹈場面錯落有致的掌握。同時，全劇裡貫穿了「飛天舞」、「軍團舞」兩個元素。通過色彩化的「飛天舞」在數個關鍵時刻的出現，襯托不同的氛圍與情感，成為舞劇情緒發展重要的元素。同樣的，「軍團舞」的鐵血殘酷展現了矛盾衝突的張力[54]。

　　《大夢敦煌》中莫高的獨舞是全劇中畫龍點睛之筆。第 2 幕喧鬧的生活場景過後，與之形成對比的是寂靜的洞窟內，孤獨的莫高潛心作畫、冥思起舞。演員劉震運用現代舞提倡的「收縮－放鬆」、「倒地－爬起」的動態原理，以及強調呼吸、身體中段的表現力，與中國元素的舞蹈動作、動態、造型相結合，騰、旋、盤、點、翻，動靜相宜、張弛有度，造成一種空靈飄逸的意境美，十分符合莫高作畫時的痴迷狀態。為了營造男女主角淒美絕倫的愛情故事，《大夢敦煌》的音樂由著名作曲家張千一，採用了無歌詞的創作手法，曲調類似歌曲，但實際上是用樂器演奏，帶給觀眾聽覺上的無比享受[55]。

---

[52] 梅子滿、沈林佳，「舞劇《大夢敦煌》下月初寧波大劇院上演」，2009 年 12 月 26 日，http://news.cnnb.com.cn/system/2009/12/26/006372069.shtml。

[53] 陳維亞是國家一級導演、中國東方歌舞團（國家歌舞團）藝術總監、副團長、中國舞蹈家協會副主席。他曾擔任建國 50 周年大型文藝晚會《祖國頌》總導演、2008 北京奧運會開閉幕式副總導演。參見：張莉，當代中國十大舞劇賞析，頁 44。

[54] 張莉，當代中國十大舞劇賞析，頁 56～58。

[55] 張莉，當代中國十大舞劇賞析，頁 56～61。

從 2000 年在北京中國劇院首演之後，10 年來《大夢敦煌》演出 800 餘場，演出收入達 8000 餘萬元，觀眾達近百萬人。而 800 餘場演出中，有近 300 場是在蘭州演出的。2010 年，《大夢敦煌》就為蘭州市委、市政府主辦的的蘭州市第 3 屆農民藝術節暨第 9 屆黃河風情文化周演出，不僅在家鄉揭開了該劇 10 載再創輝煌的序幕，更讓農村文化幹部大開眼界[56]。2008 年，《大夢敦煌》前往新疆，參加首屆中國新疆國際民族舞蹈節，展現敦煌藝術、絲路風情和獨特瑰麗的西部民族文化[57]。

除了在家鄉甘肅、新疆、演出外，《大夢敦煌》曾於 2007、2008 年分別遠赴法國、荷蘭、法國、比利時、西班牙、葡萄牙、澳洲等國展開巡演，在當地掀起一股舞劇旋風。特別是 2008 年在西班牙的演出，當地主要報紙《國家報》和《阿貝塞報》都用整版篇幅刊登《大夢敦煌》的演出消息和大幅劇照，並給予高度評價。報導說，這齣美輪美奐的舞劇帶領觀眾穿越時空，講述了一段中國版「羅密歐與朱麗葉」的動人愛情故事。負責此次巡演的西班牙經紀人米格爾‧米利亞在接受記者採訪時說，這齣大型舞劇是他從事對外文化交流工作以來組織最成功的一次演出[58]。由於多次遠赴國外巡迴演出，成功扮演文化外交使命，《大夢敦煌》於 2007 年被商務部、文化部、國家廣電總局、國家新聞出版總署列入《國家文化出口重點項目目錄》，享有「西部藝術第一品牌」、「可移動的敦煌」等美譽[59]。

---

[56] 同註 32。
[57] 馬驍、皮彥虎，「《大夢敦煌》將首赴新疆 再演絲路文化精髓」，中新網，2008 年 3 月 24 日，http://big5.am765.com/gate/big5/www.am765.com/whsk/mnxy/200803/t20080324_339967.htm。
[58] 同註 33。
[59] 同註 35。

　　除了國內外市場商演長紅外，《大夢敦煌》仍然肩負著主旋律舞劇的使命。它曾於 2003 年 1 月首次登上人民大會堂，2007 年 10 月為國家大劇院竣工做「剪綵」演出，並作為 2008 北京奧運重大文化活動參演劇目，以及「新中國」成立 60 週年獻禮演齣劇目[60]。2008 年 5‧12 汶川大地震發生後，為了感謝廣東省、深圳市提供甘肅省地震災區的協助，《大夢敦煌》特地前往進行感恩演出[61]。

　　由於在中國大陸商演的成功，多次遠赴國外巡迴演出，成功扮演文化外交的使命，《大夢敦煌》獲得文華獎、第 8 屆「五個一工程」獎、第 2 屆荷花獎在內的 10 多個獎項，並成功入選了 2003 年～2004 年國家舞台藝術十大精品工程[62]。

　　中國大陸傳媒《北京晚報》對《大夢敦煌》的評價就指出，劇中男女主角兩顆年輕的心之間迸發的愛情，在男女雙人舞體現得至真至純，令山河為之動容。同時，從描繪無數工匠在莫高窟勤奮雕鑿，創作令後世人嘆為觀止的偉大壁畫藝術，更呼應中國官方於 2000 年啟動的西部大開發戰略[63]。

（三）原生態文化熱

　　由著名舞蹈家楊麗萍擔任總編導、藝術總監並領銜主演的《雲南映象》，2003 年 8 月 8 日在雲南昆明首演，以展現原生態的雲南少數民族歌舞文化為特點，強調對天地自然、人文情懷、生命起

---

[60]　「舞劇《大夢敦煌》下月人民大會堂演出」，前引文。

[61]　王豔明，「甘肅舞劇《大夢敦煌》赴廣東進行感恩演出」，新華網，2009 年 4 月 9 日，http://www.gansu.travel/pub/yule/yczx/2009/04/09/1239264950 872.html。

[62]　同註 34。

[63]　「西望敦煌－記舞劇《大夢敦煌》」，北京晚報，2000 年 7 月 5 日，http://big5. china.com.cn/Dh/dunhuang/5-30.htm。

源、遺產保護的關懷。首演以來，已在海內外 42 個城市巡演近 2000
場，創造了中國大陸舞劇 6 個第一：演員陣容最大、演出時間最長、
演出城市最多、演出場次最多、上座率最高、票房收入最好的紀錄，
從而在中國大陸掀起「原生態」的文化風潮[64]。

　　《雲南映象》全劇採用了生命歷程般的邏輯結構，由「雲」、
「日」、「月」、「林」、「火」、「山」、「羽」7 場歌舞組成，
配合現代科技的聲光影像技術手段，充分展現雲南 26 個少數民族
原汁原味、樸素粗獷、富含生命的歌舞。《雲南映象》保留了雲南
少數民族歌舞的基本元素，例如太陽鼓、鋩鼓、象腳鼓、神鼓傳遞
出先民的信仰；煙盒舞、打歌情趣盎然，散發出天然的生活氣息；
面具舞、牛頭舞演繹著原始祭祀的神祕感；朝聖則是心靈宗教儀式
的終極嚮往[65]。

　　除了少數民族歌舞，《雲南映象》也穿插了楊麗萍表演的藝術
舞蹈《月光》、《女兒國》、《雀之靈》。同時，為了展現原汁原
味的歌舞，《雲南映象》的演員有 75％來自雲南各村寨彝、苗、
藏、傣、白、哈尼族土生土長的農民，他們質樸的表演是該舞劇「原
生態」元素的重要體現。《雲南映象》大量採用現代的舞美設計，
通過燈光、背景的轉換來變幻場景，與傳統的寫實舞美相比，顯得
更有層次感與立體感。舞台上紅、黃、藍三原色的足色展現，更蘊
含著深刻的民族內在精神[66]。

　　由楊麗萍等民間資本投資的雲南映像文化產業公司，推出《雲
南映象》大獲成功後，從而掀起一股「原生態」文化熱。此一現象

---

[64] 同註 16。
[65] 張莉，當代中國十大舞劇賞析，頁 169～177。
[66] 張莉，當代中國十大舞劇賞析，頁 169～177；劉滇，「論《雲南映像》的
　　原生態文化內涵與理論意蘊」，頁 3～6。

即刻被中國文化主管部門觀注，2004 年中國文化部開始使用此一概念，實施搶救性文化挖掘計畫。2006 年央視就舉辦第 12 屆青年歌手大獎賽，增設原生態組；全國第 3 屆少數民族文藝匯演，更高舉「原生態民歌」的旗幟，使得「原生態」成為最熱門的文化術語[67]。

《雲南映象》在中國大陸掀起「原生態」文化熱潮後，2004 年末陪同中國國家主席胡錦濤出訪南美洲巴西、阿根庭，成功進行 12 場商業演出。《雲南映象》也曾於 2009 年前來台北，在聽障奧運期間的海峽兩岸藝術周演出。國內外的商演成功，也為《雲南映象》奪得第 4 屆荷花獎、2004 年至 2005 年國家舞台藝術十大精品工程[68]。

事實上，《雲南映象》之所以取得市場上熱烈迴響，除了是第一個在內容上提出「原生態」文化訴求的中國大陸舞劇外，雲南省官方的大力扶持雲南文化產業，更起到重要的作用。《雲南映象》總策劃山林文化發展公司總經理荊林就表示，該劇的成功是因為雲南當地政府，在政治上營造了寬鬆的環境，從而將《雲南映象》提煉成精品[69]。

五、結論

從舞蹈社會學者 Brinson、Filmer、Thomas、Zelinger 的觀點看來，舞蹈社會學理論強調在分析舞蹈作品時，應兼顧舞蹈的內部與

---

[67]　張莉，當代中國十大舞劇賞析，頁 158、188；「孔雀公主楊麗萍談《雲南映像》與台灣印象」，中國台灣網，2010 年 7 月 24 日，http://big51.chinataiwan.org/sy/rdxw/200904/t20090413_867029.htm。

[68]　同註 37。

[69]　劉滇，「論《雲南映像》的原生態文化內涵與理論意蘊」，頁 29。

外部結構特徵，並將作品置於所屬的政經、文化社會脈絡中詮釋，凸顯其多種解碼與多元詮釋的現象。

　　援引舞蹈社會學理論來觀照長期來中國大陸舞劇的產製，可以發現其與中國大陸政經、社會文化局勢的發展攸關密切。在改革開放前，中國大陸舞劇是作為歌頌社會主義政權的「獻禮」演出；教育、團結人民群眾、打擊敵人的武器；營造民族團結、塑造社會和諧的平台；鼓舞、激勵、撫慰工農兵群眾的巡迴工具；以及作為履行文化交流的載體。中國大陸舞劇的這些功能，應證了 Brinson 論證的，舞蹈具備了社會溝通、社會控制、社會整合的能力，同時也足以反映當時的社會結構。

　　至於近年來在市場引發熱烈迴響的中國大陸商業舞劇，例如《風中少林》、《大夢敦煌》、《雲南映像》，則以其精彩動人、光亮眩目的舞蹈動作、音樂、舞台美術（服裝、佈景、燈光、道具），吸引了中國大陸及海外觀眾的矚目。但是對於中國官方來說，仍然持續透過官方制訂獎項、文化政策扶持、黨國領導人的文化政策講話，以及演出場域，持續賦予黨國意識。

　　本文分析《風中少林》、《大夢敦煌》、《雲南映像》3 部舞劇，將其置於舞劇產製當時的政經、社會文化局勢觀之，可以發現其中蘊藏了宣揚中國文化、隱喻盛世再現、重視原生態文化熱的黨國意識。這 3 種黨國意識反映了當前中國崛起的政經、文化社會局勢，營造出中國盛世騰歡的喜悅。這也應證舞蹈社會學理論強調的，舞蹈符碼必須置於會情境中詮釋，才能凸顯其意義。

　　同時，從舞劇演出場域的差異，也使得同樣的舞劇符碼產生不同的文本意義，如同舞蹈社會學理論論證的多種解碼與多元詮釋的現象。例如，《大夢敦煌》在國內外的商業演出，是單純滿足閱聽大眾的視聽娛樂；但作為「國家文化出口重點專案目錄」作品，多

次巡迴國外演出，則成功扮演展現中國文化軟實力的文化外交任務；至於作為 2008 年北京奧運重大文化活動參演劇目、「新中國」成立 60 週年獻禮劇目，以及感恩地震賑災演出，又清楚顯示仍然肩負著主旋律舞劇的使命。

參考文獻

「中國大型音樂舞劇《大夢敦煌》西班牙巡演成功」，人民網，2007 年 3 月 12 日，http://world.people.com.cn/BIG5/5461579.html。

「五個一工程獎」，百度百科，2010 年 7 月 8 日，http://baike.baidu.com/view/1252844.html。

「孔雀公主楊麗萍談《雲南映像》與台灣印象」，中國台灣網，2010 年 7 月 24 日，http://big51.chinataiwan.org/sy/rdxw/200904/t20090413_867029.htm。

「文華獎」，百度百科，2010 年 7 月 7 日，http://baike.baidu.com/view/59425.html?wtp=tt。

「西望敦煌－記舞劇《大夢敦煌》」，北京晚報，2000 年 7 月 5 日，http://big5.china.com.cn/Dh/dunhuang/5-30.htm。

「河南舞劇《風中少林》：升起文化的風帆」，華夏經緯網，2010 年 7 月 19 日，http://big5.huaxia.com/zhwh/whxx/2009/04/1385196.html。

「風中少林」，百度百科，2010 年 7 月 19 日，http://baike.baidu.com/view/2158971.htm。

「風中少林震撼我心」，新浪部落，2010 年 7 月 19 日，http://blog.sina.com.tw/2348/article.php?pbgid=2348&entryid=20526&trackopen=1。

「國家舞台藝術十大精品工程」，維基百科，2010 年 7 月 10 日，http://zh.wikipedia.org/zh-tw/%E5%9C%8B%E5%AE%B6%E8%88%9E%E5%8F%B0%E8%97%9D%E8%A1%93%E5%8D%81%E5%A4%A7%E7%B2%BE%E5%93%81%E5%B7%A5%E7%A8%8B。

「荷花獎」，百度百科，2010 年 7 月 8 日，http://baike.baidu.com/view/775989.html?wtp=tt。

「聚焦第 16 屆蘭洽會:《大夢敦煌》翩翩啟大幕」,人民網,2010 年 7 月 5 日,http://gs.people.com.cn/BIG5/183362/194216/194225/12059584. html。

「舞劇《大夢敦煌》下月人民大會堂演出」,中國新聞網,2010 年 4 月 23 日 , http://big5.china.com/gate/big5/culture.china.com/zh_cn/info/ perform/11022814/20100423/15907590.html。

「鄭州歌舞劇・風中少林」,YAHOO 奇摩部落格,2010 年 7 月 19 日, http://tw.myblog.yahoo.com/jw!e2PPEAeeHwRJEqH__mrQcGc-/ article?mid=170。

丁偉,「厚積薄發:文化產業五年快速發展」,胡惠林主編,中國文化產業評論(上海:上海人民出版社,2008 年),頁 128。

于平,「中國現當代舞劇發展史綱要」,中國藝術研究院博士論文(2003 年)。

中國大百科全書(北京,中國大百科出版社,1992 年)。

中國舞蹈詞典(北京:文化藝術出版社,1994 年)。

王艷明,「舞劇《大夢敦煌》:地方劇團走出國門的市場之路」,新華網,2009 年 5 月 11 日,http://big5.lrn.cn/gate/big5/search.lrn.cn/detail_ inforadar.jsp?channelid=17739&primarykeyvalue=URLID%3D1238555 641&primaryrecord=1。

王艷明,「甘肅舞劇《大夢敦煌》赴廣東進行感恩演出」,新華網,2009 年 4 月 9 日 , http://www.gansu.travel/pub/yule/yczx/2009/04/09/ 1239264950872.html。

李秋萍,「舞蹈典型細節研究」,中國藝術研究院舞蹈學碩士論文(2009 年)。

李煒、任芳編著,中國現代、當代舞蹈發展概念(四川:四川大學出版社, 2006 年)。

青蘋果,「楊麗萍原生態舞劇《雲南印像》將首次赴台演出」,東北文化產業網,2010 年 5 月 4 日,http:www.dbwhcy.com/wutai/yywd/20100504/ 14993.html。

唐小兵,再解讀－大眾文藝與意識形態(香港:牛津大學出版社,1993 年)。

馬驍、皮彥虎,「《大夢敦煌》將首赴新疆 再演絲路文化精髓」,中新網,2008 年 3 月 24 日,http://big5.am765.com/gate/big5/www.am765.com/whsk/mnxy/200803/t20080324_339967.htm。

張莉,當代中國十大舞劇賞析(上海:上海音樂出版社,2008 年)。

梅子滿、沈林佳,「舞劇《大夢敦煌》下月初寧波大劇院上演」,中國寧波網,2009 年 12 月 26 日,http://news.cnnb.com.cn/system/2009/12/26/006372069.shtml。

許薇,「舞劇敘事性研究」,中國藝術研究院舞蹈學博士論文(2008 年)。

隆蔭培、徐爾充,舞蹈藝術概論(上海:上海音樂出版社,1997 年)。

馮雙白,新中國舞蹈史(湖南,新華書店,2002 年)。

葉朗主編,中國文化產業年度發展報告 2004(湖南:湖南人民出版社,2004 年)。

鄒廣文、任麗梅,科學發展觀與中國文化產業實踐(北京:新華書店,2009 年)。

趙玉玲,舞蹈社會學之理論與運用(台北:五南圖書出版公司,2008 年)。

劉滇,「論《雲南印像》的原生態文化內涵與理論意蘊」,廣西師範大學文藝學碩士(2007 年)。

慕羽,中國當代舞蹈創作與研究-舞動奇蹟 30 年(北京:中國文聯出版社,2006 年)。

歐陽堅,「文化體制改革獲得配套政策強力支持」,張曉明、胡惠林、章建剛主編,2009 年中國文化產業發展報告(北京:社會科學文獻出版社,2009 年),頁 21。

Brinson, P., "Epilogue: Anthropology and the Study of Dance, " in P. Spencer ed., *Society and the Dance* (Cambridge: Cambridge University Press, 1985), pp.212~213.

Filmer, P., "Sociology of Dance, " in S.J. Cohen ed., *International Encyclopedia of Dance* (New York:Oxford University Press, 1998), pp.361~362.

Zelinger, J., "Semiotics and Theatre Dance," in D.T. Taplin ed., *New Directions in Dance* (Toronto: Pergamon Press,1979), p.47.

(本文原以「中國大陸商業舞劇的文化外交意義」為題,發表於後 ECFA 時期兩岸關係發展學術研討會,2010 年 9 月 24 日。)

社會科學類　AF0146

中國大陸流行文化與黨國意識

作　　者 / 張裕亮
責任編輯 / 林千惠
圖文排版 / 陳佳怡
封面設計 / 蕭玉蘋

發 行 人 / 宋政坤
法律顧問 / 毛國樑　律師
出版發行 / 秀威資訊科技股份有限公司
　　　　　114 台北市內湖區瑞光路 76 巷 65 號 1 樓
　　　　　電話：+886-2-2796-3638　傳真：+886-2-2796-1377
　　　　　http://www.showwe.com.tw
劃撥帳號 / 19563868　戶名：秀威資訊科技股份有限公司
　　　　　讀者服務信箱：service@showwe.com.tw
展售門市 / 國家書店（松江門市）
　　　　　104 台北市中山區松江路 209 號 1 樓
　　　　　電話：+886-2-2518-0207　傳真：+886-2-2518-0778
網路訂購 / 秀威網路書店：http://www.bodbooks.tw
　　　　　國家網路書店：http://www.govbooks.com.tw

2010 年 10 月 BOD 一版
定價：280 元
版權所有　翻印必究
本書如有缺頁、破損或裝訂錯誤，請寄回更換

國家圖書館出版品預行編目

中國大陸流行文化與黨國意識 / 張裕亮. -- 一版. -- 臺
北市：秀威資訊科技, 2010. 10
　　面；　　公分. -- (社會科學類；AF0146)
BOD 版
ISBN 978-986-221-627-9(平裝)

1. 流行文化　2. 文化政策　3. 中國

541.262　　　　　　　　　　　　　99019268

讀 者 回 函 卡

感謝您購買本書，為提升服務品質，請填妥以下資料，將讀者回函卡直接寄
回或傳真本公司，收到您的寶貴意見後，我們會收藏記錄及檢討，謝謝！
如您需要了解本公司最新出版書目、購書優惠或企劃活動，歡迎您上網查詢
或下載相關資料：http:// www.showwe.com.tw

您購買的書名：_____

出生日期：_____年_____月_____日

學歷：□高中 (含) 以下　　□大專　　□研究所 (含) 以上

職業：□製造業　□金融業　□資訊業　□軍警　□傳播業　□自由業
　　　□服務業　□公務員　□教職　　□學生　□家管　　□其它_____

購書地點：□網路書店　□實體書店　□書展　□郵購　□贈閱　□其他

您從何得知本書的消息？

　□網路書店　□實體書店　□網路搜尋　□電子報　□書訊　□雜誌
　□傳播媒體　□親友推薦　□網站推薦　□部落格　□其他_____

您對本書的評價：（請填代號　1.非常滿意　2.滿意　3.尚可　4.再改進）

　封面設計____　版面編排____　內容____　文／譯筆____　價格____

讀完書後您覺得：

　□很有收穫　□有收穫　□收穫不多　□沒收穫

對我們的建議：_____

_____

_____

_____

11466
台北市內湖區瑞光路 76 巷 65 號 1 樓

秀威資訊科技股份有限公司 收

BOD 數位出版事業部

....

（請沿線對折寄回，謝謝！）

姓　　名：＿＿＿＿＿＿＿＿＿　年齡：＿＿＿＿　性別：□女　□男

郵遞區號：□□□□□

地　　址：＿＿＿＿＿＿＿＿＿＿＿＿＿＿＿＿＿＿＿＿＿＿

聯絡電話：(日) ＿＿＿＿＿＿＿＿＿　(夜) ＿＿＿＿＿＿＿＿＿

E-mail：＿＿＿＿＿＿＿＿＿＿＿＿＿＿＿＿＿＿＿＿＿